El teatro alegórico de
Miguel (Daniel Leví)
de Barrios

Juan de la Cuesta
Hispanic Monographs

Series: *Ediciones críticas*, Nº 5

Editor
Thomas A. Lathrop

Editorial Board
Samuel G. Armistead
University of California, Davis

Alan Deyermond
*Queen Mary College
of The University of London*

Manuel Durán
Yale University

Daniel Eisenberg
Florida State University

John E. Keller
University of Kentucky

Robert Lott
University of Illinois

José A. Madrigal
Auburn University

James A. Parr
University of California, Riverside

Julio Rodríguez Puértolas
Universidad Autónoma de Madrid

Ángel Valbuena Briones
University of Delaware

Associate Editor
James K. Saddler

El teatro alegórico de Miguel (Daniel Leví) de Barrios

Estudio y edición por
JULIA REBOLLO LIEBERMAN
St. Louis University

Juan de la Cuesta
Newark, Delaware

Este estudio y edición de los autos alegóricos de Miguel (Daniel Leví) de Barrios, ha sido posible gracias a la generosidad de The Lucius N. Littauer Foundation, New York.

Copyright © 1996 by Juan de la Cuesta—Hispanic Monographs
270 Indian Road
Newark, Delaware 19711
(302) 453-8695
Fax: (302) 453-8601

MANUFACTURED IN THE UNITED STATES OF AMERICA

ISBN: 0-936388-68-4

Para Daniel y Amos

Índice

PREFACIO
    Samuel G. Armistead ix

INTRODUCCIÓN xiii

    I   Historia de la "Jerusalén del Norte" 1

    II   La vida y obra de Miguel (Daniel Leví) de Barrios 19

    III Academias literarias y de estudios religiosos en Amsterdam en el siglo XVII 34

    IV El teatro alegórico-religioso de Miguel (Daniel Leví) de Barrios 52

BIBLIOGRAFÍA 93

Textos de los autos 107

Prefacio

AL EVOCAR LA DIÁSPORA de los judíos sefardíes, ante todo pensamos en el exilio de 1492, el edicto, la expulsión, la ruptura repentina, en la que miles y miles de españoles, sin más motivo que el de su diferencia religiosa, fueron obligados a abandonar el suelo patrio y buscar su destino, incierto y peligroso, en tierras lejanas y desconocidas. Trátase de un acontecimiento dramático, trágico, que capta la imaginación, por lo abrupto, lo tajante, una catástrofe, imprevista, de cuyas causas e implicaciones los mismos participantes apenas se daban cuenta aún. Pero la Diáspora sefardí, como cualquier fenómeno humano, había de ser, en realidad, un proceso complejo, polifacético, paulatino, incluso multi-secular. No todos los judíos se marcharon de España en el '92 y los que se quedaron y sus descendientes—escondidos, disfrazados, al aparente amparo de su condición de conversos—se iban a marchar, algunos, muchos años, varias generaciones, incluso siglos después. Y en todo ello, claro está, van implícitas las grandes diferencias culturales, literarias y lingüísticas, que percibimos en las distintas etapas de la Diáspora sefardí.

Los expulsos del '92 se dirigieron sobre todo a los Balcanes—a Grecia, a Bosnia, a Turquía—y al Norte de Africa. Allí han sobrevivido, hasta nuestros días, modalidades esencialmente medievales del español, junto con un precioso corpus de literatura oral que hunde sus raíces en una venerable tradición hispánica anterior a la dispersión del '92.[1] Pero los conversos que quedaron

---

[1] No por esto conviene descontar, por otro lado, el importante impacto que tuvieron sobre la lengua y la literatura tradicional de los sefardíes las diversas culturas, de las que, después de la Diáspora, serían vecinos los judíos españoles emigrados. Véanse S. G. Armistead, Joseph H. Silverman e Israel J. Katz, *En torno al romancero sefardí: Hispanismo y balcanismo de*

atrás, en España, tuvieron un destino muy diferente. Estas dos ramas de la «nación» sefardí—los desterrados del '92 y los que procuraron ajustarse a las circunstancias, quedándose en España—unos y otros eran tan españoles como sus convecinos cristianos y musulmanes y era, por lo tanto, del todo natural que iban a manifestarse entre ellos las mismas modas, los mismos cambios, el mismo desarrollo cultural que en los demás segmentos de la población española. Si entre los sefardíes que se marcharon de España a finales del siglo XV aún captamos, en su lenguaje y en su literatura oral, preciosas resonancias de la época medieval, también resulta del todo natural que, entre los conversos, descendientes de judíos sefardíes, que por fin se sintieron obligados a emigrar y a reintegrarse al judaísmo, durante los siglos XVI y XVII, hemos de encontrar una cultura de carácter renacentista y unos gustos artísticos y literarios del todo conformes a los del Siglo de Oro peninsular.

El siglo XVI vio establecerse muchas comunidades emigradas de cristianos nuevos en diversas regiones del Mediterráneo, en el sur de Francia y sobre todo en Italia. Una fascinante figura como Francisco Delicado, autor de *La Lozana andaluza*, cifra el accidentado destino de los *anusim* de Italia.[2] En los 1500s muchos cristianos nuevos aún se sintieron atraídos por las grandes ciudades de Oriente— Constantinopla y Salónica. En muchas comunidades, los ex-conversos eran lo suficientemente numerosos como para formar sus propias congregaciones, como, por ejemplo, en Salónica, donde las Sinagogas de Portugal, Lisboa y Evora recuerdan—por lo menos en parte—el origen primordialmente portugués de esta segunda

---

la tradición judeo-española (Madrid: Seminario Menéndez Pidal, 1982), y «Sephardic Folkliterature and Eastern Mediterranean Oral Tradition,» *Musica Judaica*, 6 (1983-1984), 38-59.

[2] Véanse, por ejemplo, los cruciales artículos de Francisco Márquez Villanueva, «El mundo converso de *La Lozana andaluza*,» *Archivo Hispalense*, 171-173 (1973), 89-97; Angus MacKay, «A Lost Generation: Francisco Delicado, Fernando del Pulgar and the *conversos* of Andalusia,» *Circa 1492: Proceedings of the Jerusalem Colloquium: Litteræ Judæorum in Terra Hispanica*, ed. Isaac Benabu (Jerusalén: Hebrew University-Misgav Yerushalayim, 1992), pp. 224-235; Manuel da Costa Fontes, «The Holy Trinity in *La Lozana andaluza*,» *Hispanic Review*, 62 (1994), 249266.

oleada de la Diáspora sefardí.³ Tales nuevos emigrados llevarían en su equipaje cultural nuevas modas lingüísticas y literarias. El repertorio romancístico sefardí integra ciertos relatos propios del romancero nuevo y del teatro áureo, ecos de Gil Vicente y de las *Flores* y *Quadernos* de romances de finales del XVI.⁴ Acordémonos también del exquisito y afortunado encuentro que experimenta el capitán asturiano, Domingo de Toral, quien, en Alepo en 1634, conoce a un judío oriundo de España, que «tenía muchos libros de comedias de Lope de Vega... y en topándome solía hablar conmigo en esto algunas veces..., repitiendo a cada paso muchos versos de los insignes poetas de España, como Góngora, Villamediana y otros....»⁵

---

³ Véanse Michael Molho, *Usos y costumbres de los sefardíes de Salónica*, trad. Federico Pérez Castro (Madrid: Consejo Superior de Investigaciones Científicas, 1950), pp. 223-224; Joseph Nehama, *Histoire des israélites de Salonique*, 7 tomos en 4 (Salónica: Librairie Molho-Communauté Israélite de Thessalonique, 1935-1978), III, 84, 90, 92.

⁴ Véanse S. G. Armistead y J. H. Silverman, *The Judeo-Spanish Ballad Chapbooks of Yacob Abraham Yoná* (Berkeley-Los Angeles: University of California Press, 1971), pp. 138-140, 278-283; y nuestro (con Israel J. Katz) *Judeo-Spanish Ballads from Oral Tradition, I: Epic Ballads* (Berkeley-Los Angeles: University of California Press, 1986), pp. 43-46.

⁵ Ramón Menéndez Pidal, «Catálogo del romancero judío-español,» *Cultura Española*, 4 (1906), 1045-1077; 5 (1907), 161-199: pp. 1053-1054. Lo mismo pasaba con algunos moriscos refugiados en Túnez, como el anónimo autor de una novela didáctica, *El arrepentimiento del desdichado*, de mediados de los 1600s, inspirada en un amplio conocimiento de las obras de Lope y salpicada con romances nuevos de carácter culto que estaban de moda en España en aquella época. Véanse Jaime Oliver Asín, «Un morisco de Túnez, admirador de Lope de Vega: Estudio del MS S2 de la colección Gayangos,» *Al-Andalus*, 1 (1933), 409-450, y mi artículo, «¿Existió un romancero de tradición oral entre los moriscos?» *Actas del Coloquio Internacional sobre la Literatura Aljamiada y Morisca*, ed. Alvaro Galmés de Fuentes (Madrid: Gredos, 1978), pp. 211-236: 228-231. En el mismo sentido, se denuncian claros indicios de influencias arquitectónicas peninsulares y renacentistas en la construcción de la Gran Mezquita de los moriscos de Testour. Véase Georges Marçais, «Testour et sa Grande Mosquée: Contribution a l'étude des andalous en Tunisie,» *Recueil d'études sur les moriscos andalous en Tunisie*, ed. Miguel de Epalza y Ramon Petit (Madrid-Túnez: Instituto Hispano-Arabe de Cultura-Centre d'Etudes

Pero estas nuevas modas literarias no pudieron prevalecer en un ambiente sefardí de signo cada vez más arcaizante, como el que se iba formando en el Próximo Oriente y en Marruecos.

El gran refugio de la comunidad conversa de los siglos XVI y XVII iba a ser la «Jerusalén holandesa,» donde los que se escaparon de una España cada vez más asfixiante pudieron encontrar un ambiente de libertad y tolerancia que les permitió ser judíos y a la vez seguir siendo españoles. En Amberes y luego especialmente en Amsterdam, los sefardíes, como cualquier otra comunidad de españoles y portugueses cultos de la época—de espíritu renacentista—fundaron academias literarias, subvencionaron ediciones, escribieron sonetos y representaron comedias.[6] Un paso significativo hacia el conocimiento y la evaluación de este importante legado sefardí del Siglo de Oro es el libro que ahora nos brinda Julia Lieberman, al estudiar y editar el teatro alegórico de Miguel (Daniel Leví) de Barrios. Trátase de unos «autos sacramentales,» de inspiración calderoniana, un teatro alegórico conforme al modelo barroco, pero, a la vez, vehículo elocuente de creencias y valores judaicos. La obra de Barrios, uno de los escritores más prolíficos y de más talento del sefardismo holandés, se nos ofrece, por lo tanto, como una cumbre literaria de esta peculiar modalidad del Siglo de Oro, tan intensamente hispánica como intensamente hebraica. Todos los que estudiamos la literatura áurea y la cultura sefardí celebramos la publicación de este excelente estudio, por el que Julia Lieberman merece nuestra felicitación y nuestro sincero agradecimiento.

SAMUEL G. ARMISTEAD
Davis, California, 15 de octubre de 1995

Hispano-Andalouses, 1973), pp. 271-284.

[6] Sobre la vida literaria de los sefardíes holandeses, véase ahora el destacado estudio y bibliografía de Harm den Boer, *La literatura hispano-portuguesa de los sefardíes de Amsterdam en su contexto histórico-social (Siglos XVII y XVIII)*, tesis de Ph.D. (Universiteit van Amsterdam, 1992). Téngase presente también su libro, *La literatura sefardí de Amsterdam* (Alcalá de Henares: Universidad de Alcalá, Instituto de Estudios Sefardíes y Andalusíes, 1995 [en prensa]).

Introducción

MIGUEL (DANIEL LEVÍ) DE BARRIOS nació en Montilla, Córdoba, en 1635, y salió de España antes de 1660. Después de residir brevemente en Francia, Italia y la isla de Tabago en el Caribe, hacia 1662 llegó a la colonia de mercaderes sefarditas de Amsterdam. Desde su llegada y hasta aproximadamente 1674, mantuvo relaciones literarias con los españoles de la corte de Bruselas y escribió y publicó obras que iban dirigidas al público español en general. Hacia 1674 dejó de viajar a Bruselas y comenzó a escribir para sus contemporáneos sefarditas de Amsterdam. Miguel de Barrios nunca volvió a España y murió en Amsterdam en 1701.

La obra de Barrios abarca los géneros de la poesía, el teatro y la historiografía. Existen varios estudios dedicados a la obra poética de Barrios que se considera típicamente barroca y seguidora del conceptismo gongorino. También han sido estudiadas algunas de sus comedias de capa y espada[1] y a menudo se citan algunas de sus obras

---

[1] Para la poesía de Barrios, véanse: Esther Bartolomé-Pons, "Comentario y texto del poema 'Lamentación fúnebre en la muerte de mi Padre,' del judío español Daniel Leví de Barrios (1635-1701)," en *Actes del Simposi Internacional sobre Cultura Sefardita*, 9-11 nov. 1992 (Barcelona: Poblagràfic, 1993), págs. 197-221. Y de la misma autora, "Características de la poesía del judío español Daniel Leví de Barrios (1635-1701)," en *Anuario de Filologia*, 15 (Barcelona: 1992), págs. 737-741. Charles J. Moolick, "The Poetic Styles of Miguel de Barrios," Diss. University of Southern California, 1964. Kenneth R. Scholberg, *La poesía religiosa de Miguel de Barrios* (Madrid: Edhigar, [1962]). Las comedias de capa y espada las han estudiado: Henry V. Besso, "Dramatic Literature of the Sephardic Jews," *Bulletin Hispanique*, 39-41 (1939). Y Ervie Peña, " 'El español de Orán' by Miguel de Barrios: A Critical Ed. and Study," Diss. University of Southern California, 1971.

por el valor cronístico que tienen respecto a la colonia de mercaderes sefarditas de Amsterdam en el siglo XVII.[2] Pero apenas se sabe de sus dramas que siguen la técnica literaria de los autos sacramentales alegóricos de España, especialmente los de Calderón de la Barca. Existen seis obras dramáticas de Miguel de Barrios que siguen esta técnica literaria y que además dramatizan su encuentro y afiliación con el judaísmo. Entre 1665 y 1672, Barrios escribió una comedia alegórica titulada *Contra la verdad no hay fuerza*.[3] Esta obra, escrita en honor de tres mártires de la Inquisición, coincide aproximadamente con los años en que Barrios deja de relacionarse con los españoles de Bruselas y es una dramatización de la decisión del escritor de vivir dedicado al estudio de la religión judaica. Hacia 1684 Barrios escribió cinco autos alegóricos en un solo acto en los cuales evidencia su total dedicación al estudio de la ley de Moisés. Lo que sorprende a primera vista es que Barrios escogió escribir todas estas obras siguiendo la tradición literaria de los autos sacramentales de España, género considerado católico por excelencia, precisamente para expresar su identificación con el judaísmo. El género literario de estas obras es solamente una de las evidencias de que la vida de Barrios no está claramente dividida en dos etapas: vida entre católicos y vida entre judíos, sino que entre los dos períodos se crearon lazos difíciles de separar. El teatro alegórico de Barrios explora aspectos de la religión, la judía y la cristiana; la nacionalidad, qué es ser español; y sentimientos ambivalentes, como

---

[2] Véanse, por ejemplo, los siguientes estudios de diversa índole: Yosef Kaplan, *From Christianity to Judaism. The Story of Isaac Orobio de Castro*, trad. Raphael Loewe (New York: The Littman Library, Oxford University Press, 1989) y "The Portuguese Jews in Amsterdam. From Forced Conversion to a Return to Judaism," en *Studia Rosenthaliana*, 15, 1 (1981), 37-51. W.C. Pieterse, *Daniel Leví de Barrios als geschiedschrijver van de portugees-israelietisch gemeente te Amsterdam in zijn Triumpho del Govierno Popular* (Amsterdam: Scheltema & Holkema, 1968), con un resumen en inglés. Daniel M. Swetschinski, "Kinship and Commerce: The Foundations of Portuguese Life in XVIIth-Century Holland." *Studia Rosenthaliana*, 15, 1 (1981), 52-74.

[3] Existe una edición moderna incluída en la obra de Scholberg, *La poesía*.

es la fidelidad y el rechazo a España, su país de nacimiento. La obra de Barrios representa también los sentimientos de otros muchos coetáneos de Amsterdam que en el pasado habían vivido como cristianos en la Península.

Este libro tiene como germen mi tesis doctoral (Yale University, 1990), pero este nuevo estudio presenta cambios importantes y no es una simple revisión de la tesis. Los capítulos de fondo, aquí han sido reducidos y revisados. El capítulo cuarto es el que contiene mayores cambios: he suprimido los dos estudios individuales que hice sobre las obras alegóricas *Contra la verdad*[4] y "Jonen Dalim," y en su lugar he ampliado y re-escrito el estudio de introducción al teatro alegórico de Barrios, dedicándole aproximadamente la misma atención a cada una de las seis obras estudiadas. Una re-lectura de los dramas de Barrios me ha hecho ver ciertas fuentes literarias que no exploré en mi primer estudio y he ampliado y puesto al día la bibliografía.

Sin duda la contribución más importante del presente libro es que incluyo una edición nueva de los cinco autos publicados por Barrios en 1684, que hasta el presente habían permanecido prácticamente desconocidos.[5] Mi decisión de incluir los autos tiene que ver con mi propia experiencia al estudiar la obra de Barrios. Un problema que confronté al escribir mi tesis doctoral y que en cierto modo poco ha cambiado, está relacionado con la escasez de estudios críticos sobre las obras literarias escritas en español en Amsterdam en el siglo XVII. Aunque hay una gran bibliografía de excelentes estudios sobre la colonia de sefarditas de Amsterdam, en su mayoría han sido escritos por historiadores y especialistas en estudios judaicos, no por hispanistas interesados por la literatura española del período barroco. Una de las razones más obvias por la falta de estudios críticos literarios tiene que ver con que los textos originales apenas son conocidos en España. El teatro alegórico de Barrios fue escrito exclusivamente para los sefarditas de Amsterdam. Por los temas que trata, básicamente siempre relacionados con el

---

[4] He publicado el estudio de *Contra la verdad* en las ya citadas *Actes del Simposi Internacional sobre Cultura Sefardita*, págs. 181-196.

[5] Mi tesis doctoral incluía como apéndice uno de los autos: "Jonen Dalim."

enfrentamiento entre la cristiandad y el judaísmo, y por el momento histórico en que fueron escritos, las obras alegóricas de Barrios nunca circularon por España. Los cinco autos que aquí estudio y edito forman parte de un libro colecticio, *Triumpho del Govierno Popular, y de la Antiguedad Holandesa*,[6] considerado clave para la historia de la comunidad de sefarditas de Amsterdam pero que al parecer nunca llegó a España en el siglo XVII. El *Triumpho*, desde su publicación, ha sido leído por los interesados en la comunidad sefardita de Amsterdam. Desde la crónica de la colonia de mercaderes de Amsterdam escrita en portugués por David Franco Mendes en el siglo XVIII, todos los interesados por la historia de la comunidad han hecho alguna referencia al *Triumpho*. Pero el interés de estos lectores ha sido mayormente histórico, así que los cinco autos alegóricos escritos por Barrios e incluidos en el *Triumpho* nunca han sido estudiados por el valor literario que contienen. Esta situación me hizo concluir que sería útil hacer accesible a hispanistas y al público español en general los cinco autos alegóricos de Barrios— habría que hacer igual con las obras de otros de sus contemporáneos de Amsterdam—pues hasta el presente han permanecido en sus versiones originales en un libro hoy considerado raro y en consecuencia casi imposible de ser leídos y estudiados. Teniendo en cuenta también la buena acogida que hoy día tienen los estudios sobre la literatura del Barroco, creo que ha llegado el momento oportuno en que las obras alegóricas de Barrios se lean, se analicen y se comparen con las de sus contemporáneos en la Peninsula.

    A continuación doy cuenta brevemente de la organización del presente libro: Capítulo I, "Historia de la 'Jerusalén del Norte'." Este capítulo repasa en breve la historia de la comunidad sefardita de Amsterdam, desde sus antecedentes en España y Portugal y la situación de los judíos y cristianos nuevos de la Península. A continuación estudio la fundación de la colonia de mercaderes en Amsterdam a finales del siglo XVI, hasta llegar al período de residencia de Barrios que, coincide precisamente con el apogeo

---

[6] (Amsterdam: s.i., 1683) Cuando lo cito uso el ejemplar 19G12, Bibl. Rosenthaliana.

comercial y cultural de la comunidad.

Capítulo II, "La vida y obra de Miguel (Daniel Leví) de Barrios." La vida personal de Barrios siempre ha sido objeto de una atención especial de parte de lectores, en gran medida porque el carácter abierto de su autor, el propio Barrios, le permitía hacer públicas todas sus experiencias personales y nos ha dejado en forma poética numerosos detalles de su vida y de la de sus familiares. Al mismo tiempo, la fama de Barrios como escritor se caracteriza por períodos esporádicos de un relativo éxito, seguidos de otros de semi-olvido. En este capítulo, repaso las obras de Barrios y, a la luz de otros estudios previos, resumo su vida y el valor de sus obras.

Capítulo III, "Academias literarias y de estudios religiosos en Amsterdam en el siglo XVII." En este capítulo se examinan las academias literarias de Amsterdam, herederas de la tradicional reunión académica contemporánea de España, y las academias o hermandades de estudios religiosos, en hebreo *yesibot*, donde los sefarditas de Amsterdam se instruian en la Torá judaica. Además de que estas instituciones son claves para comprender el teatro alegórico de Barrios, la reunión académica de Amsterdam es la base de la vida intelectual y religiosa de la comunidad. Como muestra del impacto que tales reuniones tuvieron entre los sefarditas, estudio brevemente varias obras relacionadas con las reuniones literarias y de estudios religiosos.

Capítulo IV. "El teatro alegórico de Miguel (Daniel Leví) de Barrios." En el presente contexto estudio los personajes o abstracciones alegóricas principales del teatro de Barrios. Además de los cinco autos que edito aquí, también tengo en cuenta *Contra la verdad*, la comedia alegórica que Barrios escribió en honor de tres víctimas de la Inquisición y que Scholberg ha fechado entre 1665 y 1674. Esta obra tiene muchos puntos de contacto con los autos de 1684: la disputa entre las abstracciones Verdad (símbolo de la Torá judaica) y Mentira (símbolo de la cristiandad), el conflicto interior del protagonista Albedrío, que en los autos se llama Israel, y el marco de la acción de la obra, la academia de estudios que en *Contra la verdad* se insinúa y en los autos sigue siendo el marco para la acción, se identifica con el título de cada uno de ellos y en dos de los autos es una abstracción personificada. A la reunión académica asiste el Albedrío-Israel a instruirse en la Torá o la ley judaica. El concepto de ley lo examino como (1) el paradigma histórico del drama y (2) la aproximación o lectura de un texto literario. En el primer caso, el teatro alegórico de Barrios parte del concepto de ley natural, paradigma de los autos sacramentales de Calderón, que procede de la tradición clásica. A diferencia de las obras calderonianas donde el momento histórico que se dramatiza es el de la Ley de Gracia, en el drama de Barrios los protagonistas viven en el momento histórico del exilio de Israel. En segundo lugar, los dos diferentes conceptos de ley, cristiano y judaico, implican una diferente lectura o interpretación del texto bíblico, pero que se aplica también a la lectura de otros textos. En los autos de Calderón, por ejemplo, la interpretación o lectura que se hace de los mitos clásicos es más que una alegoría y el mito es a veces un anuncio de verdades que se confirman en el texto posterior, el auto sacramental, perteneciente al momento histórico de la Ley de Gracia o el mensaje de Jesucristo. A diferencia de este modo de lectura de un texto, en la tradición rabínica un texto puede ser a veces interpretado alegóricamente, pero no de forma tipológica. Cuando Barrios asiste a las reuniones académicas de Amsterdam, entra en contacto con la tradición rabínica y una forma de lectura diferente de la tradicional española. Los títulos de los cinco autos de 1684 están basados en términos de la Biblia hebrea y evidencian el estilo rabínico de lectura de un texto. Pero Barrios continúa inspirándose en la tradición literaria de los autos sacramentales de la Península y las abstracciones personificadas de los autos y el uso de la alegoría son las muestras más evidentes de esa influencia. El teatro alegórico de Barrios es una dramatización de lo que significó para su autor el encuentro con el judaísmo y el impacto que tal encuentro tuvo en su identificación con la tradición española.

Deseo dejar constancia de mi sincera gratitud a los que fueron mis profesores y me guiaron y apoyaron durante el período en que escribía mi tesis doctoral en el Departamento de Español y Portugués de la Universidad de Yale y de la que deriva el presente estudio. Muy especialmente al profesor Manuel Durán, bajo cuya dirección completé la tesis, y los tres lectores del comité que aprobaron la tesis doctoral y me dieron valiosas sugerencias para la ulterior publicación de este libro: el profesor James Fernández, Universidad de Yale, el profesor Nicolas Shumway, también de la

Universidad de Yale entonces y hoy de la Universidad de Texas, Austin, y el profesor Theodore A. Perry, de la Universidad de Connecticut. La guía y la amistad de este último han continuado aumentando con el paso del tiempo. También me complace agradecer al profesor Roberto González Echevarría, cuyas clases de literatura del Siglo de Oro recuerdo como estimulantes y excelentes. Mi gratitud también se extiende al profesor Yosef Kaplan, Universidad de Jerusalén, quien leyó con atención e interés mi proyecto de tesis y me dio valiosas sugerencias, y al profesor David Ruderman, entonces del Departamento de Estudios Judaicos de Yale y hoy de la Universidad de Pennsylvania, en Philadelphia, en cuyos cursos en Yale comencé a relacionar la literatura española y los estudios judaicos, y que me proporcionó la bibliografía pertinente. Finalmente estoy agradecida al profesor Samuel G. Armistead por su cuidadosa lectura del libro y sus valiosas sugerencias, así como al profesor Thomas A. Lathrop, de la casa editorial Juan de la Cuesta, por su ayuda en la revisión del manuscrito.

Localicé y conseguí copias de los textos originales de Barrios con la valiosa ayuda de la señorita Meneca Turconi y del bibliógrafo señor Jeffry Larson, ambos de la Biblioteca Sterling, de la Universidad de Yale.

Varias instituciones han contribuido también al presente estudio y a ellas tambien cumple expresar mi gratitud. Ante todo, a la Universidad de Yale, con sus excelentes profesores, como los ya mencionados, y su fabulosa Biblioteca Sterling, que me benefició durante mis estudios graduados, y la Fundación Dorot, que me concedió una beca de viaje a Israel, haciendo posible que comenzara la investigación para mi proyecto doctoral. La Universidad de Wittenberg, en el verano de 1994 me concedió una beca de investigación que me permitió hacer las últimas revisiones al presente estudio. Y finalmente, mi gratitud se extiende a la Fundación Lucius N. Littauer que generosamente ha costeado los gastos de la publicación del libro.

I
Historia de la "Jerusalén Del Norte"

> Assi dixo el Señor Dios; hé yo hare tornar la Captividad de las tiendas de Iacob, y sus moradas apiadaré, y sera fraguada Ciudad sobre su defensa, y Palacio como su juizio estara; Porque de la diccion Al tila que se interpreta sobre su defensa, tomó nombre la region de Amsteladia, regada del rio Amstela que entra en Amsterdam... [que] fundada sobre la defensa de mastiles hincados; parece a Jerusalem con el sagrado Palacio o Templo.[1]

CUANDO MIGUEL (DANIEL LEVÍ) de Barrios daba a la imprenta en Amsterdam las obras dramáticas que estudiamos y editamos en el presente libro, entre 1665 y 1684, la comunidad religiosa de la colonia de mercaderes sefarditas llegó a contar con más de 4.000 miembros y disfrutaba de un verdadero Siglo de Oro comercial e intelectual que compartía con la ciudad que tan generosamente permitía allí su estancia desde finales del siglo XVI. Los sefarditas dieron a Amsterdam el título de la "Jerusalén del Norte," con lo cual comparaban la libertad y opulencia que la ciudad les ofrecía a las que un día disfrutaron en la añorada Jerusalén de los textos bíblicos.

---

[1] Véase el *Triumpho*, pág. 554, donde Barrios interpreta como una profecía mesiánica la cita bíblica de Jeremías 30:18 y compara a Amsterdam y su opulenta sinagoga sefardita con Jerusalén y su templo. La misma comparación la hizo también Isaac Aboab da Fonseca en un sermón al estreno de la sinagoga en 1675. Para la cita de Aboab da Fonseca, véase el estudio de Daniel M. Swetschinski, "The Portuguese Jewish Merchants of 17th-Century Amsterdam: A Social Profile," Diss. Brandeis University, 1980, pág. 1.

Hacia finales del siglo XVI, nació en la ciudad holandesa de Amsterdam una colonia de mercaderes portugueses y españoles que sirvió también para mitigar, en parte al menos, la desaparición del judaísmo ibérico. Los orígenes de la colonia están estrechamente ligados al problema de los cristianos nuevos de España y Portugal y a la decadencia del judaísmo que se inició en España en 1391 y culminó en la expulsión de 1492 y las conversiones en masa de Portugal en 1497. El problema de los cristianos nuevos, grupo que incluye los judíos sinceramente convertidos al cristianismo y los que en secreto seguían observando la religión judía, ha sido estudiado por especialistas de la historia de España y Portugal y del judaísmo ibérico, por lo que nos limitaremos a resumirlo brevemente, destacando solamente los aspectos relacionados con el nacimiento de la colonia de mercaderes sefarditas de Amsterdam.[2]

---

[2] Para la situación social de los judíos y los cristianos nuevos de España siguen siendo indispensables los estudios de Américo Castro: *De la edad conflictiva* (Madrid: Taurus, 1961) y *La realidad histórica de España* (México: Porrúa, 1954), y la monumental obra en tres volúmenes de Julio Caro Baroja: *Los judíos en la España moderna y contemporánea* (Madrid: Arión, 1961). Véanse también los estudios de I. Reváh, especialmente el titulado "Les Marranes," en *Revue des Etudes Juives*, 1 (1959-60), 29-77, que estudia las teorías sobre el significado de los términos "marrano" y "marranismo" que se refieren a los judíos que, después de su conversión al catolicismo, siguieron practicando la religión judía en secreto. Marrano, en principio, puede derivarse de la palabra árabe, "máhram," que designaba lo prohibido o ilícito. Así, la carne de cerdo era una de las cosas prohibidas a los musulmanes (y a los judíos) y luego pasó a designar a los conversos que seguían absteniéndose de comerla. Véase Joan Corominas y José A. Pascual, *Diccionario crítico etimológico castellano e hispánico*, 6 tomos (Madrid: Gredos, 1980-1991), III, págs. 858-859. Téngase en cuenta, sin embargo, la etimología alternativa árabe *barrani* 'forastero,' propuesta por Yahacob Malkiel ("Hispano-Arabic *marrano* and its Hispano-Latin Homophone,") *Journal of the American Oriental Society*, 68 (1948), págs. 175-184. Para la historia de los cristianos nuevos son crucialmente importantes los estudios de Cecil Roth, *A History of the Marranos* (New York: Meridian Books, 1932) y de Y. H. Yerushalmi *From Spanish Court to Italian Ghetto. Isaac Cardoso: A Study in 17th-Century Marranism and Jewish Apologetics* (New York: Columbia University Press, 1971). Los términos "marrano" y

Entre los siglos VIII y XIII la cultura de los judíos de la Península Ibérica alcanzó un extraordinario apogeo, que comienza a deteriorarse en 1391, con la ola de persecuciones iniciada por los cristianos de Sevilla, que tiene como resultado la conversión en masa al catolicismo de muchos judíos. Entre 1412 y 1414, bajo el predicador Vicente Ferrer y las intimidaciones resultantes de las llamadas disputas de Tortosa, numerosos judíos de diversas regiones de España piden también en masa ser bautizados. Como muchos de estos convertidos pasaban a ser cristianos bajo el temor que implicaba mantener su religión, gran número de ellos seguía practicando en secreto el judaísmo, lo que añadía al odio y al rechazo de los cristianos viejos, que consideraban igual a todos los conversos, los que aceptaban sinceramente la religión cristiana y los que no. La expulsión de los judíos de España en 1492, decretada por los Reyes Católicos, Isabel y Fernando, termina trágicamente el capítulo de la historia de los judíos de España pero añade al de los cristianos nuevos. Al llevarse a cabo la expulsión, muchos de los judíos se dispersan por el norte de Africa, Turquía, Italia y Portugal, y otros se quedan en España y se convierten al catolicismo. Aunque algunos de los nuevos conversos continúan practicando en secreto el judaísmo, la dureza de las persecuciones que sufrían los judaizantes a partir de 1492, los reduce a pequeños núcleos. En Portugal, y a diferencia de lo que ocurre en España a partir de 1391, no había habido grandes persecuciones que ocasionaran conversiones en masa o la práctica en secreto del judaísmo. Y cuando los Reyes Católicos expulsan a los judíos españoles en 1492, el rey João II permite, bajo pago financiero, la entrada y permanencia de algunos judíos en Portugal, práctica que continúa aún cuando sube al trono en 1495 su descendiente dom Manõel I. Pero en 1497 dom Manõel de Portugal, en vísperas de casarse con Isabel, hija de los Reyes Católicos de España, y aparentemente bajo la presión de éstos, expulsa teóricamente a todos los judíos de su reino, al mismo tiempo que hace imposible su salida y les deja como única alternativa la conversión en masa al catolicismo. Aún después de

---

"marranismo," que adoptaron por años los historiadores del judaísmo ibérico, han ido cayendo en desuso y algunos sefarditas los consideran ofensivos, por lo cual nos abstenemos de usarlos en este libro.

esta fecha clave, en que el número de cristianos nuevos aumenta considerablemente en Portugal, no existe, como en España, un verdadero esfuerzo para asegurarse de la sinceridad de los nuevos conversos, hasta que, en 1536, se establece la Inquisición portuguesa. Con la expulsión de España en 1492, la conversión en masa de 1497 en Portugal y el establecimiento de la Inquisición portuguesa en 1536, cuando en teoría ya no hay judíos en toda la Península, el número de cristianos nuevos que practica en secreto el judaísmo en Portugal adquiere grandes proporciones. Estas fechas son también decisivas en la situación social de los cristianos nuevos que en esencia continúan desarrollando las mismas actividades llevadas a cabo por los judíos en la Edad Media.

Hacia mediados del siglo XVI, la ciudad belga de Amberes, parte del Imperio español, es el mayor centro comercial de Europa y lugar también de un alto nivel cultural. Con la apertura de la bolsa en 1531, la ciudad se convierte en el intercambio financiero europeo al mismo tiempo que mercaderes de diversos países de Europa hacen de su puerto el punto clave para el intercambio de productos entre el norte y el sur.[3] Entre las muchas colonias de extranjeros que residían en la ciudad, destaca la de los mercaderes portugueses, asentados en Amberes desde finales del siglo XVI y que disfrutaba de privilegios, como la ausencia de una inquisición, y que fue atrayendo gran número de cristianos nuevos. De tal modo es decisiva la influencia de los judíos y nuevos cristianos en el mercado de Amberes, donde "portugués" se hace sinónimo de "hombre de la nación," con que se conocía a los mercaderes portugueses.[4] Pero en 1578, muere dom Sebastian I, rey de Portugal, sin dejar descendiente directo, y dos años más tarde, en 1580, Felipe II de España se

---

[3] Véase el estudio de John J. Murray, *Antwerp in the Age of Plantin and Brueghel* (Norman: University of Oklahoma Press, 1970).

[4] A los judíos ibéricos de la Edad Media se los llamaba "hombres de la nación hebrea." Más tarde a los mercaderes portugueses se los conoce también como "hombres de la nación portuguesa," lo cual en el fondo se refería a los judíos y nuevos cristianos. Véase el estudio de I. S. Révah, "Pour l'histoire des marranes à Anvers: Recensements de la 'Nation Portugaise' de 1571 a 1666," en *Revue des Etudes Juives*, 122 (1963), 123-147.

considera el pretendiente con más derechos y anexiona Portugal a España. Para los portugueses residentes de Amberes esto significa que pasan en esta fecha a ser ciudadanos españoles y los nuevos cristianos pierden la independencia que hasta entonces habían disfrutado lejos de la Península. Amberes sufre también otros incidentes políticos que contribuyen a la decadencia de su grandeza económica y cultural y consecuentemente a la dispersión de los mercaderes judíos. Hacia 1566, comienzan a agravarse los problemas entre España y las 17 provincias que formaban los Países Bajos, culminando con la independencia de España de las siete provincias del norte en 1581 y su reconocimiento por España en 1609. En 1576 los soldados españoles de Felipe II, frustrados por una larga espera de meses sin recibir sus pagas, saquean la ciudad de Amberes, causando numerosas muertes y enormes pérdidas económicas. Como el resto de los Países Bajos, Amberes trata de liberarse del control español, sin conseguirlo. En 1585. Alejandro Farnesio, duque de Parma, después de sitiar la ciudad por varios meses, entra victorioso y devuelve el control a la España católica. Al capitular Amberes, los residentes protestantes salen de las provincias del sur y los habitantes que decidieran permanecer en la ciudad deberían prometer lealtad al rey de España y a la fe católica. Muchos de los mercaderes se marchan a las provincias del norte, donde gracias a la Unión de Utrecht de 1579, se prohibe la persecución religiosa. Amsterdam, ya un puerto importante desde la primera mitad del siglo XVI, es la ciudad que ofrece una alternativa a los mercaderes de Amberes.[5]

Desde los comienzos del siglo XVII, el gran desarrollo económico y la prosperidad de Amsterdam sorprenden a toda Europa. Desde sus comienzos como un pueblo de pescadores, Amsterdam en el siglo XVII convierte sus actividades pesqueras en un imperio comercial. Con el éxodo de las provincias del sur, Amsterdam expande el ya existente comercio de grano, metales y otros productos. La ciudad se convierte en el granero del continente. Los mercaderes en tiempos

---

[5] Para la historia de los problemas entre España y los Países Bajos véase el estudio de Pieter Geyl: *The Revolt of the Netherlands, 1555-1609* (London: Ernest Benn, 1966), especialmente la parte II, "The Struggle for Independence and the Split."

de cosechas abundantes compraban grandes cantidades de trigo y cebada que luego vendían a precio mucho más alto en épocas de escasez. Con el deterioro de Amberes, el intercambio monetario pasó también a Amsterdam.[6] Cuando en 1585 se cerró el puerto de Amberes y algo más tarde Holanda bloqueó el tráfico por el río Escalda, los puertos de Amsterdam y Rotterdam, tomaron control del intercambio comercial que se llevaba a cabo por la región del Báltico y con Europa a través de la Península Ibérica. Así nació una nueva ruta comercial entre Holanda y Portugal que sirvió para sustituir el intercambio norte-sur que antes se realizaba por Amberes y que dio lugar al nacimiento de la colonia de mercaderes sefarditas procedentes de la Península. La contribución de los judíos a este comercio tuvo un gran impacto en el desarrollo económico del recién nacido Siglo de Oro de Holanda. La fortaleza de esta contribución residía poderosamente en un comercio basado en relaciones de parentesco entre los mercaderes asentados en Amsterdam y sus conexiones con mercaderes cristianos nuevos en Portugal y España. De Holanda salían especialmente granos, y de la Península productos como sal, frutas, aceite de oliva y vino. Esta ruta, a su vez, dependía de las colonias portuguesas, Brasil y Madeira, de donde se traían productos coloniales, como azúcar, tabaco y madera. El comercio de los mercaderes de Amsterdam, por tanto, era parte de una gran sociedad que incluía también a mercaderes de Portugal y España. Al terminar la guerra entre España y Holanda en 1621, el comercio que había permitido el nacimiento de la colonia de sefarditas de Amsterdam se altera y los mercaderes, después de un período de descenso, comenzaron a participar en las actividades comerciales holandesas en América del Sur a través de las recientemente creadas grandes compañías.[7]

---

[6] John J. Murray, *Amsterdam in the Age of Rembrandt* (Norman: University of Oklahoma Press, 1967). Véase especialmente el capítulo III, "Market of the World," y el estudio de P. Geyl, *The Revolt*, págs. 274 y ss., "After the split."

[7] Para la historia de los comienzos de la colonia de mercaderes españoles y portugueses en Amsterdam, véase el estudio de D. M. Swetschinski: "Kinship and Commerce."

La primera crónica de los sefarditas de Amsterdam es del propio Miguel de Barrios, que en nombre de la comunidad religiosa escribió numerosos opúsculos en prosa, verso y aún drama, describiendo los orígenes de la colonia y las numerosas instituciones florecientes en su tiempo. Al igual que la crónica escrita en portugués en 1769 por David Franco Mendes,[8] las historias relatadas por Barrios no tienen un propósito crítico-histórico, pero hoy día se las considera de gran valor, ya que forman la primera crónica existente de la colonia y puesto que Barrios tuvo a su alcance documentos que hoy se consideran perdidos.[9] La obra de Barrios que contiene mayor número de relatos dedicados a la historia de la comunidad portuguesa-israelita de Amsterdam es el ya mencionado *Triumpho*, que contiene obras fechadas entre 1683 y 1684.[10] El libro toma su nombre del

---

[8] David Franco Mendes, 1713-1792, escribió en portugués la historia de la comunidad de los sefarditas de Amsterdam desde su fundación hasta 1769, basándose en gran parte en la obra de Barrios para los primeros años de la colonia. Véase el estudio de L. y R. Fuks, "Jewish Historiography in the Netherlands in the 17th and 18th Century." *Studia Rosenthaliana*, 6, 2 (1972), 137-175, y la introduccion de L. Fuks y R. G. Fuks-Mansfeld, ed., *Memorias do Estabelecimento by David Franco Mendes* (Amsterdam: Van Gorcum, 1975).

[9] La única discrepancia importante que parece existir entre las obras de Barrios y la reconstrucción histórica hecha hasta hoy día, basada especialmente en documentos notariales de Amsterdam, es respecto a las fechas del nacimiento de la colonia. Barrios sitúa sus comienzos entre los años 1595 y 1597. A la luz de los estudios más recientes, se ha establecido una fecha algo más tardía, 1602. Véase el estudio de introducción de Wilhelmina C. Pieterse al *Livro de Bet Haim do Kahal Kados de Bet Yahacob* (Netherlands: Royal Van Gorcum, 1969), págs. x y xi. Es preciso añadir, sin embargo, que algunos de los relatos de Barrios sobre los orígenes de la comunidad de sefarditas de Amsterdam no siempre coinciden exactamente con la evidencia de los documentos hallados, ocasionando así la desconfianza y las críticas de tales relatos de parte de historiadores y sociólogos. Véase, por ejemplo, la tesis doctoral de D.M. Swetschinski, "The Portuguese Jewish Merchants," págs. 329-333.

[10] K. R. Scholberg en su libro *La poesía* identificó siete ejemplares del *Triumpho*, de los cuales yo he consultado tres: dos de la Bibliotheca Rosenthaliana y uno del British Museum. Las citas son siempre del ejemplar

título del primer opúsculo que contiene, y hoy día existen siete ejemplares, que difieren ligeramente entre sí en la secuencia de las obras y en el contenido.[11] "Casa de Jacob" es el título de un opúsculo en prosa que contiene diversos detalles sobre los orígenes de la comunidad.[12] La obra comienza con un prólogo "De los primeros iudios que concurrieron a la ciudad de Amsterdam, por el Sabio Uri Leví, y por el Noble Iacob Tirado." El primero era de Alemania y está considerado como el primer rabino que tuvo la comunidad, que necesitaba de un traductor en los sermones que dirigía a los sefarditas. El segundo era de España y en honor a su nombre, la primera sinagoga de la comunidad se llamó Casa de Jacob o Bet Iacob. Barrios sitúa la primera celebración religiosa comunal en 1595 en la fiesta de Yom Kippur, o Día del Perdón.[13] Cuando un pequeño grupo de portugueses y españoles se ha reunido en una casa para orar, es sorprendido por las autoridades de Amsterdam que los creen católicos y los asaltan por todas partes:

> Congregaronse en este Sacro Dia del año de 1595 los emboçados Judios Amstelodamos, que con diferentes Oraciones, y Actos de contrición, descubrieron su lagrimosa Alma, delante de la Divina Misericordia que lo acudió, quando la rigurosa Justicia de Amsterdam, con las observaciones de Juan Calvino, executava sus rigores, contra la imagenes Papisticas. Creyo que los encubiertos, y congregados Hebreos, eran Papistas, y que estavan idolatrando a las imagenes (*Triumpho*, pág. 461).

Los judíos, dice Barrios, al darse cuenta del peligro que corren, tratan de huir, "unos, para escaparse; otros para esconderse; y los mas para no negar su Judayzante, y penitencial Acto" (*Triumpho*,

---

19G12 de la Bibliotheca Rosenthaliana.
 [11] Los siete ejemplares del *Triumpho* los estudió y comparó W. C. Pieterse, en el libro *Daniel Leví de Barrios*.
 [12] El título completo del opúsculo es "Triumpho del Govierno Popular en la casa de Iacob" y toma su nombre del de la primera sinagoga de la colonia, "Bet Iacob" o Casa de Jacob. Véase el *Triumpho*, págs. 451-478.
 [13] La fecha puede ser errónea y se cree más bien que sería en 1602. Véase Pieterse, *Livro de Bet Haim*, págs. x y xi.

pág. 463). Las autoridades escudriñan la casa tratando de encontrar imágenes católicas pero solamente encuentran "libros hebreos." Se llevan detenidos al rabino y a su hijo:

> Uri y Aaron Leví, son los primeros
> que en manos dan de los Ministros fieros
> que a la cárcel les llevan maniatados,
> los demás quedan tan sobresaltados
> que les embargan con el desconsuelo
> la voz su espanto, el moto su recelo.
> No somos (dice con urbano aliento
> Jacob Tirado, al Escotete horrible)
> los que se humillan a Deidad visible,
> sino los del Mosaico Firmamento.[14]

Las autoridades confían en las palabras de Jacob Tirado y unos días más tarde dejan en libertad al rabino y a su hijo, permitiéndoles que den instrucción en la Torá y que cincunciden "y al gran Jacob Tirado que erija Sinagoga" (*Triumpho*, pág. 291). Así se establece la primera comunidad religiosa de la colonia que, en honor de su fundador se llama "Bet Iacob" o Casa de Jacob. Barrios, orgulloso, le dedicó, entre otros, el siguiente poema:

> PROEMIO.
> La primer Sinagoga Amstelodama,
> fundada fue del gran Jacob Tirado:
> que por su nombre Bet Jahacob la llama,
> y por el Pueblo de Jacob sagrado
> (*Triumpho*, pág. 465).

A continuación, Barrios relata la romántica y hoy ya famosa historia de Maria Nuñes, bella joven portuguesa que llega a Amsterdam con su familia, después de peligrosas aventuras, determinados todos, nos

---

[14] Esta versión en verso de la historia es de gran interés pues es parte del auto titulado "Maskil el Dal," y la narra el personaje llamado la Religión. Véase el *Triumpho*, pág. 289, y los versos 258 y ss. de mi edición.

dice Barrios, a escapar "los horrores de la cruel Inquisicion" y a practicar libremente el judaísmo: "Manuel... [y su hermana] Maria se embarcaron para Holanda con su tio Miguel Lopez en el Año Judayco de 5350. que corresponde al de 1593. de la Christiandad."[15] En el camino a Amsterdam, los ingleses, que entonces "tenían guerra contra España," detienen el barco y llevan a los tripulantes a Inglaterra. Allí un duque inglés se enamora de la "rara hermosura" de Maria Nuñes y habla de ella a la "Reyna Isabela de Inglaterra," la cual pide que traigan a la joven a su presencia. La reina ordena que dejen libre el navío y pasea por Londres en su carroza a la hermosa Maria. El duque inglés le ofrece su amor, pero ella "no rindiendose a los amorosos Ruegos, y a los ofrecimientos honorificos, y provechosos, dexó la pompa Inglesa por el Judaismo que observó en Amsterdam" (*Triumpho*, pág. 456). Algún tiempo después, en 1598, se celebró en Amsterdam la primera boda de sefarditas de "Manuel Lopes Homem, con la heroyca Maria Nuñes, y de Justa Pereyra con su Primo Francisco Nuñes Pereyra" (*Triumpho*, pág. 456). Poco a poco, los que habían vivido en la Península como cristianos, empiezan a cumplir las exigencias de la religión judaica. Los hombres tienen que circuncidarse, y a veces lo hacen bajo la presión de las mujeres, como en el caso de Antonio Lopes Pereira y su prima y mujer: "Y la celebre Justa Pereyra, con el sentimiento [sic] de haversele muerto dos hijos y atribuyendo su muerte a la detencion de no circuncidarse su marido se apartó de el, hasta que fue circuncido por mano de Uri Leví" (*Triumpho*, pág. 456). Y todos van adquiriendo nombres hebreos que usan en la comunidad, en lugar de los que habían usado antes entre los gentiles. A medida que crece la comunidad surgen otras dos sinagogas, la de "Neve Salom," Morada de la Paz, y la de "Bet Israel," o Casa de Israel, hasta que en 1639 las tres se unen en una sola a la cual llaman "Talmud Torá" o Enseñanza de la Ley, nombre con el cual se conoce desde entonces a la comunidad religiosa. En 1602 compran una parcela de terreno en Gruten, a poca distancia de Amsterdam, que usan como cementerio por unos años, hasta que en

---

[15] Véase el *Triumpho*, pág. 455. Hay un evidente error en esta fecha. El año 1593 corresponde al de 5353.

1614 compran el terreno que será el hoy ya famoso cementerio "Betahaim," Casa de los Vivos, en Ouderquerque, a dos leguas de Amsterdam y a orillas del río Amstel. La comunidad crea numerosas instituciones caritativas y sociales que se encargan de las más diversas necesidades de los miembros de la colonia. La primera hermandad se funda en 1610, la llamada "Xebra de Bikur Jolim," encargada de visitar a los enfermos y de enterrar a los difuntos. Con gran detalle, Barrios enumera las tareas de los 26 miembros que fundaron la hermandad, que ordenaba "el modo de Visitar los enfermos tanto ricos como pobres, proveer à los necessitados para alivio de sus dolencias de sustento y medicinas; de velar a los desahuziados, de lavar, de amortajar los muertos, y de acompañar a los lutosos" (*Triumpho*, pág. 480). También fundan un Monte de Piedad al que llaman "Jonen Dalim," que quiere decir "el que se apiada de los pobres," para los préstamos sin interés a los miembros que lo necesitaran. Otra de las hermandades creada en época temprana es "La Sancta Hermandad de las Huérfanas," fundada en 1615. Cuando Barrios la describe en 1683, contaba con más de 400 miembros y un afluente caudal que sobrepasaba los 50.000 florines. Así explica Barrios el propósito de la hermandad: "Tiene este nombre, porque el rendimiento de su considerable caudal se reparte para doctar doncellas de la Nacion Portuguesa y Española cada Año en el segundo dia de Purim" (*Triumpho*, pág. 83). Esta institución, conocida como "Dotar" se encargaba de atraer a la colonia jóvenes judías de los Países Bajos, la Península Ibérica, Francia, Inglaterra y Alemania, proveerlas con una dote y casarlas con miembros de la colonia, y muestra la importancia de Amsterdam como centro judaico reconocido por muchas otras comunidades de toda la diáspora.[16] Aún la misma Tierra Santa de Palestina dependía en parte de la ayuda económica de la colonia de Amsterdam, que estableció las sociedades llamadas "Tierra Santa" y "Captivos," cuyos miembros recaudaban fondos para ayudar a los judíos pobres residentes en Palestina. La educación de los niños, jóvenes y adultos

---

[16] Véase el estudio de Miriam Bodian, "The 'Portuguese' Dowry Societies in Venice and Amsterdam," en *Italia*, 6 (1-2) (Jerusalem: Magnes Press, 1987), págs. 30-61.

estaba a cargo de las diversas escuelas que dependían de la organización "Ets Jaim," Arbol de las Vidas. Barrios ha dejado constancia del programa de estudios que desde 1639 se dividía en siete escuelas o niveles y donde los niños y jóvenes aprendían las diferentes materias religiosas, hebreo y español, composición, poesía, retórica y caligrafía (*Triumpho*, págs. 591-592).

Además de la prosperidad mercantil del siglo XVII, Amsterdam se hizo el centro europeo de la imprenta y el comercio de libros, que alcanzó grandes proporciones gracias a la libertad de comercio y de prensa que permitían las autoridades. De las imprentas de Amsterdam salían numerosos libros, panfletos poco costosos que servían para expresar opiniones contemporáneas políticas y religiosas, itinerarios de viajes a Asia y América y descripciones de las recientemente fundadas colonias holandesas.[17] Durante los primeros años de existencia, la colonia de sefarditas dependió de publicaciones hechas en el extranjero, especialmente de Venecia, que desde los comienzos del siglo XVI había sido el centro de la imprenta en hebreo. Pero pronto la comunidad de Amsterdam se hizo también el centro de la imprenta para toda la diáspora judía. De 1612 existe un libro de oraciones en español para la congregación de "Neve Salom," y en 1617 la Hermandad de Talmud Torá trató por primera vez de establecer su propia imprenta. El primer libro hebreo del que se tienen noticias, un libro de oraciones diarias de ritual sefardita, es de 1627 y salió de la imprenta de Menasseh ben Israel (antes Manoel Dias Soeiro), famoso rabino y escritor portugués residente en Amsterdam, y marca el comienzo de lo que iba a ser una importante industria. De la imprenta de Menasseh salieron cuidadosas ediciones de la Biblia, libros de oraciones y libros escritos por el propio Menasseh de asuntos filosóficos e históricos.[18] El portugués y el español eran los idiomas de los miembros de la

---

[17] Véase el estudio de L. y R. Fuks, "Jewish Historiography," págs. 137-175, y el de Herbert I. Bloom, *The Economic Activities of the Jews of Amsterdam in the Seventeenth and Eighteenth Centuries* (Williamsport: Bayard Press, 1937), pág. 44, "The Printing and Book Trade."

[18] Véanse las págs. 73-83 del estudio de Cecil Roth: *A Life of Menasseh ben Israel. Rabbi, Printer and Diplomat* (Philadelphia: The Jewish Publication Society of America, 1934).

comunidad[19] y en ambas lenguas se publicaron numerosos libros piadosos, apologéticos y de literatura secular que salieron de las imprentas de Menasseh, Jacob de Córdova, David de Castro Tartas y José Atías, entre otros.[20] Al español se tradujeron libros famosos de la Edad Media, como el llamado *Kuzary*, de Yehuda Ha Levy, escrito originalmente en árabe y traducido del hebreo al español en Amsterdam, 1663, por Jacob Abendana. De los místicos de la cábala de Safed del siglo XVI, que tanta influencia tuvieron en los seguidores de Shabbetai Zevi en general, y en los españoles y portugueses de Amsterdam en especial, se tradujo, en 1663, una parte de *Reshit Hockma*, de Elijah de Vidas, con el título en español de *Tratado del temor divino*, por David, hijo de Ishac Cohen de Lara. Cuando en 1665 comienzan a sentirse los efectos del movimiento mesiánico de Shabbetai Zevi, se publican numerosos "tikunim" en español, para exhortar a los fieles a hacer penitencia. De la obra de Maimónides se traduce el tratado de la Techuvá o Contrición, lo que indica la importancia e interés por el tema del

---

[19] C. Roth examina la gran importancia que el idioma español (junto al hebreo) tuvo para los sefarditas en los siglos XVI y XVII, a pesar de que los que salían de la Península eran en su mayoría portugueses. Roth concluye que los conversos, que habían olvidado en gran parte las tradiciones religiosas judías buscaban guía de los sefarditas de Salónica o de otros puntos del Levante que hablaban español ya que eran exilados de 1492. Así la lengua española fue lo que continuó uniendo a los sefarditas en la diáspora. Véase: "The Role of Spanish in the Marrano Diaspora," en *Studies in Books and Booklore. Essays in Jewish Bibliography and Allied Subjects*, ed. C. Roth (England: Gregg Publ., 1972).

[20] "Entre 1670 y 1700 se publicaron por los menos 164 ediciones de obras escritas en español y portugués." Véase el artículo de Harm den Boer, "Ediciones falsificadas de holanda en el siglo XVII: Escritores sefarditas y censura judaica," en *Varia Bibliografica. Homenaje a José Simón Díaz* (Zaragoza: INO-Reproducciones, 1988), págs. 99-104. La cita de nuestra nota es de la pág. 99. Entre los libros escritos por sefarditas residentes en otras comunidades fuera de Amsterdam, destaca el de Isaac (Fernando) Cardoso, residente en Verona, *Las excelencias y calumnias de los hebreos* (Amsterdam: David de Castro Tartas, 1679). Véase el estudio de Meyer Kayserling, *Biblioteca Española-Portugueza-Judaica* (Strasbourg: Charles J. Trubner, 1890), págs. 33 y 34.

arrepentimiento y la penitencia.[21] Entre las obras en español publicadas en la colonia, merece especial mención el libro de carácter económico, *Confusión de confusiones*, publicado en Amsterdam en 1688 y escrito por un español de Espejo, Córdoba, José Penso de la Vega.[22] La obra consta de cuatro diálogos entre un filósofo que apenas sabe ni quiere saber de la vida de los negocios, un mercader que vive del interés que le producen las partidas que compra y vende, y un accionista que vive de las rentas de sus acciones. Los tres personajes presentan facetas autobiográficas del autor, que en algún momento u otro de su vida había sido lo que representaba cada uno de sus personajes.[23] El libro está escrito en una prosa extremadamente barroca que hace difícil su resumen. En el valioso estudio que de él ha hecho el doctor José Antonio Torrente Fortuño, se lo considera un probable diario de las experiencias del propio Penso, y "una descripción... de la institución bolsística: el lugar, los bolsistas, los corredores, las acciones... etc."[24] Caro Baroja, en el breve comentario que hace sobre el libro de Penso, dice que fueron obras como ésta las que repercutieron en la conciencia española cuando mucho más tarde se comenzaron a crear las compañías en España.[25] Aunque la ciudad de Amsterdam disfrutaba de la libertad de prensa holandesa, los españoles y portugueses de la comunidad sefardita no podían publicar libros sin

---

[21] Véase Kayserling, *Biblioteca*, pág. 102, bajo Semuel de Silva, para la traducción de la obra de Maimónides, y pág. 56, para la traducción de David Cohen de Lara.

[22] *Confusion/ de Confusiones/ Dialogos Curiosos/ Entre un Philosopho agudo, un Mercader discreto,/ y un Accionista erudito/ Descriviendo el negocio de las Acciones, su origen, su/ ethimologia, su realidad, su juego y su enredo*, ed. G.J. Geers, trad. M.F.J. Smith (Amsterdam: Gravenhage, 1939).

[23] En el diálogo primero, pág. 14, el Accionista dice que también "yo fui estudiante, con amagos de rethórico y assomos de predicador y no faltavan amigos que al leer los panegíricos con que aplaudí á los héroes de la Europa." En la bibliografía de Penso hay varias obras dedicadas a gobernantes europeos contemporáneos del autor.

[24] *La bolsa en José de la Vega. Confusión de Confusiones-Amsterdam, 1688* (Madrid: Industrias Gráficas, 1980).

[25] Julio Caro Baroja, *Los judíos*, tomo II, pág. 159.

el consentimiento de los "parnassim," las autoridades religiosas. Barrios repetidas veces se quejó de la censura impuesta a sus libros. Su primera obra, *Flor de Apolo*, se publicó en Bruselas en 1665, después de haber sido rechazada en Amsterdam, y la segunda de sus obras, *Coro de las Musas*, si bien salió en dos ediciones gemelas en Amsterdam y Bruselas, fue criticada duramente por las autoridades religiosas de la colonia que en general desaprobaban los versos de Barrios por encontrarlos lascivos y profanos.[26]

Hacia 1662, fecha aproximada de la llegada de Barrios a Amsterdam, la colonia disfrutaba de un gran apogeo cultural y comercial. La comunidad religiosa contaba con unos 2.000 miembros y en 1683 (fecha de la publicación del *Triumpho*) éstos pasaban de 4.000. El pasado de algunos de los miembros influyentes de la comunidad nos da una idea de la riqueza cultural que se daba cita en la colonia que estaba abierta a las más diversas influencias. El propio Barrios, al salir de España, había residido brevemente en Niza, Liorna, y en la colonia holandesa de Tabago, en el Nuevo Mundo. Durante los primeros años de su residencia en Amsterdam, Barrios mantuvo relaciones con los españoles de Bruselas, lugar donde se publicaron sus primeras obras. Isaac (Baltasar) Orobio de Castro había nacido en 1617 en Braganza, Portugal, de padres de descendencia española, que, a los pocos años de nacer el hijo, se fueron a vivir a Málaga. Baltasar estudió medicina en la universidad de Alcalá de Henares y más tarde enseñó en la universidad de Sevilla y sirvió de médico al duque de Medinaceli. Hacia 1658 salió de España con otros miembros de su familia, huyendo de la Inquisición, y residió por unos años en Francia, donde también enseñó medicina y llegó a ser médico del rey Luis XIV. Hacia la misma fecha que Barrios, 1662, se unió a la comunidad sefardita de Amsterdam, donde cambió su nombre por el de Isaac, profesó la carrera de medicina y participó en numerosas actividades públicas hasta su muerte en 1687.[27] El escritor y mercader José Penso de la Vega, que

---

[26] Para la crítica de las obras de Barrios, véase el artículo de I. S. Révah, "Les écrivains Manuel de Pina et Miguel de Barrios et la censure de la Communauté Judéo-Portuguaise D'Amsterdam," *Tesoro de los judíos sefardíes*, Jerusalén, 8 (1965), lxxiv-xci.

[27] Para la vida de Orobio de Castro, véase el estudio de Yosef Kaplan,

probablemente nació en Espejo, Córdoba, en 1650, residió por algún tiempo en Liorna, Italia, donde fundó en 1672 la Academia Literaria de los Sitibundos, y en 1685 se encontraba en Amsterdam participando en la Academia de los Floridos.

Las autoridades religiosas tuvieron que enfrentarse en varias ocasiones a individuos que desafiaban el judaísmo tradicional y se vieron obligadas a excomulgarlos. Gabriel (Uriel) da Costa, llegó con su familia a Amsterdam hacia 1618, huyendo de la Inquisición portuguesa y deseando practicar libremente el judaísmo. Según su propio testimonio autobiográfico en su *Exemplar humanae vitae*, leyendo la Biblia en Portugal, había llegado a la conclusión que la autoridad del Antiguo Testamento era más convincente que la del Nuevo y resolvió volver a la religión judía de sus antepasados, convenciendo también a miembros de su familia y embarcándose finalmente hacia Amsterdam con ellos. A su llegada, sin embargo, sufrió una gran decepción, al darse cuenta que su judaísmo difería con mucho del practicado por la comunidad y pronto comenzó a criticar a las autoridades rabínicas, acusándolas de "fariseos" excesivamente preocupados con ritos y tradiciones, que, según da Costa, nada tenían que ver con la ley mosaica. Da Costa también cuestionaba la procedencia bíblica de la inmortalidad del alma y la procedencia divina de la ley mosaica. En 1624 fue excomulgado por primera vez, reconciliado en 1633 y de nuevo, excomulgado en 1640. Poco tiempo después, escribió la obra autobiográfica mencionada y se suicidó. Bento (Baruch) Espinosa había nacido en Amsterdam en 1632, de padres portugueses, y había estudiado en la escuela Ets Jaim de la comunidad sefardita. Sus ideas heréticas comenzaron a desarrollarse en las reuniones de intelectuales organizadas por el médico español Juan (Daniel) de Prado y el poeta y maestro Daniel de Ribera (alias José Carreras).[28] En 1656, Prado tuvo que retractarse

---

From Christianity to Judaism.

[28] Véase el estudio de I. S. Révah, *Spinoza et le Dr. Juan de Prado* (Paris: Mouton, 1959), pág. 22, de donde procede en gran medida nuestra información sobre Juan (Daniel) de Prado y Bento (Baruch) Espinosa. Révah sugiere que la reunión de intelectuales era probablemente la yesibá "Keter Tora," basándose en que Barrios, al hacer la descripción de la hermandad, alaba al rabino Saul Leví Mortera y critica a los impíos, diciendo: "Espinos

de sus ideas heréticas, similares a las de Uriel da Costa: negaba la procedencia divina de la Biblia, la autoridad de la ley oral y la de los rabinos. Sus ideas influyeron en el joven Espinosa, que fue excomulgado en el mismo año. Cuando se hizo claro que el arrepentimiento de Prado no era sincero, fue también excomulgado en 1658. Prado murió en un accidente trágico en Amberes en 1678.

La crisis que afectó a mayor número de miembros de la comunidad de Amsterdam fue la relacionada con el movimiento sabatiano. En mayo de 1665, en la ciudad de Gaza, en Palestina, el judío de Esmirna, Shabbetai Zevi, se proclamó el mesías esperado, ganándose inmediatamente numerosos seguidores. En muy poco tiempo, la noticia se esparció a todas las comunidades judías de Europa, de Palestina y todos los puntos geográficos recorridos por Shabbetai Zevi: Egipto, Alepo y más tarde Esmirna y Constantinopla. El fervor mesiánico se apoderó de todas las comunidades judías de la diáspora. La situación social de los judíos en exilio, y mayormente el factor religioso, contribuyeron a la expansión del movimiento sabatiano. La cábala loriánica procedente de Safed proclamaba una relación entre la obligación del hombre judío a cumplir los mandamientos, la meditación y la oración, y el mensaje mesiánico: desde el comienzo de la creación, el universo entero se encontraba en exilio y la tarea de la restauración del universo a su propio lugar había sido dada al pueblo judío, cuyo destino simbolizaba el estado de todo el universo.[29] En Amsterdam, el movimiento ganó un gran número de creyentes de Shabbetai y la comunidad se vio invadida por una ola de arrepentimiento y penitencia observada en masa. Las imprentas produjeron gran número de libros litúrgicos, con instrucciones penitenciales para exhortar a los "pecadores" y las academias o "yesibot" ya existentes

---

son los que en Prados de impiedad, dessean luzir con el fuego que los consume." "Espinos" y "Prados" en el texto de Barrios están con letra bastardilla y según interpreta Révah se refería a los apellidos de Espinosa y Prado.

[29] Véase el libro de Gershom Scholem, *Sabbatai Sevi. The Mystical Messiah. 1626-1676* (Princeton: University Press, 1973), especialmente el capítulo 3, para la vida de Shabbetai Zevi, y las págs. 518 y ss., para la información sobre la comunidad sefardita de Amsterdam.

acogieron nuevos miembros y se crearon otras nuevas. Entre los creyentes de Shabbetai se encontraban el rico mercader Abraham Pereira, el médico Isaac Naar, el rabino Isaac Aboab da Fonseca y el propio Miguel de Barrios. Pero en lugar de la redención esperada, llegó la desilusión. En septiembre de 1666, Shabbetai Zevi, prisionero de las autoridades turcas de Constantinopla, fue dado a escoger entre la muerte o la conversión al Islam. Shabbetai escogió la apostasía y aceptó el puesto de portero del palacio real. Aún después de su conversión, algunos seguidores, entre los que se encontraba Miguel de Barrios, siguieron por algún tiempo considerándolo el mesías.

La comunidad sefardita de Amsterdam, sin embargo, pronto volvió a la normalidad. En 1670 se acordó edificar una nueva sinagoga que fue estrenada en 1675 y permanece hasta hoy día como muestra del esplendor religioso, cultural y mercantil que la comunidad disfrutó durante más de un siglo.[30]

---

[30] Barrios también dejó una poética y cabalística descripción de la sinagoga en *Triumpho*, págs. 540-545. Véase el estudio que hizo de esta descripción Scholberg, en "Miguel de Barrios and the Amsterdam Sephardic Community." *Jewish Quarterly Review*, 53 (1962), 120-159.

II
La vida y obra de Miguel (Daniel Leví) de Barrios

Miguel de Barrios nació en Montilla, Córdoba, y fue bautizado en la parroquia local de Santiago Apóstol, el tres de noviembre de 1635. En la partida de bautismo de Miguel, sus padres figuran con los nombres de Simón y Sebastiana.[1] Los detalles que hoy día sabemos acerca de la familia de Miguel de Barrios se han podido recopilar gracias a las noticias que él mismo ha dejado esparcidas por su obra. El abuelo paterno de Miguel, Abrahán Leví Caniso, había residido por algún tiempo en la villa portuguesa de Marialva y el abuelo materno se llamó Ishac Cohen Sosa.[2] Los padres de Miguel, Simón (que luego se llamó Jacob Leví) de Barrios y Sebastiana (luego Sara) Valle, tuvieron cuatro hijas: Clara, Judith, Esther y Blanca, y cinco hijos: Antonio, Francisco, Juan (luego Benjamín), Diego (Ishac) y Miguel (Daniel

---

[1] Para la vida de Miguel de Barrios, véase el estudio de Meyer Kayserling: "Une Histoire de la littérature juive de Daniel Lévi de Barrios," en *Revue des Etudes Juives*, 18 (1889), 276-281. Kayserling, sin embargo, da equivocada la fecha del nacimiento de Barrios. También incluye detalles de la vida de Barrios el libro de Wilhelmina C. Pieterse: *Daniel Leví de Barrios*. El estudio más completo sobre la vida de Barrios es el de Scholberg: *La poesía*, págs. 3-42. La partida de bautismo de Barrios fue localizada por Rafael Ramírez de Arellano. Véase: *Ensayo de un catálogo biográfico de escritores de la Provincia y Diócesis de Córdoba* I (Madrid: Revista de Archivos, 1922), pág. 73.

[2] Barrios menciona a sus abuelos en la "Lamentación, Funebre En la muerte de mi Padre Yahacob Leví de Barrios (alias Don Simon de Barrios)," *Triumpho*, pág. 305.

Leví).³ El matrimonio, al parecer, residió por algún tiempo en Granada y allí les nació Antonio, uno de los hijos. En Montilla, donde residieron por más largo tiempo, nacieron los otros hijos y allí murieron aún jóvenes tres de ellos: Clara, Antonio y Francisco.⁴

Nada se sabe de la niñez y juventud de Miguel en Montilla pero en la obra titulada *Coro de las Musas*, de 1672, hay numerosos poemas amorosos cuyos protagonistas son Mirtilo, nombre que se da Miguel a sí mismo, y Clori (también llamada otras veces Flor, Flora y Clorinda) y que se refiere a una joven de Montilla de apellido de Soto y de la que estuvo enamorado Miguel. También dice el poeta que la primera de sus obras se tituló *Flor de Apolo*, de 1665, en recuerdo de Flor.⁵

Hacia 1650 dos parientes de la familia de Barrios, Marcos (Ishac) de Almeida y un hermano suyo, fueron detenidos por la Inquisición y después de cinco años en las cárceles de Valladolid y Santiago de Compostela, Marcos (Ishac) murió en la ciudad gallega en un auto de fe celebrado en 1655.⁶ Sin duda que esta tragedia haría cundir el pánico entre los miembros de la familia de Miguel y antes de 1660 todos abandonaron España y se dispersaron en varias direcciones.

---

³ Véase *La poesía*, de Scholberg, pág. 7 y Révah, "Aux origines de la rupture spinozienne: nouvel examen des origines, du déroulemente et des conséquences de l'affaire Spinoza-Prado Ribera," en *Annuaire du Collège de France*, 70 (1970), págs. 553-577. Scholberg nunca llegó a poder determinar cuál de los hermanos de Miguel de Barrios se llamó más tarde Benjamín y cuál Ishac. Révah, con ayuda de documentos inquisitoriales, aclara la correspondencia de los nombres.

⁴ "Triumphal carro," en *Triumpho*, pág. 632: "[Murieron] en mi patria rigurosa, / mis hermanos Francisco, Antonio y Clara" y en *Sol de la Vida*, pág. 300, encuadernado con *Bellomonte, de Helicona*, ejemplar de la Biblioteca Nacional de Madrid: R-10386, dice que Antonio nació en Granada y que fue sepultado en Montilla.

⁵ "Mirtilo teniendo en un puerto de Italia nuevas de haverse casado Flor con Armido, alaba su prudencia y no culpa su inconstancia intitulando por la memoria de su nombre *Flor de Apolo* el primer libro que dio a la impressión," Triumpho XXIII, en *Coro de las Musas*, pág. 246.

⁶ Años más tarde, Barrios incluyó el nombre de su pariente en una lista de mártires. Véase "Govierno Popular Judayco," en *Triumpho*, pág. 556. Véase también Scholberg, *La poesía*, pág. 6.

Los padres, las hijas y Diego (Ishac) buscaron refugio en Argel. En la "Lamentación fúnebre" que Miguel escribió años más tarde con motivo de la muerte de su padre y que contiene detalles de toda la familia, el poeta dice que sus padres murieron en Argel, Sara Leví murió el 30 de octubre de 1670 y Jacob Leví el 22 de enero del siguiente año (*Triumpho*, pág. 306). Juan se casó en Orán con una "gallarda africana," hija del sargento Agustín de Castilla,[7] y sirvió como alférez en la guarnición española de Orán. Pero más tarde fue arrestado por la Inquisición en Cagliari, Italia, escapándose de la prisión hacia 1679. Luego en Liorna se hizo circuncidar y tomó el nombre de Benjamín Leví de Barrios. En 1685 vivía en Argel como mercader y casado con una Débora de Liorna (claramente su segunda esposa) y tenía dos hijos.[8] Esther se casó en Argel con Eliahu Vaez y del matrimonio nacieron cinco hijos.[9] Judith se casó con Francisco López Puerto, alias Jacob López Porto. El matrimonio perdió a dos de sus hijos cuando éstos eran jóvenes: uno murió en la isla de Tabago, y otro en la Martinica.[10] Blanca, casada con Ambrosio, quedó viuda antes de 1682 y se marchó a vivir con sus hijos a Amsterdam, cerca de Miguel.[11] El recorrido geográfico de Miguel y los suyos indica el que hacían muchos otros judíos al salir de la Península.

La salida de España de Miguel antes de 1660 y la separación de

---

[7] *Coro de las Musas*, pág. 334, Epithalamio XIII.

[8] Véase Révah, "Aux origines," pág. 565. Además, Miguel de Barrios en "Triumphal carro," *Triumpho*, págs. 631 y ss.

[9] A la muerte del cuñado, Miguel escribió a uno de los hijos llamado Abrahán para expresarle su condolencia. *Estrella de Jacob*, pág. 25, ejemplar del British Museum: "A mi sobrino Abraham Vaez huérfano de mi buen cuñado Eliahu Vaez."

[10] Barrios dedicó un soneto a su cuñado en el que le expresaba su condolencia: "A Francisco López Puerto, cuñado del Autor, Lamentando los pesares funebres que tuvo en varias partes del Mundo." Véase, "Arbol florido de noche," pág. 36, encuadernado con *Luna opulenta de Holanda en nubes que el Amor manda*. Ejemplar de la Biblioteca Nacional de Madrid, R-12313.

[11] "Triumphal carro" en *Triumpho*, pág. 632: "También mi hermana Blāca en Lisia biuda de su Ambrosio, con hijos peregrina. De una a otra vida, en Amsterdam se muda."

padres y hermanos quedó poetizada, como muchas otras de sus experiencias, en la forma de un poema:

> A Dios, padres y hermanos, que me ausenta
> de vuestros ojos influencia extraña,
> a Dios, Patria, Montilla; a Dios España.
> que me lleva el Leon en gran tormenta.
> A Dios amada Flor: más como intenta
> despedirme de ti cerulea seña.[12]

Miguel posiblemente fue primero a Niza donde residía su tía Sara, hermana de su padre, y después se dirigió a Liorna donde vivía su tía Raquel Coen de Sosa.[13] En Liorna, y a instancia de su tía, Miguel se hizo circuncidar y profesó abiertamente la fe judía. Allí se casó con Débora Vaez, de Argel, hija de Abrahán y Catalina y hermana de Eliahú Vaez, casado en Argel con Esther de Barrios, hermana de Miguel. En 1660 un grupo de 152 judíos, entre los que se encontraban Miguel y Débora, embarcaron en la nave Monte del Cisne con rumbo al Nuevo Mundo. El viaje, poetizado por Miguel, fue penoso, pues tuvieron escasez de agua potable y hacía mucho calor, hasta que una lluvia providencial los salvó.[14] Al llegar a la isla de Tabago, entonces colonia holandesa, Débora murió y Miguel se volvió a Europa en el mismo barco que lo había llevado y que esta vez lo condujo a los Países Bajos.[15]

---

[12] *Coro de las Musas*, pág. 245. El poema es el Triumpho XXII, que titula: "Mirtilo corriendo tormenta en el Golfo de Leon."

[13] "Triumphal carro," en *Triumpho*, pág. 631, "yo, de Leví, a la Ley por tal camino / busque en Liorne, de mi patria ausente, / que compre con mi sangre ser su amante," y pág. 632, "A mi tia Raquel Coen de Sosa, / devo la primer luz de la Ley pura."

[14] Véase el soneto en *Triumpho*, pág. 762, ejemplar Montezinos 9E42.

[15] Barrios dio a Débora el nombre poético de Anarda y le dedicó varios poemas. Véase, por ejemplo, el Triumpho XXV, en *Coro de las Musas*, pág. 247: "Exclamación de Mirtilo, dexando a su querida Anarda ahogada en el mar." Hacia 1683 aún le dedicaba responsos por su alma en las reuniones de las yesibot. Véase "Maskil el Dal," en *Triumpho*, pág. 300. El personaje llamado Rosxodes le canta un responso o "escabá" a "Débora hija atenta del

Desde 1662 hay evidencia de la residencia de Barrios en la comunidad de sefarditas de Amsterdam, al mismo tiempo que en 1665 publica en Bruselas la primera de sus obras, *Flor de Apolo* y en 1672 *Coro de las Musas*.[16] En estas dos obras hay numerosas referencias a la carrera literaria de Barrios entre los españoles de Bruselas y donde se hacía llamar el capitán don Miguel de Barrios, si bien no hay evidencia que pruebe que en efecto fue capitán. También en Bruselas se enamoró de una dama de apellido Palma a quien Barrios llama poéticamente Nise.[17] En 1663 en el Salón del Palacio de Bruselas se celebraron fiestas con motivo de las bodas del emperador Leopoldo Ignacio y Margarita de Austria, hija del rey español, y se representaron diversas composiciones de Barrios: una comedia alegórica dividida en jornadas entre las cuales se leyeron poesías también escritas por Barrios, y una corta comedia musical o mascarada que requería un gran número de actores.[18] De estos años de juventud y éxito, Barrios ha dejado un expresivo poema en el que

---

serio Abraham Vaez, y de Daniel Leví de Barrios, luz Nupcial."

[16] En Amberes, 1674, salió *Las Poesías Famosas y Comedias, De Don Miguel de Barrios*, que es en realidad idéntica a *Flor de Apolo* pero con el nuevo título. De *Coro de las Musas* hubo dos ediciones gemelas, una de Bruselas y otra de Amsterdam, ambas de 1672.

[17] Véase el Triumpho XXIV, *Coro de las Musas*, pág. 250, y el Triumpho XXXII, pág. 251: "No puede olvidar Mirtilo la belleza de Nise, Palma en la ingratitud, y el apellido."

[18] Véase *Coro de las Musas*, págs. 297-328, Epithalamio III y V. Hay también otras indicaciones que indican que Barrios presentaba sus obras en reuniones palaciegas y literarias. En *Flor de Apolo*, págs. 69-85 (que luego se repite en *Coro de las Musas*, págs. 545-576) hay un "Diálogo amoroso entre Cupido y Luzindo," cuyo final indica también que fue representado ante un público: "Dando fin (noble Auditorio) este amoroso sucesso, y perdonando al Autor merezca un aplauso vuestro." En una carta al parecer escrita por Barrios que publicó don Marcelino Menéndez y Pelayo en *Boletín de la Biblioteca Menéndez y Pelayo* (julio-septiembre, 1932), págs. 193-200, Barrios indica que leyó un poema suyo en la "Academia del marqués de Torrelaguna en Bruselas." Efectivamente, el poema se encuentra en *Flor de Apolo*, pág. 138. Falta un estudio del ambiente literario en Bruselas en el siglo XVII que sin duda nos daría luz sobre la contribución literaria de Barrios en tal ciudad.

se retrata a sí mismo y nos da también idea de su carácter desenfadado. Dice que tenía el pelo tirando a rubio, si bien con una coronilla calva, que su frente no era "ni ancha ni angosta," ojos agudos, la boca algo grande (con dientes pocos), un bozo boquirrubio, una copiosa barba y el color de la tez "cassi amarilla."[19]

En Amsterdam, entre los sefarditas y con el nombre de Daniel Leví, es donde formó una familia y, exceptuando los viajes que hizo a Bruselas, residió hasta su muerte en 1701. El 30 de agosto de 1662 se casó con Abigail de Pina, llamada poéticamente Belisa y otras veces Isabel.[20] Los padres de Abigail eran Raquel e Ishac de Pina, ricos comerciantes de Amsterdam. Abigail tenía también una hermana, Blanca de Pina, que luego se casó con Samuel, alias Diego de Rosa.[21] En una lista de miembros activos de la sinagoga Talmud Torá de Amsterdam del año 1663, se encuentra el nombre de Daniel Leví de Barrios, una confirmación más de su continua residencia en esta ciudad.[22]

El 17 de marzo de 1665 nació en Amsterdam Simón Leví Caniso, el primer hijo de Barrios y Abigail de Pina. El mismo Miguel años más tarde indicó que la noticia del nacimiento le llegó a Bruselas donde se encontraba entonces.[23] En 1667 nació una hija, Raquel, que

---

[19] El retrato está en *Coro de las Musas*, págs. 606-609 y en *Flor de Apolo*, págs. 111-112, y se titula "Pintase el Poeta persuadido de una Dama."

[20] Véase el Triumpho XXXIII, en *Coro de las Musas*, pág. 252: "[Mirtilo] Olvida a Nise viendo la hermosura de Belisa." Cuando años más tarde murió Abigail en 1686, Miguel dio detalles de su matrimonio en "La Memoria renueva el dolor," *Estrella de Jacob*, pág. 29: "Casé en Miercoles a 15. del Mes de Hilul, año de 5422. con mi amada Abigail, hija de mis señores Ishac y Raquel de Pina."

[21] Véase Scholberg, *La poesía*, pág. 11. Barrios indicó su parentesco con Blanca de Pina en un poema de *Flor de Apolo*, pág. 210: "Soneto XVIII. a la Union de Don Diego de Rosa y de Doña Blanca de Pina, cuñada del autor."

[22] Véase el estudio de W. C. Pieterse, *Daniel Leví de Barrios*, pág. 17.

[23] Barrios dedicó un poema a Simxa de Campos que asistió a Abigail en el parto: "A Simxa, esposa de Manuel de Campos, escribi este Soneto con la memoria de ser mi hijo Simon el primer Iudio Espanol [sic] que nacio en sus manos Martes à 17. de Março, a las ocho de la Noche en el Ano [sic] de 1665... La Feliz nueva de su nacimiento me fue Bruselas" (*Triumpho*, pág. 506).

solamente vivió quince días y el uno de enero de 1670 nació Ribca, la segunda hija.[24]

Los viajes a Bruselas y las actividades literarias de Miguel de Barrios estaban en contra de lo que las autoridades religiosas de la comunidad judía consideraban permisible. Tanto a la Península ibérica como a los países bajo el control de la España católica se los denominaba "tierras de idolatría" que los judíos de Amsterdam nunca deberían volver a pisar. En un documento de 1665 se refiere que las autoridades religiosas obligaron a Miguel a pedir perdón públicamente desde el púlpito de la sinagoga por sus viajes a "tierras de idolatría" y haber "prophanado Sabat," haciéndole prometer que nunca más lo haría.[25] Aunque años más tarde Miguel expresa repetidamente remordimientos por sus relaciones con "idólatras,"[26] parece evidente que varias veces más viajó a Bruselas en busca de oportunidades que le permitieran profesar la carrera de escritor que había escogido. Cuando Barrios comenzó a publicar sus obras tuvo también que enfrentarse a la realidad de las reglas impuestas a los sefarditas de Amsterdam. Los estatutos de la congregación Talmud Torah estipulaban que todo residente judío de la colonia necesitaba permiso para la publicación de sus libros.[27] En 1663, Barrios trató de

---

[24] "La Memoria renueva el dolor," *Estrella de Jacob*, pág. 29: "[En 1667]...en Vispera de Sebuot, [Abigail] pario a mi hija Raquel (que me vivio quince dias) y a mi hija Ribca en 1. de Henero 1670."

[25] Véase, "The Travels of Portuguese Jews from Amsterdam to the 'Lands of Idolatry' (1644-1724)," de Yosef Kaplan, en *Jews and Conversos. Studies in Society and the Inquisition*, ed. Y. Kaplan (Jerusalem: The Magnes Press, 1985), págs. 197-224. Las referencias a Barrios están en las págs. 209-210 y 222.

[26] Véase, por ejemplo, el soneto en memoria del nacimiento de su hijo, en *Triumpho*, pág. 506: "Bendigo a la Piedad maravillosa, que cuando mas entre idolos profanos rompia a sus preceptos soberanos yo, mas la hallaba misericordiosa."

[27] Véase Pieterse, *Daniel Leví de Barrios*, pág. 19. El artículo referente a la publicación de libros y su censura dice: "Que nenhum judeo possa imprimir nesta cidade nem fora della livros ladinos nem ebraicos, sem expressa licença [sic] do Mahamad para serem revistos e emmendados e os que passaron esta ordem perderão todos os libros que lhe forem achadas [sic] para a sedaca."

publicar en Amsterdam la primera de sus obras *Flor de Apolo*, pero las autoridades religiosas de la comunidad sefardita le negaron su aprobación. La obra finalmente fue publicada en Bruselas en 1665.[28] Miguel también trató repetidamente de publicar en Amsterdam la que él consideraba su obra maestra: "Imperio de Dios en la Harmonía del Mundo." En *Coro de las Musas*, de 1673, ya hay varias menciones del "Imperio," que indican que una parte de la obra al menos es anterior a esta fecha. En una carta fechada en 1679, y dirigida al portugués Duarte Ribero de Macedo, Barrios aún se queja de la falta de medios y de quietud para terminar e imprimir el "Imperio."[29] Si bien esta obra es de carácter místico, fue rechazada por las autoridades de la colonia, que no permitieron que se publicara, pues consideraban una profanación de la ley divina la poetización de la Torá.[30] Las autoridades religiosas tampoco aprobaban la representación de obras teatrales en Amsterdam. En 1667 el nombre de Barrios aparece en un documento en el que varios sefarditas habían tratado de establecer una empresa teatral y que habían representado varias comedias en un local de alquiler. La censura de las autoridades religiosas nos hace suponer que la representación de comedias tampoco tendría una buena acogida.[31]

---

[28] I.S. Revah, "Les écrivains Manuel de Pina et Miguel de Barrios," lxxiv-xci.

[29] La carta la encontró Edward Glaser en una biblioteca de Portugal. Véase su breve estudio, "Two Notes on The Hispano-Jewish Poet Don Miguel de Barrios." *Revue des Etudes Juives*, 4 (1965), págs. 201-211, donde Barrios de manera apremiante, pide que le hagan cónsul de Portugal en Amsterdam y que le provean de medios para terminar e imprimir la obra "Imperio de Dios en la Harmonia del Mundo."

[30] Véase Kayserling, "Une Histoire," (1889), págs. 278-279.

[31] Este documento (y otros referentes a Barrios y a su familia) lo encontró A. M. Vas Días, y lo cita, entre otros, Scholberg en *La poesía*, págs. 12-13. En estos documentos se describe también a Barrios como negociante residente en Amsterdam. Curiosamente, Barrios en sus obras nunca alude a nada referente a negocios. Para las representaciones teatrales organizadas por Barrios y su cuñado Samuel Rosa y la censura sobre el teatro en general, véase, Mozes Heiman Gans *Memorbook. History of Dutch Jewry from the Renaissance to 1940* (Netherlands: Bosch and Keuning, 1977), págs. 62 y 119.

El movimiento sabatiano, que tantos estragos causó entre los judíos en general, tuvo un gran efecto también en la vida personal y profesional de Barrios. En marzo de 1665, el año de la proclamación del seudomesías, Barrios se encontraba en Bruselas ocupado en sus actividades literarias y en ese mismo año en Amsterdam es cuando tuvo que pedir perdón por sus viajes a tierras gobernadas por españoles-católicos. En las obras de Barrios solamente se menciona dos veces el nombre de Shabbetai Zevi y las dos menciones son de fechas posteriores. Una de las menciones parece indicar que Barrios daba una interpretación profética al nombre[32] y en la otra considera las pretensiones de Zevi una calamidad entre las muchas que había sufrido el pueblo judío.[33] Pero, según el rabino Jacob Sasportas, la asociación de Barrios con el movimiento sabatiano fue por algún tiempo intensa. Barrios escribió poemas en honor del mesías y un libro en el que anotó visiones que tuvo entre 1666 y 1674. Estas obras, sin embargo no han sobrevivido.[34] Hacia 1673 llegaron a Amsterdam cartas del español y ferviente sabatiano Abrahán Miguel Cardoso en las que anunciaba que la redención ocurriría al concluir la guerra entre Inglaterra y Holanda.[35] Según Sasportas, Barrios se unió al grupo de creyentes y

---

[32] En *Triumpho*, pág. 543-44, está interpretando Isaías 60:21, "Escaparon de los acometedores Francos los Israelitas que en Amsterdam son mapa de todo el Pueblo Mosayco, llamado Renuevo del Señor: y del mismo Sr. en Isaias cap. 60. n.21. Ramo de sus plantas: en aquel tiempo fue el renuevo del Señor por hermosura, respecto de haver tenido por Mesias a Sebi que significa Hermosura."

[33] En "Realse de la Prophezia y caida del Atheismo," encuadernado con *Estrella de Jacob sobre Flores de Lis*, pág. 97, ejemplar del British Museum, Barrios dice: "...porque quando mas afligidos son de ellos los Mosaycos, mas se purifican con la penitencia; ya en las grandes calámidades de las guerras Polacas: ya en el abuso de tener la mayor parte del Judaismo a Sebatay Sebi por Mesias."

[34] La obra de Sasportas se titula *Sisath Novel Zevi* y da testimonio del comportamiento de los seguidores de Shabbetai en Amsterdam. Véase M. Kayserling, "Une Histoire," (1889), págs. 192 y ss., y la de G. Scholem, *Sabbatai Sevi*, págs. 540 y 893-895.

[35] Además de la información dada en la obra de Sasportas, Barrios tiene varios opúsculos dedicados a sucesos políticos contemporáneos que

en 1674 pasó por un período de penitencia, largos ayunos, y visiones que culminaron en una crisis mental.

Coincidiendo con los años del movimiento sabatiano y anterior a 1672, Barrios escribió y publicó la comedia alegórica *Contra la verdad*, en honor de tres mártires de la Inquisición. Esta obra, apologética del judaísmo, contiene detalles biográficos del propio Barrios y de la búsqueda por su identidad espiritual y religiosa.[36] Hacia 1674 cesan también en la obra de Barrios las menciones a los españoles y al ambiente de Bruselas y se puede asumir que nunca más se aleja de Amsterdam. Aunque algunas obras de Barrios posteriores a 1674 fueron publicadas en Bruselas, por ejemplo, *Livre Alvedrio y Harmonia del Cuerpo por Disposición del Alma*, de 1680, y *Bello Monte de Helicona*, de 1686, la mayoría de las obras que publica a partir de esta fecha están dirigidas a los sefarditas de Amsterdam, son de contenido religioso y tienen Amsterdam como lugar de publicación.

La decisión de no viajar más a "tierras de idolatría" (Bruselas), implicaba graves consecuencias para su carrera literaria. Barrios alude a menudo a cuando dejó "la pompa del airado Marte por buscar la Ley," es decir, cuando dejó de relacionarse con los españoles de Bruselas, dedicándose al estudio de la Torá en Amsterdam, y viviendo en una perenne pobreza.[37] En 1675 trató de que le hicieran cónsul de España en Amsterdam y, de nuevo, en

---

evidencian la relación que el poeta creía ver entre los acontecimientos políticos y la llegada de la redención. Véase, por ejemplo: "Discurso Politico, Sobre los adversos y prosperos sucessos de las Provincias Unidas desde... 1672.... hasta... 1673...," y el "Aplauso Metrico. Por las dos celebres victorias... de 1673... [dirigido] al Principe de Orange."

[36] Scholberg situó *Contra la verdad* entre 1665 y 1672, basándose en la fecha de la muerte de las víctimas, 1665, y en una referencia que el mismo Barrios hace de la obra en *Coro de las Musas*, publicada en 1672. Véase también el estudio que yo hago de *Contra la verdad* en *Actes del Simposi Internacional sobre cultura sefardita*, págs. 181-196.

[37] Barrios se refiere a España en varias ocasiones con términos de la mitología clásica. En *Triumpho*, pág. 126, dice: "...dexo aun la pompa del ayrado Marte, por buscar a la Ley."

1679 probó su suerte con Portugal, sin conseguirlo en ningún caso.[38] Las autoridades religiosas de Amsterdam le ayudaron económicamente en numerosas ocasiones, y el mismo Barrios admite que también recibió ayuda de la hermandad "Abi Yetomim."[39]

La carrera literaria de Barrios en Amsterdam es muy productiva, si bien al parecer nunca le llegó a proveer económicamente con lo suficiente para mantenerse a sí mismo y a su familia. Publicó numerosos opúsculos, celebró con poesías todas las ocasiones sociales y religiosas de la comunidad, y colaboró con otros literatos de la colonia. En 1673 salió a la imprenta el libro colectivo titulado *Aplauzos academicos* y Barrios contribuyó con varios sonetos y una comedia alegórica titulada "Palacio de la sabiduría."[40] En la traducción al español de la obra de Alexander O. Exquemelin, *Piratas de la América*, de 1681, Barrios escribió varios poemas de introducción al libro, además de la sección titulada "Descripción de las Islas del Mar Athlantico y de America," en la cual describe numerosas islas del Nuevo Mundo.[41] La obra de Antonio Pizarro de Oliveros, *Cesareo Carro Triumphal*, de 1687, también incluye un

---

[38] Véase Scholberg, *La poesía*, pág. 25 y E. Glaser, "Two Notes," págs. 202-206.

[39] Pieterse, en *Daniel Leví de Barrios*, pág. 144, da una lista de las numerosas ocasiones en que las autoridades religiosas de la comunidad le dieron ayuda económica a Barrios, y el poeta mismo agradece a los miembros de la hermandad la generosidad para con él en *Triumpho*, pág. 193.

[40] *Aplauzos Academicos e rellaçao do felice sucesso da celebre victoria do Ameixial. Oferecidos Au Excelentissimo Senhor Dom Sancho Maoel Conde de Villaflor, pello secretario da Academia dos Generosos, e Academico Ambicioso* (Amsterdam: Jacob van Velsen, 1673). Ejemplar de la Biblioteca Nacional de Madrid 2 50812. Scholberg describe otro libro de título diferente pero, al parecer, con el mismo contenido: *Aplausos métricos* (Amsterdam, 1673), ejemplar de la Hispanic Society of America. Véase *La poesía*, pág. 18.

[41] *Piratas de la América*, trad. al español del doctor Alonso de Buena Maison (Colonia Agripina, Lorenzo Struickman, 1681). Ejemplar de la Biblioteca Nacional de Madrid R-36210.

opúsculo de Barrios titulado "Triunfo cesáreo,"[42] y también contribuyó con poesías al *Atlas Mayor* o *Geografía Blaviana* de Juan Blaeu y Nicolás de Oliver de Fulana.[43] Barrios y José Penso de la Vega también colaboraron en asuntos literarios en diversas ocasiones. Además de que ambos, Penso y Barrios, eran los miembros más activos de las academias literarias, la colección de novelas escritas por Penso que contiene la obra *Rumbos peligrosos*, de 1685, incluye versos de Barrios, y un epitalamio dedicado al matrimonio de don Pedro de Portugal con la princesa María Sofía fue también escrito en colaboración, la prosa de Penso y la poesía de Barrios.[44]

Hacia 1684 se publicó en Amsterdam el *Triumpho*, obra colectiva que hoy se conoce por el valor cronista que tiene de la colonia de mercaderes sefarditas y que contiene los autos alegóricos que estudio en este libro. En esta obra se hace evidente ante todo la gran familiaridad de Barrios con las hermandades de estudios religiosos, siendo miembro y colaborador de varias de ellas y donde además representó sus autos alegóricos. Una fuente de gran satisfacción personal para Barrios fue su hijo Simón, que junto a su padre se interesaba también por la poesía y la literatura españolas y que era un serio estudiante de la Torá. En 1685, cuando se creó la Academia de los Floridos, Simón Leví Caniso, que solamente contaba 20 años, fue nombrado mantenedor de la Academia. También era miembro de la prestigiosa Academia de los Pintos, la de Keter Sem Tob y la de Maskil el Dal, y a menudo también contribuía con sus propias presentaciones.[45]

En varias ocasiones Miguel de Barrios pasó por crisis mentales, ya hemos mencionado la primera, de hacia 1674, y de la cual sabemos por la obra del rabino Sasportas, durante las cuales al

---

[42] Véase Scholberg, *La poesía*, pág. 40.

[43] Véase el artículo de Edward Glaser: "Two Notes," págs. 206-207.

[44] *Epitalamio Regio a la feliz Union Del Invicto Don Pedro Segundo Rey de Portugal con la Inclita Maria Sophia Princesa de Niewburg* (s. i., s. a.). Ejemplar de la Biblioteca Nacional de Madrid R-2186.

[45] En el "Auto mosaico Torá Hor," *Triumpho*, pág. 383, por ejemplo, Miguel de Barrios indica que Simón, su hijo, contribuyó con una explicación que es de tono mesiánico.

parecer creía tener experiencias místicas.⁴⁶ Estas experiencias están al parecer relacionadas con la búsqueda de la identidad espiritual del poeta y probablemente con la confusión que creó en su mente el movimiento sabatiano. Barrios pasó el resto de su vida en Amsterdam dedicado al estudio de la Torá y llevando una vida de gran pobreza junto a sus familiares. Abigail, su esposa, murió el 23 de enero de 1686. Su hijo Simón murió en la isla de Barbados el 16 de mayo de 1688, cuando solamente contaba 23 años. La única que sobrevivió a Miguel de Barrios fue su hija Ribca, que a la muerte de su madre quedó encargada del cuidado de la casa. Barrios continuó escribiendo hasta cercana su muerte. La última obra de Barrios fue publicada en 1699 y es el sermón dedicado a las exequias en honor del rabino Jacob Sasportas y titulada "Monte hermoso de la Ley Divina." Miguel (Daniel Leví) de Barrios murió el 2 de marzo de 1701 y fue enterrado, junto a su esposa Abigail, en el cementerio de la colonia de Amsterdam. A la muerte de su esposa, Miguel ya había escrito el epitafio para su tumba:

> Ya Daniel y Abigail
> Leví a juntarse volvieron
> por un amor en las almas,
> por una losa en los cuerpos,
> porque tanto en la vida se quisieron
> que aun después de la muerte un vivir fueron.⁴⁷

Las obras de Miguel de Barrios han recibido una relativa atención a través de los años,⁴⁸ si bien esta atención se puede caracterizar a

---

⁴⁶ Véanse las referencias que da Scholberg, en *La poesía*, pág. 30 y 36. En 1685, por ejemplo, estuvo ingresado en el hospicio de la comunidad. Además, Barrios en ocasiones escribe poemas que describen tales experiencias.

⁴⁷ "La Memoria renueva el dolor," en *Estrella de Jacob*, pág. 29. Según Silva Rosa, sin embargo, en la tumba de Miguel de Barrios se grabaron otros de sus poemas. Véase Scholberg, *La poesía*, pág. 42.

⁴⁸ E. Glaser, en su breve estudio ya mencionado, "Two Notes," habla de la fama que la obra de Barrios alcanzó en Portugal en los siglos XVII y XVIII, donde algunos religiosos leían con aprecio sus obras, sin saber que escribía

veces de esporádica, pasando largos años entre algunos de los estudios que se le han dedicado, y otras de incompleta, por ejemplo, en el caso de la obra el *Triumpho*, que los historiadores han leído por el valor cronista que contienen muchos de los opúsculos de la colección, pero sin dedicarle atención al valor literario que también es evidente, como las numerosas poesías que contiene o los cinco autos alegóricos que también incluye.[49] Esta falta de continuidad y de aprecio total es comprensible si se tiene en cuenta la situación especial en que se encuentran las obras de Barrios, al igual que toda la literatura castellana de Amsterdam en el siglo XVII. Además de que en algunos casos son obras que traspasan diversos campos de especialidad, como la literatura española barroca, los estudios religiosos judaicos y la historiografía de la colonia sefardita de Amsterdam, los textos mismos han permanecido desconocidos de los que podrían haberse interesado por leerlos y en ejemplares hoy considerados raros y de difícil acceso. Este es el caso específico del *Triumpho*, la obra que contiene los autos alegóricos, que con toda probabilidad nunca llegó a España en el momento en que fue escrita y aún hoy día es apenas conocida. En cuanto a los estudios críticos literarios que se han hecho se refiere, lo que si parece evidente es que todos los que han leído atentamente la obra, o parte de la obra, de Barrios han encontrado páginas de gran belleza poética y a menudo de perfección.[50] Con la lectura del teatro alegórico que hago en el capítulo cuarto, trato de sumarme a la lista de los que a través de los años han encontrado la obra de Barrios merecedora de ser interpretada. Al incluir los textos mismos de los autos en este libro,

---

desde la perspectiva judía.

[49] David Franco Mendes en su crónica sobre la colonia sefardita de Amsterdam de 1769, usa información del *Triumpho*, de Barrios. Probablemente el primero en mencionar el valor literario de las obras de Barrios fue M. Kayserling, cuyos estudios, fechados en 1889, 1890 y 1896, fueron seguidos por los de K. Scholberg, más de sesenta años después, en 1962.

[50] En orden cronológico, los que han apreciado las obras de Barrios son: K. Scholberg, *La poesía*. Charles Moolick, "The Poetic Styles," considera de gran valor, además de muchas de sus poesías, las que llama "mascaradas." Y recientemente, Esther Bartolomé-Pons, "Comentario y texto del poema."

es de esperar que surjan otros estudios críticos que dialoguen con mi interpretación y especialmente con el propio autor, Miguel (Daniel Leví) de Barrios.

III
Academias literarias y de estudios religiosos en Amsterdam en el siglo XVII

UNO DE LOS CAPÍTULOS más interesantes de la historia de la colonia de mercaderes sefarditas de Amsterdam es el de las numerosas hermandades religiosas y academias literarias que florecieron en el siglo XVII y a las que pertenecían muchos miembros de la colonia de todas las edades y profesiones.[1] Las academias literarias se mencionan con frecuencia como prueba de la gran influencia que la literatura española tuvo entre los sefarditas de Amsterdam y las hermandades religiosas también han interesado a los historiadores de la vida comunal de la colonia.[2] Pero no tengo noticias de ningún estudio que se ocupe de comparar las dos instituciones, o que explique en qué se diferencian. Además del teatro alegórico de Barrios, muchas de las obras impresas en Amsterdam en el siglo XVII están de diversas maneras relacionadas o bien con las academias literarias o con las religiosas. Creo por tanto que es importante repasar la historia de las academias y hermandades y examinar algunas de las obras impresas

---

[1] Este capítulo en forma ligeramente diferente ha sido publicado en *Los judaizantes en Europa y la literatura castellana del Siglo de Oro*, ed. Fernando Díaz Esteban (Madrid: Letrúmero, 1994), págs. 247-260.

[2] Véanse los dos estudios de M. Kayserling, "Une histoire de la littérature juive," de 1889 y 1896, respectivamente; K.R. Scholberg, "Miguel de Barrios and the Amsterdam Sephardic Community," *Jewish Quarterly Review*, 53 (1962) 120-159; Y. Kaplan, en *From Christianity to Judaism*.

relacionadas con las reuniones académicas.

Las academias literarias y las hermandades de estudios religiosos tienen precedentes y propósitos muy diferentes entre sí. Las primeras pertenecen a la tradición literaria de España, heredera a su vez de la tradición de la Italia del Renacimiento. Las yesibot o hermandades de estudios religiosos se remontan a las academias talmúdicas de Babilonia y están relacionadas con el estudio de la tradición oral de la ley mosaica o Torá. En la colonia de sefarditas de Amsterdam en el siglo XVII ambas instituciones adquirieron una importancia y popularidad sin precedentes. Las reuniones académicas eran el modo más eficaz de mantener viva la tradición literaria de España y escritores como Miguel de Barrios y José Penso de la Vega dependían de las reuniones para la crítica de sus obras y el contacto con otros escritores. A las reuniones de estudios religiosos acudían los españoles y portugueses a recibir instrucción en la religión judaica, que muchos habían adoptado en edad adulta. Teniendo en cuenta que algunos de los miembros participaban en ambos tipos de reuniones, las literarias y las religiosas, no es sorprendente que hubiera una influencia mutua.

Fuentes de las academias de Amsterdam.

Para comprender la afición de los sefarditas de Amsterdam a fundar y participar en tantas organizaciones de estudios es preciso tener en cuenta que, en la España contemporánea, los poetas y escritores de toda índole acostumbraban también a reunirse en academias literarias. Los españoles, a su vez, habían adquirido la costumbre de la reunión académica al comenzar sus contactos con Italia en el siglo XVI. El término "Academia," en recuerdo de la escuela filosófica fundada por Platón en los jardines de Academo, se aplicó por primera vez a las famosas reuniones que se celebraban en Florencia hacia 1442, en casa de Marsilio Ficino. Al pasar la costumbre a España y multiplicarse el número de academias por todas las ciudades de provincia, las reuniones adquirieron objetivos menos trascendentes que las del Renacimiento y a ellas acudían los escritores para hablar de crítica literaria o simplemente para leerse unos a otros sus composiciones poéticas. La influencia de las academias en la literatura se evidencia ante todo en la poesía, género por el que se interesaban principalmente sus miembros, pero alcanzó también al teatro y la novela.³

Academias literarias en Amsterdam.

En la colonia de sefarditas de Amsterdam existieron por lo menos dos academias literarias, la Academia de los Sitibundos, de 1676, y la Academia de los Floridos, de 1685. La fuente principal que describe la fundación de la primera es un opúsculo de Miguel (Daniel Leví) de Barrios, titulado "Relación de los poetas y escritores españoles de la nación judayca Amstelodama."⁴ El patrocinador de la academia fue Isaac Nunes, alias don Manuel de Belmonte, conde palatino y representante del rey de España en los Países Bajos. El mantenedor era el propio Miguel de Barrios y los participantes mencionados en la "Relación" eran escritores y poetas de la colonia. La academia tenía como divisa la zarza de Moisés con el verso de Proverbios 20:27, "Es el alma candela del señor." Las únicas referencias que nos han llegado de esta academia son de Miguel de Barrios. Un "Soneto peregrino" que Barrios escribió para la academia y⁵ y una "Respuesta panegírica," que presentó ante los "Sitibundos" en una de las reuniones de la academia.⁶ La respuesta es a una carta

---

³ Para la historia de las academias literarias en España en el siglo XVII, véanse los dos estudios de Willard F. King: "The Academies and Seventeenth-Century Spanish Literature," *Publications of the Modern Language Association of America*, 75 (1960) 367-376, y *Prosa novelística y academias literarias en el siglo XVII*. Anejos del Boletín de la Real Academia Española, 10 (Madrid: Silverio Aguirre Torres, 1963).

⁴ Véase Scholberg, *La poesía*, pág. 73.

⁵ Incluido en "Quadriga de Amor Celestial," de *Libre Alvedrío y Harmonia del Cuerpo* (Bruselas: Baltasar Vivien, 1680), pág. 50.

⁶ "Repuesta [sic] Panegirica A la carta que escrivio el muy Ilustre R. Joseph Penso Vega, al muy Sapiente Doctor Ishac Orobio. Glossala Daniel Leví de Barrios, Y presentala en la heroyca Academia de los Sitibundos" (Amsterdam: Iacob van Velsen, 5437 [1677]. En la espléndida tesis doctoral de Harm den Boer, "La literatura hispano-portuguesa de los sefardíes de Amsterdam en su contexto histórico-social (siglos XVII y XVIII)," Diss. University van Amsterdam, 1992, págs. 150-52, y posterior a mi propia tesis doctoral, se afirma que esta academia no se llamó de los Sitibundos, sino del Temor Divino. Yo no he podido consultar otra vez la fuente directa de

escrita desde la ciudad de Liorna en Italia, de 1676, de José Penso de la Vega. En dicha carta el joven Penso se dirigía al médico Isaac Orobio de Castro para pedirle apoyo para el establecimiento en la ciudad italiana de otra Academia de los Sitibundos.[7] La respuesta de Barrios es de gran interés porque evidencia la correspondencia que existió entre los miembros de Amsterdam y los de Liorna, donde se encontraba Penso, en asuntos relacionados con la literatura. En la presentación ante los miembros de la de Amsterdam, Barrios expresa ante todo el interés porque la academia fuera justificada a los ojos de las autoridades religiosas. Reconoce que el origen de la academia se remonta a la institución de Academo, al que llama "falso Dios entre otros de los Atenienses," pero añade que "no es contra la Sacra Ley intitularse Academicos los que discurren en la esphera de la divina enseñança" ("Respuesta," pág. 28). Es decir, que Barrios creía compatible la participación en la academia y el estudio de la Torá. También en este documento muestra Barrios su orgullo y gratitud por el puesto que se le había otorgado de "mantenedor de una muy opulenta academia" ("Respuesta," pág. 42). Aunque el documento

---

Barrios que menciona den Boer y en este momento dependo de notas que tomé en el momento que hice la investigación. La cuestión del nombre de la academia, a la luz de lo que muestra el profesor den Boer, se hace problemática. Barrios menciona el nombre de Sitibundos en más de una ocasión. En el subtítulo de la "Respuesta" citada al principio de esta nota, Barrios dice claramente: "Glossala... Y presentala en la heroyca Academia de los Sitibundos." En otra ocasión Barrios se llama así mismo "Sitibundo," en *Triumpho*, pág. 126, "yo sitibundo soy concha de Amsterdam a Hispana Aurora." La concha era el emblema de los Sitibundos, cuyo nombre quiere decir sedientos (de conocimiento) que beben agua de una concha. Y el versículo del "Temor divino," que según lo que muestra den Boer, sería el nombre de la academia, es de Prov. 1:7, y lo cita Barrios muy a menudo, por ejemplo, *Triumpho*, págs. 353, 355 y 394. El nombre de la hermandad "Resit Jokma," Principio de Sapiencia (de la cual hablaré más adelante) se basa en Prov. 1:7.

[7] Scholberg opina que la de Liorna se fundaría antes que la de Amsterdam, pues en la carta que escribió Penso a Orobio de Castro, fechada el 14 de diciembre de 1676 (y que Barrios glosó en su "Respuesta") dice que la academia llevaba reuniéndose por un año. Véase Scholberg: "Miguel de Barrios," pág. 141.

evidencia la tensión que la institución académica creaba a los ojos de las autoridades religiosas de la colonia, su propia existencia muestra también el interés que existía en la colonia por la institución.

No es posible determinar cuánto tiempo duraría la Academia de los Sitibundos, quizás su existencia fuera breve, pero en 1685 y de nuevo, bajo el patronazgo de don Manuel de Belmonte, se fundó la Academia de los Floridos. De su existencia tenemos más información que de la de los Sitibundos. Barrios escribió un "Memorial de sus jueces, y académicos."[8] Los mantenedores eran, otra vez, Barrios, su hijo Simón Leví, el doctor Abraham Gutierres, Moses Rosa y Manuel de Lara. El secretario era don José Penso de la Vega, que ya había vuelto a Amsterdam, y el fiscal el médico Moses Orobio de Castro. El "Memorial" nos ha dejado una rica y detallada información sobre los miembros de la academia que eran unos 38 y contaban entre ellos lo más selecto de la comunidad. Médicos, como el padre y el hijo Orobio de Castro, el famoso impresor de biblias José Atías, ricos mercaderes y comerciantes como José Nuñes Marchena, y los hermanos José y Abraham Penso; representantes del rey de España: don Manuel Belmonte, el patrocinador de la academia, y José Jessurun Lobo, cónsul del rey de España en Zelanda, escritores como Barrios y Jacob de Chaves y el rico patrocinador de las artes Francisco de Lis. Es interesante observar que en esta academia había miembros de las mismas familias, padres e hijos, éstos ya nacidos en Amsterdam y que como sus padres (que eran portugueses o españoles) seguían cultivando las letras y la cultura de España.

Una de las reuniones de la academia fue presidida por el patrocinador don Manuel de Belmonte, que propuso: "Qual es mayor perfeccion / hermosura ô discrecion?" Barrios opinaba que "la belleza, es mayor perfección que la discreción por quanto lo hermoso es dávida divina, y lo discreto Politica humana."[9] En otra reunión,

---

[8] "Academia de los Floridos / Memoria [sic] Plausible / De sus Juezes, y Academicos,"en *Estrella de Jacob* (Amsterdam, s.i., 1686), pág. 65. Kayserling resumió el "Memorial"en su estudio de 1896, "Une histoire de la littérature."

[9] Véase la dedicatoria de Barrios a don Manuel de Belmonte en el *Bello*

Barrios presentó un enigma en prosa, seguido de un poema y su glosa. Los jueces fueron el médico Isaac Orobio de Castro, don Manuel de Belmonte, el patrocinador de la academia y José Atías, famoso impresor. Tres de los miembros de la academia, Samuel Salom, José Penso de la Vega y Samuel de León, compitieron por explicar su significado. Según Barrios, Penso fue el que más se acercó a descifrarlo, llamándolo "Enigma del Principio," basado en las primeras palabras del Génesis: "En el principio crió Dios los cielos y la tierra" y la interpretación que de estas palabras hace el *Zohar* o Libro del Esplendor. Penso de la Vega ganó en premio un sombrero de castor.[10]

Otra fuente que nos informa de las actividades de la Academia de los Floridos es la obra de Penso de la Vega titulada: *Discursos Académicos, Morales, Rethoricos y Sagrados*, colección de doce discursos que Penso había leído recientemente en las reuniones semanales de la academia (era junio de 1685 y la academia existía desde principios del año).[11] En el primer discurso Penso discute los motivos que tuvieron los fundadores de la academia para escoger el nombre de Floridos, tomando por emblema "un Florido Almendro." Los discursos son en su mayoría proposiciones que se debatían en las reuniones académicas. Por ejemplo, qué pesa más, el amor o el agravio. Aunque Penso no lo dice, el poema que introduce esta proposición era de Miguel de Barrios, que lo publicó completo en forma de respuesta: "El Amor puede mas que el Agravio. / Respuesta

---

Monte de Helicona (Bruselas: s.i., 1686).

[10] "Enigma del Principio. En la Fiesta del Ilustrissimo Señor David Bueno de Mesquita, Jatan Beresit, Año de 5445," en "Peña de Mosseh" (Amsterdam: s.i., 1686), págs. 161-168. Encuadernado con *Estrella de Jacob*. Véase también Scholberg, *La poesía*, pág. 76. Como bien observa Kaplan, *From Christianity to Judaism*, pág. 290, n. 114, la fecha del poema es anterior a la creación de la Academia. Quizás la presentación en la academia fuera una repetición.

[11] *Discursos Academicos, Morales, Rethoricos, y Sagrados, Que recitò en la florida Academia de Los Floridos Don Iosseph de la Vega. Y...dedica,...al...muy Ilustre Señor Iosseph Nuñez Marchena* (Amberes: s. i., 1685).

en Octavas / A la siguiente Proposicion / Academica."[12] El quinto discurso discurre sobre la idea de que si bien la mujer es la que da el ser a los humanos, Dios, en contraste creó a la mujer de un hombre. Este discurso nos informa que en la Academia de los Floridos no había mujeres, ya que, dice Penso, si las mujeres asistieran a las reuniones, los hombres asistentes tendrían problemas en hacerlas callar (*Discursos Académicos*, pág. 89). Todos los discursos tienen referencias a la Biblia y Penso especifica que los conceptos los deriva a veces del idioma hebreo. De modo muy semejante al que lo hace Barrios, Penso trata de justificar que sus discursos académicos estén relacionados con la religión ("Prólogo," pág. 10).

**Fuentes de las hermandades
de estudios religiosos en Amsterdam.**

En la obra de Barrios de carácter histórico *Triumpho* han quedado descritas quince hermandades de estudios religiosos de carácter privado, además de la institución de estudios rabínicos de la colonia, "Ets Jaim," o Arbol de las Vidas, existentes todas hacia 1683. Barrios llama a estas hermandades también: academias, yesibot, medras y jebrot.

Aunque el interés por crear tantas hermandades religiosas se podría relacionar en parte con la costumbre de la reunión académica que llevaron de la Península los españoles y portugueses, es preciso tener en cuenta también otras fuentes. En la tradición judaica siempre han existido las academias rabínicas, lugares de estudio de la ley oral. Al llegar el siglo XVI y en gran medida, como resultado de la expulsión de los judíos de España en 1492, floreció una comunidad de místicos en Safed, Palestina, y allí se fundaron un gran número de academias de estudios cabalísticos. En estas instituciones se propagó el estudio de la cábala, que en la Edad Media en España había estado reservado a una minoría. Este modelo de reunión académica fue imitado en la colonia de sefarditas de Amsterdam y al menos una de las hermandades mencionadas por

---

[12] En *Bello Monte de Helicona*, págs. 347-350. Lo firma: "Autor Don Miguel de Barrios."

Barrios tiene el mismo nombre que otra de las de Safed.[13] La relación entre las academias de Safed y las de Amsterdam la menciona a menudo Gershom Scholem en sus estudios sobre la cábala y para mostrar el papel que estas instituciones tuvieron en la difusión del movimiento sabatiano entre los sefarditas de Amsterdam.[14] Aunque es de suponer que algunas de las reuniones de estudios en Amsterdam eran frecuentadas exclusivamente por autoridades religiosas, hay también gran evidencia que a muchas asistían miembros de la colonia para instruirse en la religión judaica que habían adoptado en edad adulta.

Barrios divide las instituciones religiosas en cinco hermandades académicas o "yesibot" (usa ambos términos) y diez academias caritativas; pero éstas tenían también grupos de estudios y al menos dos autos alegóricos escritos por Barrios fueron representados en las reuniones de las llamadas academias caritativas. Es decir, que tanto las hermandades académicas como las caritativas se ocupaban del estudio en comunidad.[15]

Como las academias literarias, las religiosas eran fundadas bajo el patronazgo de personas influyentes de la comunidad y se reunían en casa de alguno de sus miembros. Aunque la intensidad y frecuencia de las reuniones variaba, algunas lo hacían una hora o más por día, además de los sábados y días festivos cuando tenían lugar los debates. Todas las hermandades estaban presididas por un

---

[13] Las academias de los místicos de Safed las estudia Solomon Schechter, "Safed in the Sixteenth Century," en *Studies in Judaism*, Second series (Philadelphia: The Jewish Publication Society of America, 1908), 202-291. Y *Safed Spirituality. Rules of Mystical Piety. The Beginning of Wisdom*, trad. e introd. Lawrence Fine; prefacio Louis Jacobs (New York: Paulist Press, 1984). En Safed hubo una academia que se llamaba "Baale Tesubá," o Dueños de la Penitencia," el mismo nombre que otra en Amsterdam.

[14] Véase, por ejemplo, G. Scholem, *Sabbatai Sevi*, especialmente las páginas 518-545, "Amsterdam," que se refieren a los años del movimiento sabatiano, 1665-1666. Scholem menciona varias de las academias descritas por Barrios y otras que Barrios no menciona.

[15] Había otras instituciones sociales como la de "Bikur Jolim" y la "Hermandad de las Huérfanas." El estudio de Scholberg, "Miguel de Barrios," se ocupa de todas ellas.

Ros, literalmente cabeza, en hebreo, que algunas veces Barrios llama el preceptor o mantenedor (el mismo término que usa al referirse a las academias literarias) y que en las justas o debates competía con los miembros más elocuentes. También como las academias literarias, las religiosas habían adoptado nombres basados en emblemas, por lo general tomados de alguna cita bíblica que se refería al estudio de la Torá. A menudo los grupos de estudio surgían a la muerte de algún miembro de la hermandad y continuaban reuniéndose regularmente por un tiempo indefinido. Algunas tenían muchos años de existencia, la más antigua era de 1630, y otras habían sido creadas en fecha muy reciente, la más reciente era de 1682. Hay evidencia de que había o había habido otras hermandades de estudios además de las descritas por Barrios.[16]

Hermandades académicas.

La Academia "Keter Torá," o Corona de ley, la más antigua de las hermandades, fue fundada en 1630 por el rabino Saul Leví Mortera y la nombró "Corona de Ley porque la Ley es Corona del Pueblo que la observa" (*Triumpho*, pág. 341). Barrios dice que el grupo de estudios se formó a la muerte de Jacob Belmonte, miembro importante de la colonia, y en su casa enlutada se reunió por un año.[17] Más tarde la academia se reunía en casa de Isaac Penso (padre del escritor José Penso) y a su muerte, en 1683, continuó en la casa de su hijo Abraham Penso. Cuando la describe Barrios, contaba con 17 miembros que se reunían dos horas cada día para el estudio de la "Sagrada Doctrina."

La llamada "Torá Hor," La Ley es luz, la describe Barrios en la forma de un "auto mosaico," que contiene sonetos de varios miembros de la hermandad y que debió ser representado en una de

---

[16] El propio Barrios así lo sugiere en *Triumpho*, pág. 89: "Suceden otras muchas (yesibot) en carrera / de pia debocion con ansia pura: / unas acaban por materia dura, / y la fama de otras persevera."

[17] Barrios da esta información sobre "Keter Torá" en la descripción de "Resit Jokma." Véase el *Triumpho*, pág. 89. La descripción de "Keter Torá" está en las págs. 341-356.

las reuniones académicas.[18]

La "Insigne Yesibá de los Pintos" había sido fundada en Rotterdam en 1650 por los hermanos Abraham y David de Pinto y trasladada a Amsterdam en 1669 cuando los hijos de Abraham, Isaac y Jacob Pinto, llegaron a la colonia. Además de los estudios, esta academia patrocinaba la publicación de libros (*Triumpho*, págs. 393-96).

"Tipheret Bahurim," o Hermosura de mozos, como su título indica, era una academia formada de miembros jóvenes cuyo preceptor en 1684 era el sabio Jacob Sasportas (*Triumpho*, págs. 87-88).

El título de la Academia "Meirat Henayim," o Alumbra ojos, estaba inspirado en el Salmo 19:9, "el mandamiento del Señor alumbra los ojos," y sirvió a Barrios de inspiración para otro auto alegórico.[19]

Hermandades caritativas.

Las diez hermandades que Barrios llama academias caritativas en principio habían sido fundadas para llevar a cabo alguna tarea social y los miembros se ocupaban del cuidado de los enfermos, el entierro de los muertos, o patrocinaban la educación de los niños huérfanos o pobres, etc. También contaban con grupos de miembros llamados eruditos o académicos que se reunían para el estudio en comunidad. Aunque en algunas había miembros de todas las edades, otras eran exclusivamente de jóvenes y otras contaban entre sus miembros a grupos de mujeres, si bien no hay evidencia de que éstas participaran en las reuniones de estudios.

La llamada "Abi Yetomim," o Padre de huérfanos, estaba gobernada por seis administradores y un tesorero y contaba con 125 hermanos y hermanas que proveían a la hermandad con "legados."

---

[18] La descripción de "Torá Hor" se encuentra en el *Triumpho*, págs. 357-368, la introducción, y 369-392, el auto alegórico.

[19] Véase el *Triumpho*, págs. 397-411, introducción, y 412-436, auto. Para la numeración de los salmos sigo la de la Biblia de Valera que, salvo en algunos casos, coincide con la numeración de la Biblia hebrea. Para más información, véase mi introducción a los autos.

Los miembros financiaban el coste de la educación de jóvenes huérfanos por tres años que en algunos casos se extendían tres más. Algunos estudiantes de la hermandad habían llegado a ser rabinos de otras comunidades judías de la diáspora, inclusive de América. Si algún miembro de la hermandad moría, los compañeros acompañaban el cadáver al cementerio y se decía un sermón en honor del difunto. Los miembros académicos se reunían a diario por la noche para meditar en la "Sacra Theologia" y preparar la cuestión que se discutiría el sábado (*Triumpho*, págs. 341-56).

En la llamada "Gemilut Jassadim," Hacer caridades, un grupo de miembros se encargaba del entierro de los muertos, los Tobías o sepultureros, y otro grupo era el de los académicos (*Triumpho*, págs. 169-192). Un opúsculo impreso de Barrios titulado "Mediar estremos" había sido en principio un sermón que había presentado a la hermandad el día de año nuevo o Roshashana de 1677, lo que evidencia la larga relación de Barrios con algunas de las hermandades.[20]

"Temime Darex," o Los perfectos de carrera, tomaron el nombre del Salmo 119:1, "Bienaventurados los perfectos de carrera: los que andan en la Ley de A[donay]." Esta hermandad contaba con 70 miembros académicos que al hacerse miembros contribuían con dos pesos cada uno, y 200 hermanas, cada una de las cuales decidía "con galantería" la contribución que podía hacer.[21]

"Jonen Dalim," o El que se apiada de los pobres, se reunía en casa de una mujer viuda, Abigail Dias Fonseca, que dedicaba, nos dice Barrios, el mejor cuarto de su casa a las reuniones académicas. Esta hermandad también fue descrita por Barrios en la forma de un auto que se representó en una de las reuniones.[22]

---

[20] "Mediar Estremos. Decada Primera en Roshasana. Dirigida Al Indiviso y Poderoso Dios del Universo, y de Israel" (Amsterdam: Iacob van Velsen, 5437 [1677]). Ejemplar Bibl. Columbia Univ., y otro del British Museum.

[21] *Triumpho*, págs. 193-208. Las citas bíblicas en este capítulo, al menos que indique lo contrario, las tomo del propio Barrios. Como explico en la introducción a los autos, en muchos casos coinciden casi exactamente con las de la edición de Valera.

[22] Véase el *Triumpho*, págs. 209-216, y el auto, págs. 217-240. David Franco Mendes, el historiador de la colonia de Amsterdam del siglo XVIII,

"Maskil el Dal," o Hacer entender al pobre, se basaba en el salmo 41:1, "Bienaventurado el que entiende al Pobre: en el dia del mal lo escaparà A[donay]." La insignia era "una antorcha encendida y las dos tablas de la sanctisima Ley, con el sagrado verso,... Candela encomendança, y Ley luz." Había sido fundada en 1673 por treinta hermanos y estaba regida por tres personas asalariadas: el Ros o preceptor que enseñaba la ley, el teniente Ros, encargado de acompañar el cuerpo del hermano que moría y por un mes de guardar luto y rezar por el difunto en la yesibá, y el Samas, encargado de dar el "...aviso de lo que deve hazerse en lo preciso" (*Triumpho*, pág. 251). En 1681 hubo desavenencias entre algunos de los miembros y quedó dividida en dos hermandades que mantuvieron el mismo nombre. Una, dirigida por el Ros Daniel Belillos, se reunía en un cuarto alquilado y a ella pertenecía el joven Simón Leví Caniso, hijo de Miguel de Barrios, que en una ocasión hizo una presentación sobre el tema de la Redención (*Triumpho*, pág. 29). La otra estaba dirigida por el Gabay Isaac Carrillo y la describió Barrios en la forma de un auto alegórico.[23]

El nombre de la hermandad "Resit Jokma," Principio de Sapiencia, estaba inspirado en Prov. 1:7, "el temor divino es el principio de la sapiencia." Había sido fundada recientemente en 1682, "para socorro de los propios hermanos necesitados en ocasiones de enfermedad." Los miembros se reunían para el estudio presididos por el rabino Isaac Meatob, los sábados para "questiones," y los domingos para la meditación (*Triumpho*, pág. 89).

En "Baale Tesuba," o Dueños de la penitencia, los miembros al parecer tañían el shofar al principio de cada mes en señal de penitencia y para despertar en los pecadores el divino temor. La hermandad la formaban 30 miembros, gobernados por dos administradores y un tesorero, y se dedicaban a enterrar a los muertos pobres de la comunidad. También se reunían a meditar en

---

dice que Abigail Dias Fonseca observaba las reuniones académicas desde detrás de una cortina. Quizás esta información procede de la obra de Barrios, pero Franco Mendes no lo especifica. Véase *Memorias Do Estabelecimento*, pág. 69.

[23] La descripción de "Maskil el Dal" se encuentra en el *Triumpho*, págs. 241-276, y el auto, págs. 277-312.

comunidad (*Triumpho*, págs. 89-90).

Otras dos hermandades con grupos de estudios eran: "Sahare Sedek," Puertas de la caridad, y "Keter Sem Tob," Corona de buena fama.[24] Finalmente, la academia rabínica "Ets Jaim," Arbol de las Vidas, la describe Barrios en la forma de un auto alegórico y donde aparecen los miembros estudiando "a la sombra de un grande y copado árbol" (*Triumpho*, págs. 589-630).

Obras literarias relacionadas con las reuniones académicas

Las reuniones académicas religiosas y literarias descritas en nuestras páginas anteriores debieron servir de inspiración a numerosas obras de autores individuales o producciones colectivas. Se pueden encontrar indicaciones que confirmen nuestra sugerencia ojeando los títulos de obras escritas mucho antes de 1683-84, cuando Barrios describe las academias. El llamado "Dialogo Dos Montes," especie de auto alegórico en portugués que se representó en la sinagoga de Bet Jacob en la fiesta de Shavuot de 1624, se publicó seguido de unos "Discursos Académicos," compuestos por el fundador de la Academia Keter Tora, el rabino Saul Leví Morteira.[25] Los discursos fueron leídos en la sinagoga, intercalados con cantos, después de la representación del auto. Es de suponer que tantos los discursos como el auto fueran resultado de reuniones académicas que culminaron con la representación hecha en la sinagoga.

La muestra más evidente de las actividades literarias de las reuniones académicas de Amsterdam son algunas de las obras impresas del mismo Barrios. Gran parte de sus obras teatrales y de su poesía muestra que Barrios es ante todo un poeta y dramaturgo que escribía a menudo para reuniones académicas. Esto no es

---

[24] *Triumpho*, págs. 313-322, y 323-328, respectivamente.

[25] Véase M. Kayserling, *Biblioteca Española-Portugueza-Judaica*, pág. 90. El auto fue escrito por Pablo de Pina, que en Amsterdam se llamó Rehuel Jessurum, y no fue publicado hasta 1767, junto con un apéndice que contenía los "Discursos Académicos." Existe un estudio del auto hecho por J. A. van Praag, "El 'Dialogo dos montes' de Rehuel Jessurum," en *Mélanges de Philologie offerts à J. J. Salverda de Grave* (La Haya: J. B. Wolters, 1933), 242-255.

sorprendente ya que Barrios escribió toda su obra fuera de España y nunca tuvo ocasión de representar sus obras teatrales en los corrales o en los tradicionales carros donde se representaban los autos sacramentales en España. Durante su período de contacto con los españoles de la corte de Bruselas, Barrios representó algunas de sus obras teatrales en reuniones cortesanas y académicas. La decisión de Barrios, hacia 1674 o quizás antes, de no viajar más a Bruselas implicaba graves consecuencias para su carrera literaria. Sin duda para sustituir el contacto académico y cortesano de Bruselas, Barrios tuvo un papel muy importante en la fundación de las dos academias literarias de Amsterdam ya estudiadas y fue miembro asiduo de numerosas academias de estudios religiosos donde también se llevaban a cabo actividades literarias. Como veremos en el siguiente capítulo, el teatro alegórico de Barrios fue escrito para reuniones académicas religiosas: la institución misma sirve de marco a la acción de la obra y en dos de ellas incluso es una abstracción personificada.

Además de las obras de Barrios hemos escontrado evidencia de las reuniones académicas en obras en español de otros dos autores, por cierto de muy distinta índole: Abraham Pereira y José Penso de la Vega

(1) Las hermandades religiosas y *La certeza del camino*, 1666, de Abraham Pereira. Esta obra ha sido recientemente editada y ampliamente estudiada por el crítico Henry Méchoulan, por lo que me abstengo de dar pormenores sobre ella.[26] Lo que nos interesa señalar es la relación de *La certeza* y su autor con las hermandades de Amsterdam. Pereira era el patrocinador de la hermandad Tora Hor y en *La certeza* ha dejado constancia de que fue en esta institución donde recibió instrucción en la religión judaica que había adoptado en edad adulta. Aconsejando al lector a seguir los pasos por él andados, explica como él frecuentaba la sinagoga, estudiaba los libros bíblicos en casa y luego asistía con regularidad a las reuniones de Torá Hor, encabezadas por el rabino Isaac Aboab (*La certeza*, pág.

---

[26] H. Méchoulan, *Hispanidad y Judaísmo en tiempos de Espinoza. Ed. de La Certeza del camino de A. Pereira. Amsterdam, 1666* (Salamanca: Ed. Universidad de Salamanca, 1987).

288). También explica Pereira en esta obra que algunos miembros de la comunidad, los viciosos del juego, abusaban de la costumbre de la reunión académica y se reunian protegidos bajo la disculpa de que lo hacían para dedicarse al estudio de los libros sagrados (*La certeza*, pág. 236). Esta nota curiosa muestra también la popularidad que la reunión, bien de estudio religioso, social o literaria, tenía entre los sefarditas de Amsterdam.

El título de la obra, *La certeza del camino*, está basado en el versículo de Génesis 18:19, y se refiere a la obligación de los judíos a seguir el camino del Señor. El uso de una breve cita bíblica que sirve de inspiración a la obra es también un reflejo del modo de interpretación de un texto, propio de las reuniones de las hermandades. En la tradición judaica la lectura de la Biblia supone el examen de breves versículos que se discuten a la luz de comentarios de autoridades rabínicas. También se puede observar esta influencia de las hermandades en los títulos de los autos alegóricos de Barrios (que estudiaremos en el siguiente capítulo) y en otras obras contemporáneas de Amsterdam donde el título está inspirado en un versículo bíblico y sirve de inspiración a la creación de la obra.[27]

(2) *La prosa de José Penso de la Vega*. La obra de Penso más claramente relacionada con las reuniones académicas de Amsterdam es la ya mencionada, *Discursos académicos*, que había presentado ante los Floridos poco antes de su publicación. Pero todas las obras de Penso tienen alguna indicación de que la inspiración para escribirlas estaba relacionada con la institución académica. Aunque Penso escribe en español y aunque también muestra gran familiaridad con la literatura española, las fuentes directas, sin embargo, son también de la literatura italiana. Es decir, que la presencia de Penso en las reuniones académicas de los Floridos de Amsterdam introdujo influencias y costumbres que difieren de la tradicional reunión académica española. En primer lugar, Penso no

---

[27] Por ejemplo, la obra cabalística, en español, de Abraham Cohen de Herrera, *Puerta del cielo*, está inspirada en Génesis 28:17 y se refiere a los estudios místicos que son puerta para el conocimiento divino. Véase lo que dice sobre este título el estudio de Henry Méchoulan, *Hispanidad y judaísmo en tiempos de Espinoza*, pág. 112, n. 14.

escribe poesía, género característico de las academias literarias de España. En varias ocasiones, Penso publicó obras en colaboración con Miguel de Barrios, siendo la prosa de Penso y los poemas de Barrios: las novelas incluidas en la *Rumbos peligrosos*, de 1683, los *Discursos académicos*, de 1685, y un "Epitalamio regio a don Pedro II rey de Portugal," de 1687. Aunque es evidente que la poesía es un género representado en las reuniones académicas de Amsterdam, los doce discursos de Penso muestran también que en algunas reuniones lo que dominaba era su prosa retórica. Los temas de los doce discursos están basados en conceptos abstractos que se defienden frente a sus contrastes u homólogos: el amor frente a la venganza, el sufrimiento frente a la paciencia, la superioridad de nobleza del sentido del olfato frente a los otros sentidos, etc. Aunque en los discursos Penso no especifíca las fuentes de su retórica, en otra de sus obras, *Ideas posibles*, de temas similares a los discursos, Penso explica que su estilo es una novedad que él ha introducido en la literatura española y que procede de la italiana.[28] El título de esta obra, *Ideas posibles*, define la creación literaria, según Penso. El escritor se forma una idea mental, que a veces Penso llama retrato, bosquejo, o imagen o simulacro, de un suceso o un personaje histórico, y con su ingenio la representa. La representación literaria proviene de una idea, no de la realidad. Es de gran interés este concepto de la literatura porque Penso no conoce directamente España, sino la cultura española de los sefarditas de Amsterdam y la literatura del Siglo de Oro. Algunos títulos y subtítulos de sus obras, a menudo contienen los términos retrato, idea o simulacro y se refieren a abstracciones como el amor, la prudencia, el valor, la amistad, etc.[29]

Aún en su prosa novelística Penso refleja la influencia de las reuniones académicas. La novela, "Luchas de ingenio y desafíos de

---

[28] *Ideas possibles de que se compone un curioso ramillete de fragantes flores. Cultivadas y cogidas por Don Joseph de la Vega* (Amberes: s.i., 1692), pág. 5 de la Introducción.

[29] Además de la ya mencionada "Ideas posibles," véase, por ejemplo: "Retratos de la confusión" y "Retrato de la prudencia y simulacro del valor." En el presente estoy preparando un estudio de la prosa novelística de Penso de la Vega.

amor," incorpora en su estructura una academia literaria.[30] La protagonista es la princesa Aurora de Tracia, que busca un marido prudente y discreto que gobierne su reino. Para escoger entre cuatro pretendientes, Laurencio, Carlos, Alvaro y Philipo, decide someterlos a tres pruebas de ingenio e inteligencia que han de celebrarse en sus posesiones: un torneo en su quinta, una galantería en su jardín y una academia en su palacio. La primera prueba y la más importante, es la academia que tiene lugar por la noche y a la cual asisten la misma princesa y todos los nobles del reino. Esta escena, más propia de una comedia teatral que de una novela, es una descripción de una reunión académica cortesana. Los asistentes ocupan sus puestos, comienza la música y salen los cuatro pretendientes por diferentes puertas, adornados con vistosos plumages y vestidos del color que van a defender con un discurso titulado "cual sea el color mas propio para vestirse un amante, que quiere representar su afecto en el color" (*Rumbos peligrosos*, pág. 173). La novela merece un estudio mucho más extenso que el presente, pero baste decir que la representación académica que describe, basada quizás en la realidad o quizás en fuentes literarias, puede darnos una idea de cómo eran las representaciones de las obras teatrales escritas en Amsterdam, por ejemplo, las obras de Miguel de Barrios, representadas en reuniones académicas.

Conclusiones

Con los ejemplos de las páginas anteriores he tratado de demostrar la gran influencia que la reunión académica, bien sea literaria o religiosa, tuvo en la vida intelectual de los sefarditas de Amsterdam en el siglo XVII. Esta reunión académica adquiere características especiales resultado de la doble herencia de sus participantes: la tradición literaria española y la judaica de las yesibot. Como se verá aún más claro en el estudio del teatro alegórico de Barrios, lo literario o religioso es, en algunas ocasiones, cuestión de perspectiva puesto que las reuniones de estudios religiosos a las que asistía Barrios, producían obras teatrales literarias. Y la divisa bíblica de la

---

[30] Esta novela ha sido estudiada brevemente por W. F. King, en *Prosa novelística*, págs. 186-189.

primera academia literaria de 1676, bien que concluyamos que se llama de los Sitibundos o del Temor divino, indica que lo literario existía si se sancionaba con alguna indicación basada en la religión. Además de la poesía, de la que apenas he hablado y que sin embargo era con gran probabilidad el género más popular de las reuniones, la obra de ética moral de Abraham Pereira, *La certeza*, ha servido para mostrar que la lectura de un texto en la reunión académica partía de un breve versículo que los asistentes comentaban, relacionándolo con lo dicho por lectores previos de la tradición rabínica. Esta interpretación textual inspiró también a Barrios a escribir su teatro alegórico que se representó en reuniones académicas religiosas y donde la academia misma se hizo personaje. Los discursos académicos de Penso de la Vega muestran que el interés de su autor por la retórica dominó en algunas reuniones. Y, finalmente, en la novela "Luchas de ingenio," las reuniones a su vez se convirtieron en la estructura misma de la obra, donde los héroes son precisamente intelectuales académicos. Se ha dicho a menudo que el siglo XVII es el más literario de todos los siglos de la historia de España. Habría que añadir que los sefarditas de Amsterdam compartieron también con sus contemporáneos españoles ese interés y amor por la literatura que caracteriza el llamado Siglo de Oro.

IV
El teatro alegórico-religioso de Miguel (Daniel Leví) De Barrios

ESTE CAPÍTULO ESTÁ DEDICADO al estudio de los cinco autos alegóricos que editamos a continuación y que originalmente fueron publicados en Amsterdam hacia 1684: (1) "Jonen Dalim, Auto Sacro," (2) "Maskil el Dal, Diálogo Harmónico," (3) "Torá Hor, Auto Mosaico," (4) "Meirat Henayim, Academia Sacra" y (5) "Arbol de las Vidas, Diálogo." Nuestro estudio incluye también la obra: *Contra la verdad no hay fuerza*, una comedia alegórica en tres jornadas escrita y publicada probablemente hacia 1665 y que tiene muchos puntos de contacto con los cinco autos. *Contra la verdad* no la editamos aquí, pues ya existe una edición cuidadosa y moderna de Scholberg en su libro ya mencionado (*La poesía*).[1]

El teatro alegórico de Barrios sigue la tradición literaria de los autos sacramentales de España y los personajes dramáticos son abstracciones personificadas. Aunque los nombres de estas abstracciones varían en cada una de las seis obras aquí estudiadas, el esquema básico es de tres abstracciones principales. El protagonista es el Hombre o Israel, el pueblo hebreo en el exilio, que se enfrenta a su antagonista, la Mentira, símbolo de la cristiandad y de España, y acaba triunfando con ayuda de la Verdad, la Ley o Torá judaica. El marco en que se desarrolla la acción de estas obras

---

[1] Las citas de *Contra la verdad* remiten siempre a la edición de Scholberg (*La poesía*). También he consultado el ejemplar R59 B1096 de la Biblioteca Nacional, Universidad de Jerusalén. Cuando cito de los autos, lo hago de mi propia edición incluida en el presente libro, que se basa en el *Triumpho*.

es una academia de estudios religiosos o yesibá, lugar donde Israel, el protagonista, estudia la Torá judaica y cuestiona y resuelve sus conflictos. Así este capítulo comienza con el estudio de la relación entre el teatro alegórico de Barrios y las academias de estudios de Amsterdam. Como vimos en el capítulo dedicado a las academias literarias y hermandades religiosas de Amsterdam, estas instituciones son herederas de dos tradiciones muy diferentes: las academias rabínicas y las literarias de España. Las obras alegóricas de Barrios son comprensibles solamente si se tienen en cuenta ambas tradiciones. En la tradición literaria de España de los autos sacramentales, específicamente en los de Calderón, los personajes son abstracciones personificadas que pueden representar ideas morales o que son motivo de las acciones de los hombres.[2] La idea de personificar las academias de estudios la toma Barrios de los autos sacramentales de Calderón. Pero la institución que Barrios personifica en sus obras es claramente la hermandad o academia de Amsterdam, donde los españoles y portugueses mantenían las tradiciones de la Península y se instruían en la religión judaica que voluntariamente habían escogido seguir. A continuación estudiamos los otros personajes y sus fuentes religiosas y literarias. Partiendo del concepto de la ley natural que sirve de marco a los autos sacramentales de Calderón y del concepto de ley o Torá judaica, Barrios personifica la Ley, llamada también la Verdad, Israel, el protagonista y símbolo del pueblo hebreo en el exilio, y la cristiandad, personificada como Edom o la Mentira. El concepto de ley implica que el autor, bien sea Calderón o Barrios, interpreta las fuentes en que se basa para sus obras dramáticas, siguiendo una tradición determinada. En los autos sacramentales de Calderón, a menudo la lectura de las fuentes, bien sea un mito clásico o una historia (o personaje) bíblica, se hace de forma tipológica. El mito clásico, por ejemplo, se interpreta como una alusión a verdades cristianas, o una historia del Nuevo Testamento se interpreta como confirmación de otra historia del Viejo. En la tradición judaica la lectura o interpretación rabínica del texto bíblico es lo que se

---

[2] Alexander A. Parker en *Los autos sacramentales de Calderón de la Barca* (Barcelona: Ariel, 1983), pág. 84 y ss.

considera la Torá oral. La aceptación de la Biblia en el judaísmo tradicional, implica que la lectura del texto bíblico, la Torá escrita, se hace a la luz de las interpretaciones rabínicas, la llamada Torá oral. Los autos de Barrios parten de la tradición alegórica de los autos sacramentales de la Península, pero los conflictos a los que se enfrentan las abstracciones que los pueblan tienen que ver con la diferente lectura de un texto que hacen la cristiandad y el judaísmo. Después de los personajes principales, examino brevemente las abstracciones de papel secundario y la música, elemento dramático de gran importancia en el drama alegórico de Barrios. El capítulo termina con un examen del mesianismo en la obra de Barrios.

Aunque en el drama de Barrios, no es siempre fácil separar claramente las dos tradiciones, la española-cristiana y la judía, procuro estudiar con detalles las fuentes en que se basa para iluminar la lectura de los autos que edito a continuación.

I. Relación entre el teatro alegórico de Barrios y las academias de estudios religiosos de Amsterdam.

La comedia alegórica *Contra la verdad* fue escrita para panegirizar a tres víctimas de la Inquisición, Abraham Atías, Yahacob Rodríguez Casares y Raquel Nuñez Fernández, que murieron en un auto de fe en Córdoba en 1665.[3] No tenemos noticias que confirmen si la

---

[3] Siguiendo la tradición medieval de los llamados "memoriales," libros donde se recordaban los nombres de los que morían por la santificación del nombre de Dios, existen varias obras contemporáneas de *Contra la verdad* escritas en honor de los judaizantes que morían en autos de fe en la Península, entre otras las obras colecticias: "Elogios que zelosos dedicaron a la felice memoria de Abraham Nuñez Bernal, que fue quemado vivo santificando el Nombre de su Criador en Cordova a 3. de Mayo 5415 (Amsterdam: [1665])." Y "Elogios varios Que curiosos diversos Dedicaron Al martirio de Ishac de Castro Tartas Que en Lisboa Fue Quemado Vivo por sanctificacion del Nombre del señor Dios. a 23 Deciember [sic] de 1647." Cuando las víctimas eran conocidas personalmente por miembros de la colonia se decían "Ascabot" (responsos) en la sinagoga y se les dedicaban sermones a su memoria. Véase el estudio sobre estas dos obras colecticias de Cecil Roth: "An Elegy of João Pinto Delgado On Isaac de Castro Tartas," *Revue des Etudes Juives*, 121 (1962), 355-366.

comedia fue representada en Amsterdam, pero la obra está dedicada a don Isaac Penso, padre del escritor José Penso de la Vega, en cuya casa se reunían dos de las hermandades de estudios religiosos, y este detalle y otros nos sugieren que Barrios quizás la escribiría con intención de representarla en alguna de las hermandades, o al menos para el público académico. Además, el marco con el que comienza y termina la obra es una academia de estudios religiosos o yesibá representada con detalles simbólicos. Las instrucciones escénicas indican que la acción toma lugar en una academia de estudios: "Córrese una cortina..." y a un lado del escenario el protagonista, el Albedrío, duerme. Al otro lado, sentado junto a un bufete y una luz, se encuentra el personaje Entendimiento, alerta y estudiando un libro. La fuente literaria principal de la obra es el auto sacramental de Calderón, "Los encantos de la culpa," que es a su vez una versión cristiana del mito clásico de Ulises y Circe.[4] *Contra la verdad* representa el conflicto interior del protagonista, el Albedrío, que se debate entre el deseo afectivo de seguir a la Mentira (la cristiandad) y la razón o el sentido del deber que le indica que debe seguir a la Verdad (la religión judía).

La institución académica o yesibá que sirve de marco a *Contra la verdad* tiene una relación aún más evidente con los cinco autos de hacia 1684, sirviendo como inspiración a los títulos, la estructura de los autos, los personajes y aún el público para el que fueron escritos, ya que fueron representados en reuniones académicas y los actores eran los mismos miembros.

El título de cada uno de los cinco autos coincide con el nombre

---

[4] La fuente calderoniana de *Contra la verdad* la indicó E.M. Wilson en una reseña del libro de Scholberg, "Miguel de Barrios and Spanish Religious Poetry," *Bulletin of Hispanic Studies*, 40 (1963), 176-180. Otra reseña favorable del libro de Scholberg es la de E. Glaser, "La poesía religiosa de Miguel de Barrios," en *Hispanic Review*, 33 (1965) 337-341. Para el auto sacramental de Calderón, véanse el libro de Aurora Egido *La fábrica de un auto sacramental: "Los encantos de la culpa"* (Salamanca: Ediciones Universidad, 1982), y el estudio de Diego Martínez Torrón, "El Mito de Circe y 'Los encantos de la culpa,' " en *Calderón. Actas del "Congreso Internacional sobre Calderón y el teatro español del Siglo de Oro,"* Tomo II (Madrid: Consejo Superior de Investigaciones científicas, 1983), 699-712.

de una academia de estudios religiosos y está basado en una o varias citas bíblicas. Las citas, a su vez, sirven de inspiración a los temas de los autos. El título hebreo del "Jonen Dalim, Auto Sacro," por ejemplo, está inspirado en varias citas del libro de Proverbios, donde aparece la expresión hebrea "Jonen Dalim," el que se apiada de los pobres: "El peccador menosprecia a su proximo: mas el que ha misericordia de los pobres, es bienaventurado" (Prov. 14:21). "El que oprime al pobre affrenta a su hacedor: mas el que ha misericordia del pobre, lo honrra" (Prov. 14:31). "A Iehova empresta el que da al pobre: y el le dará su paga" (Prov. 19:17). Y "El que aumenta sus riquezas con usura y recambio, para que se dé a los pobres lo allega" (Prov. 28:8).[5] Uno de los personajes de este auto es una abstracción femenina, la academia personificada, que se llama Jonen Dalim o el que se apiada de los pobres. Sale al escenario anunciada por las otras abstracciones como la institución académica donde el pobre recibe alivio (vv. 233 y ss). Su presencia y el símbolo de su nombre contrasta con Edom, el personaje que simboliza Roma o la cristiandad y que desprecia a Israel, el protagonista y símbolo del pobre: "Salen Jonen Dalim y Edom por diferentes puertas. Jonen: Yo soy Jonen Dalim que a tu bien corro, / por la Piedad que a los desnudos viste. / Edom. Yo, Edom, que en molestarte no me canso" (vv. 397 y ss.). Como veremos más adelante, el término hebreo Jonen Dalim, o sea la caridad como un acto de justicia y piedad, sirve de reflexión a Israel, el protagonista del auto, y se convierte en el conflicto dramático del auto.

El "Maskil el Dal, Diálogo Harmónico," significa: "el que entiende o ilumina al pobre." Está inspirado en el salmo 41:1, "¡Bienaventurado sea / el Rico que al pobre atiende! / en el día [de] la Angustia / lo escapará el Dios Clemente" (vv. 168 y ss.).[6] Y en Daniel 12:3, "Y los entendidos resplandecerán como el resplandor del firmamento y los que a justicia la multitud, como las estrellas a perpetua eternidad." Aunque este auto, como el anterior, explora también el concepto de caridad hacia los pobres, el término principal

---

[5] Estas citas las tomo directamente de la Biblia de Valera, Amsterdam, 1602.

[6] En la Biblia de Valera la cita es apenas diferente: "Bienaventurado el que entiende sobre el pobre: en el dia malo lo libre Iehova."

hebreo es el de Maskil, que significa el erudito o sabio que instruye al pobre y hay que diferenciarlo del de Jonen Dalim que se ocupa de las necesidades materiales del pobre.[7] El protagonista es el Aumento, símbolo del pobre que se debate interiormente por permanecer fiel a la religión y a la academia, y al comienzo de la obra se encuentra en la hermandad acompañado de la Religión y la Observancia. Mientras estas dos abstracciones duermen, el Aumento, quiere huir de ellas y las llama "horrible vista," pero no puede moverse. La Religión le dice que lo que se lo impide es un "aviso de los cielos," para que permanezca fiel a la religión. La Observancia le urge que practique la caridad. El Aumento se debate interiormente y finalmente entra en la hermandad.[8]

El auto titulado "Meirat Henayim, Academia Sacra" está inspirado en el salmo 19:9, donde aparece la expresión hebrea Meirat Henayim, que significa "luz de los ojos" y que se refiere a las enseñanzas de la Torá: "el precepto de Iehova, puro, que alumbra los ojos." El concepto de la vista, la luz de los ojos, es clave en este auto. También en esta obra hay una abstracción femenina que es la academia personificada, la Meirat Henayim que se identifica con la Torá o Ley judaica. Las instrucciones escénicas (después del v. 560) indican su salida al tablado: "Descúbrese un vistoso tálamo, y sobre una nube Meirat Henayim ricamente vestida con guirnalda, y cetro de flores." El protagonista, Israel, desea ser su consorte y al final del auto Meirat Henayim e Israel se casan. El matrimonio o unión mística es entre el estudiante de la Ley y la Torá misma.

El llamado "Arbol de las vidas, Diálogo," está inspirado en Proverbios 3:18: "Esta [Ley] es el árbol de vida a los que asen deella." El marco de esta obra es un "grande y copado árbol," a cuya sombra aparecen las abstracciones Obligación, Estudio y Gobierno.

El "Torá Hor, Auto Mosaico" significa "la Ley es luz" y ejemplifica una reunión académica en la cual varios miembros

---

[7] En *Triumpho*, pág. 261, Barrios especifica el doble significado del término hebreo: "el equivoco Maskil, que en la Lengua Santa, significa hazer entender: y tambien hazer prosperar."

[8] La idea de alegorizar la entrada a una institución era común en España y aparece en el auto de Calderón, "Las órdenes militares," de 1662, dónde se alegoriza la entrada a una orden militar.

contribuyen con un soneto sobre un tema común.⁹ Un coro de voces, desde detrás del escenario, pide a los personajes que den epítetos a la Torá o Ley inmortal. El Estudio, la Caridad, el Anuncio e Israel recitan poesías de elogio a la Ley. Aunque la obra está escrita por Barrios, notas al margen del texto indican que las poesías de elogio a la Ley que recitan los personajes Estudio, Caridad e Israel, son de diversos miembros de la hermandad. Solamente la poesía del Anuncio (y el resto de la obra) es de Barrios.¹⁰

Tres de los autos: "Ets Jaim, " "Jonen Dalim" y "Maskil el Dal," tienen indicaciones de que fueron representados en reuniones académicas y por los miembros mismos.¹¹

En conclusión, la abstracción académica representa el lugar donde Israel, el protagonista de los autos, lleva a cabo el estudio y la interpretación de la Torá judaica, la ley del pueblo judío. La idea de personificar la academia tiene sus raíces literarias en los autos sacramentales de España. La academia en sí, es una mezcla de la institución académica literaria de España y la yesibá o academia rabínica de la tradición judaica, que en Amsterdam adquiere su propia identidad.

---

⁹ Recuérdese que fue la costumbre de las academias literarias de España de asignar a los asistentes poemas compuestos sobre un tema y métrica definidos y los miembros de algunas de las academias de España escribían comedias que se representaban en las reuniones mismas. Véase W. F. King, "The Academies," pág. 371.

¹⁰ Cada uno de los personajes recita un soneto. El del Estudio, vv. 260 y ss., es de Abraham Michael Cardoso, el de la Ciencia, vv. 302 y ss., es de Abraham de Paiva, y el de la Caridad, vv. 340 y ss., es de Jacob Israel Moreno. Simón, el hijo de Miguel de Barrios, también contribuyó con una explicación, vv. 361 y ss. Sobresale entre estos nombres el de Abraham Michael Cardoso, famoso sabatiano que, a juzgar por el testimonio del auto, aún era aceptado entre los miembros de la academia en 1684.

¹¹ Véanse los vv. 948-52, de "Arbol de las Vidas," donde se explica que uno de los miembros de la hermandad no acudió a la representación del auto. En la introducción a "Jonen Dalim," *Triumpho*, págs. 209-216, se sugiere que el auto fue representado en casa de Abigail Dias de Fonseca. Y en "Maskil el Dal," vv. 559 y ss., el personaje Rosxodes anuncia que va a decir responsos ese día por los parientes del propio Barrios.

II. La ley, personaje y concepto, en el teatro alegórico de Barrios.

La Ley propiamente dicha, es otro personaje o abstracción de los autos de Barrios. Además, los autos están inspirados en numerosas citas o alusiones bíblicas, es decir, en la Torá o Ley judaica. Para comprender por qué escogió Barrios el personaje Ley y el uso que hace de las citas bíblicas, es preciso repasar el concepto de ley en la tradición española del Barroco, la tradición cristiana, y el concepto de Ley o Torá en la tradición judaica, y el significado especial que la interpretación de la ley tenía para los contemporáneos de Barrios.

El concepto de ley como paradigma del teatro alegórico-religioso de Barrios es quizás la característica más sobresaliente que hace a estas obras herederas de los autos sacramentales de España, especialmente los de Calderón de la Barca. Esta afirmación puede ser en principio motivo de sorpresa ya que los autos sacramentales tradicionalmente se consideran obras representantes de la religión católica de la España de la Contrarreforma y Barrios escribió su teatro alegórico-religioso para sus contemporáneos judíos de la comunidad de Amsterdam. La interpretación del concepto de ley como principio de orden moral es lo que divide a cristianos y judíos ya que éstos se rigen por la Torá, compuesta de dos divisiones, la Ley escrita o Sagradas Escrituras (la Bíblia hebrea) y la ley oral o interpretaciones y amplificaciones rabínicas, y los cristianos se adhieren a las enseñanzas de Jesucristo, la Ley de gracia expuesta en el Nuevo Testamento y que en la fe cristiana remplaza la que considera antigua ley de los judíos. Teniendo en cuenta que Barrios y muchos de sus contemporáneos de Amsterdam habían vivido en la Península como cristianos y que, al integrarse a la comunidad judía, debían ser instruidos en las enseñanzas de la Torá judaica, la elección del concepto de ley como paradigma del teatro alegórico-religioso de Barrios deja de ser una sorpresa. A continuación repasamos las dos visiones del concepto de ley, la cristiana y la judía, y la importancia que tal concepto tenía para los españoles del siglo XVII, los católicos que vivían en la Península y cuyo mayor representante literario es Calderón de la Barca, y los sefarditas de origen peninsular que residían en Amsterdam.

Como otros aspectos del pensamiento cristiano, el concepto de ley procede de la llamada ley natural de la tradición clásica.[12] En las obras de Eurípides y Platón existen referencias a la ley natural que existe por naturaleza y está de acuerdo con la razón. En la filosofía estoica de Cicerón, la ley natural se considera la verdadera ley que sirve para dictar principios de justicia y moralidad. La interpretación de la ley natural ejerció una gran influencia en el pensamiento cristiano. En la Edad Media un importante exponente de la ley natural es Santo Tomás de Aquino, en su "Tratado de la ley," parte I-II de la *Summa Theologica*. La ley en el sentido tomista es racional y sirve como regla y medida de los actos mediante la cual el hombre se persuade a actuar o deja de hacerlo. Las cuatro leyes que Santo Tomás distingue, eterna, natural, humana y divina, poseen la característica esencial de ser racional. En la teoría tomista de la ley natural, la única ley que no es ni natural ni racional es la ley del Antiguo Testamento.[13] Esta vieja ley contiene algunos preceptos que están de acuerdo con la ley natural, pero el resto no está de acuerdo con la razón y atañe solamente a los judíos de la era pre-cristiana. Después de la llegada de Jesucristo, la ley del Antiguo Testamento ha perdido su validez y el observarla, como si fuera obligatoria, es equivalente a negar a Jesucristo.

Aunque la versión tomista de la ley natural fue atacada y rechazada en los países protestantes, en la España de la Contrarreforma tuvo un gran resurgimiento, influenciando el

---

[12] Para la tradición de la ley natural en el pensamiento clásico y su comparación con la Torá judaica, véase el ensayo "Maimonides and Aquinas on Natural Law," de Marvin Fox en *Diné Israel*, 3, ed. Ze'ev W. Falk y Aaron Kirschenbaum (Tel Aviv: 1972), págs. v-xxxvi. El mismo tema lo estudia también Steven S. Schwarzschild en "Do Noachites have to believe in Revelation?," en *Jewish Quarterly Review*, 52 (1962), 297-308 y 53 (1962), 30-65. Finalmente, Raphael Loewe en "Potentialities and Limitations of Universalism in the Halakhah," *Studies in Rationalism, Judaism and Universalism*, ed. R. Loewe (London: Routledge and Kegan Paul, 1966), 115-150, examina la posición tradicional judaica frente a los gentiles. Aunque me he beneficiado de la lectura de todos estos estudios, mi resumen de la ley natural sale casi exclusivamente del ensayo de Marvin Fox.

[13] Véase "Maimonides and Aquinas," de Marvin Fox, pág. xxix.

pensamiento político y el arte y la literatura.[14] En el drama, especialmente en los autos sacramentales de Calderón de la Barca, la teoría de la ley natural servía para armonizar la doctrina moral y el arte. La ley natural, como principio de orden moral, se expresaba metafóricamente representando a Dios como un dramaturgo y el mundo como un teatro.[15]

El paradigma de muchos autos sacramentales de Calderón es la teoría de la ley natural que divide la historia de la humanidad en tres etapas o las tres edades del mundo: la primera edad, en la que imperó el gentilismo como protagonista humano, estuvo regida por la ley natural. La segunda edad, en la que el protagonista fue el pueblo hebreo, estuvo regida por las Sagradas Escrituras, la ley escrita o revelada. La tercera edad comenzó con la llegada de Jesucristo y el mensaje de la Ley de gracia que imperará hasta el final de los días. Este paradigma histórico basado en la ley natural aparece en autos religiosos como *El gran teatro del mundo*, donde las tres edades coinciden también con las tres divisiones de una comedia, *Los misterios de la misa*, y *Psiquis y Cupido*, y aún en autos que se refieren a eventos políticos contemporáneos como el llamado *El lirio y la azucena* (subtitulado "La paz universal") que está basado en la "Paz de los Pirineos," de 1660. En este auto la ley natural es representada por la Galia (Francia) y España (Hesperia), con la estirpe de los Austrias, representa la Ley de Gracia. En todas

---

[14] Para la influencia de la ley natural en el pensamiento político y en la literatura (especialmente los autos sacramentales) de la España de la Contrarreforma, véase el estudio de Robert L. Fiore *Drama and Ethos. Natural-Law Ethics in Spanish Golden Age Theater* (Kentucky: University Press, 1975), especialmente el capítulo uno, "The Climate of Opinion in Golden Age Spain" (págs. 1-13), la influencia de la ley natural en su versión tomista en general, y el capítulo cuatro, "The Auto Sacramental," págs. 38-46.

[15] La comparación del hombre a un actor y el mundo a un teatro es un lugar común del Renacimiento y el Barroco que también procede del pensamiento griego. En las obras de Calderón, la influencia le llega de Séneca y del "Epicteto" de Quevedo. Véase el estudio de Jean Jacquot, "'Le théâtre du Monde' de Shakespeare à Calderón," en *Revue de Littérature Comparée*, 31 (1957), 341-372.

estas obras se desarrolla ampliamente la etapa de la Ley de Gracia, la era presente, y la edad de los gentiles y la de los hebreos aparece de fondo o simplemente se menciona. Como bien observa R. Fiore, la ley natural es tan fundamental a muchos de los dramas de Calderón que sin una comprensión de su sistema filosófico, resulta fácil que el lector no comprenda bien los temas presentados en el drama.

En el pensamiento judaico, el concepto equivalente al de ley es el de mandamiento. Los términos claves en el judaísmo son *Torá* y *mitzvá*. El primero significa "enseñanzas" y se refiere al conjunto de textos considerados enseñanzas divinas, la Biblia hebrea, y la tradición oral o amplificaciones e interpretaciones rabínicas de la tradición escrita. El término *mitzvá*, plural *mitzvot*, se refiere a los específicos mandamientos dados por Dios a los judíos, a través de Moisés y otros profetas. La tradición rabínica considera que Dios dio a Israel 613 mandamientos que todo judío está obligado a cumplir y de los cuales solamente siete, los llamados mandamientos de Noé, están dirigidos al resto de la humanidad.

Aunque el concepto de mandamiento judío es equivalente al de ley en el pensamiento cristiano, ambos sirven para regular la vida de los hombres en sus respectivas comunidades religiosas, en el judaísmo no existe el concepto de la ley natural de procedencia clásica. Desde la Biblia hebrea hasta la tradición rabínica y los filósofos medievales, la posición judaica ha sido invariablemente siempre la misma: los mandamientos dados en la Torá son de procedencia divina y es esta característica y no su posible racionalidad lo que les da validez. La interpretación del concepto de mandamiento de procedencia divina que tradicionalmente se considera representante del judaismo es la del filósofo y codificador Moisés Maimónides que rechaza la teoría de la ley natural. Maimónides estudia el concepto de mandamiento judaico en su obra *Mishneh Torah*. Siguiendo la tradición talmúdica, Maimónides mantiene que los gentiles tienen la posibilidad de salvarse cumpliendo los siete mandamientos llamados de Noé, a diferencia del pueblo de Israel, que está obligado a cumplir los 613 preceptos y obligaciones de la legislación sinaítica, pero para alcanzar la salvación ambos, judíos y gentiles, están obligados a cumplir los mandamientos en la creencia de que han sido impuestos por Dios y revelados a los hombres a través de Moisés y los profetas, no porque sean dictados por la razón humana, la teoría de la ley natural.[16]

Cuando los hispanos, españoles y portugueses, llegaban a la comunidad sefardita de Amsterdam en el siglo XVII, el concepto de ley era una de las preocupaciones intelectuales y religiosas más urgentes y tangibles a la que se enfrentaban y que necesitaban resolver. La salida de la Península implicaba el rechazo de la cristiandad y el deseo de vivir libremente en una comunidad judaíca. Pero el encuentro con el judaísmo tradicional y la severidad que el cumplimiento de la Torá exigía de ellos eran pruebas duras, difíciles de soportar. El concepto de la ley natural, que había influenciado cada aspecto de sus vidas, incluyendo la concepción de obras de arte como el drama, tenía que ser rechazado a favor de la aceptación de la Torá judaica en su doble aspecto de escrita y oral. El encuentro con el judaísmo tradicional practicado en Amsterdam fue causa de una gran descepción en algunos casos, como el del portugués Uriel da Costa, que llegó a cuestionar la tradición rabínica y la divinidad de las sagradas escrituras, o el del español Juan de Prado, que se negó a aceptar la tradición rabínica y consideraba superior la ley natural a la ley mosaica. Aún en el caso de Isaac Orobio de Castro que aceptaba sin reservas la ley en su doble aspecto de escrita y oral, sus obras muestran también la perplejidad que le causaban ciertas prácticas tradicionales.[17]

El teatro alegórico-religioso de Barrios es único en el sentido de

---

[16] En *Mishneh Torah*, Melakim, VIII, 11, citado por Marvin Fox, "Maimonides and Aquinas," pág. xiii.

[17] Para estos personajes, véanse el capítulo 1 de este libro y especialmente los estudios de Yosef Kaplan, *From Christianity to Judaism*, pág. 49: "However, Orobio, though he did not cover up his confusion in the face of the world of commandments which revealed itself to him in all its severity, found the solution to his difficulties in the theoretical concepts of the school of the 'fideistic scepticism' that he absorbed during the time that he spent at the universities of Alcala and Toulouse," y "The Portuguese Jews in Amsterdam." Véase también el estudio de Shalom Rosenberg, "Emunat Hakhamim," en *Jewish Thought in the Seventeenth Century*, ed. Isadore Twersky y Bernard Septimus (Cambridge: Harvard University Press, 1987) 285-341.

que muestra de forma estética lo que otros autores contemporáneos de Barrios expresaban en obras filosóficas, religiosas o autobiográficas. La tradición literaria de los autos sacramentales de España, con sus familiares abstracciones personificadas, como el Hombre, la Verdad y la Mentira, sirvió para que Barrios perpetuara los sentimientos que sin duda albergarían también otros muchos españoles y portugueses contemporáneos de Amsterdam. Barrios escribió *Contra la verdad* cuando apenas llevaba unos años de residencia en Amsterdam, entre 1665 y 1672, y los otros cinco autos los publicó hacia 1684. Esta diferencia de unos doce a diecinueve años nos permite apreciar lo que significó para Barrios el encuentro con el judaísmo y lo que continuaba significando después de años de vida en la comunidad. El interés por el concepto de ley que muestran los autos de 1684 indica, entre otras cosas, la importancia que el tema del concepto de ley seguía teniendo, aún después de que Barrios residiera más de 20 años en una comunidad judía.

La Ley o Torá judaica es un personaje que aparece con pequeñas variaciones en cada una de las seis obras de Barrios aquí estudiadas. En consonancia con su nombre, es siempre una mujer y representa el más alto grado de abstracción.[18] Su papel es siempre de acompañante de Israel en el exilio, a quien da consuelo o alivio. En *Contra la verdad*, su nombre es la Verdad. En "Jonen Dalim" se llama Ley y sale a escena "vestida de pieles con guirnalda de flores."[19] En "Torá Hor," la Ley es luz, también se llama Ley y para dramatizar el simbolismo de su nombre, cuando sale a escena se

---

[18] Se recordará que, en los autos calderonianos, la Ley de Gracia es también siempre una figura femenina. Además, en la tradición de la cábala judía, que se estudiaba en las academias de Amsterdam, la Torá es también representada metafóricamente como una mujer, amante del místico o estudiante de su sentido esotérico.

[19] Barrios explica que las pieles simbolizan los vestidos o preceptos que Dios dio a Eva y Adán al verlos desnudos. Véase el *Triumpho*, pág. 714. Las pieles se relacionan también con los rollos en los cuales están escritos los preceptos o mandamientos. Compárese este símbolo en Calderón, por ejemplo en la comedia y el auto sacramental, "La vida es sueño," donde Segismundo y el Hombre aparecen junto a unas peñas y vestidos de pieles, en apariencia semi-salvaje.

ilumina el tablado. En "Maskil el Dal" su nombre es Religión. Al principio del auto y junto con la Observancia, aparece en escena durmiendo. El sueño, a su vez, simboliza la debilidad espiritual que el Aumento debe revitalizar en la academia. En "Meirat Henayim" su nombre coincide con el título del auto, luz de los ojos, y es la academia misma personificada. En "Ets Jaim" no es un personaje propiamente dicho, pero las abstracciones del auto aparecen en escena a la sombra de un "grande y copado árbol," es decir la ley es "el árbol de las vidas," símbolo del título del auto.

En *Contra la verdad*, la Ley se llama Verdad y lucha contra la Mentira para salvar al protagonista, el Albedrío, que en un sueño o letargo se encuentra prisionero de la Mentira (símbolo de la España cristiana y la Inquisición). La Verdad aparece en el escenario como un "deus ex machina" descendiendo al tablado en un pilar de fuego. En esta obra, el triunfo de la Verdad o Ley es espiritual, pues aunque la Mentira consigue llevar a los mártires al fuego de la Inquisición, el sacrificio de éstos sirve para salvar al Albedrío, que finalmente decide seguir a la Verdad. Ella misma dice que viene a desterrar a las sombras del templo y salvar al Albedrío, al cual despierta de un letargo. Más adelante, el Error la llama "Ley arrogante, vínculo de ciegos / nacida en montes, áspera y molesta" (vv. 383-384). Cuando se dirige al Albedrío, lo hace amorosamente como una madre, pero una vez que él decide seguirla, "aparece la Verdad como pintan a la justicia" y amonesta duramente al Albedrío:

> VERDAD   No pases más adelante
> que te daré muerte airada
> si no el rigor de mi espada,
> el rayo de mi semblante.
> Sin satisfacción bastante,
> aunque busques mi obediencia
> no has de encontrar mi clemencia,
> que en quien tiene el firmamento
> no obra el arrepentimiento
> si no es con la penitencia.
>   (vv. 2.332 y ss.)

El acto de fe y arrepentimiento que lleva a cabo el Albedrío, es de gran valor, pero a partir de entonces comienza la verdadera tarea de la penitencia.

La comedia *Contra la verdad* es una polémica entre judaísmo y cristiandad que recuerda los debates medievales entre Iglesia y Sinagoga y que continuó en los autos sacramentales de Calderón de la Barca.[20] *Contra la verdad* no muestra un conocimiento muy profundo del judaísmo. Como fuente inmediata, parece inspirada en el auto calderoniano ya mencionado, *Los encantos de la culpa*. El papel que representa la Verdad en la obra de Barrios, es muy similar al del personaje Penitencia, del auto calderoniano, que introduce el asunto eucarístico. En *Los encantos*, de Calderón, la Penitencia aparece en el escenario en un arco en el aire y al descender entrega al Hombre un ramillete de flores. Si en la obra calderoniana el triunfo es el de la Ley de Gracia, el mensaje de Jesucristo, en la de Barrios los papeles quedan invertidos y triunfa la Verdad, la Torá judaica, frente a la Mentira, la cristiandad.

El altercado entre la Verdad y la Mentira, o judaísmo y cristiandad, así como la influencia de la mitología clásica para moralizar asuntos religiosos, continúan presentes en los cinco autos de Barrios publicados hacia 1684, pero, como intento demostrar, estas cinco obras reflejan más familiaridad con la Torá judaica que la comedia alegórica *Contra la verdad*. La interpretación de la ley, la lectura que Barrios hace de la Torá en los autos, está basada en el modo de interpretación de los textos bíblicos que se llevaba a cabo

---

[20] Véase, por ejemplo, la obra medieval *Auto de los Reyes Magos*, donde se dramatiza un diálogo entre dos rabinos, uno de los cuales obstinadamente no acepta la llegada de Jesucristo. De Calderón, véanse, por ejemplo, los autos sacramentales: *Llamados y escogidos*, con sus abstracciones Verdad, Mentira, Esposa y Sinagoga. *La vacante general*, enfrentamiento entre Iglesia, Sinagoga y Judaísmo, y *Psiquis y Cupido*, en la versión para Toledo, de 1640, donde la división es entre las tres leyes: Natural, Escrita y de Gracia, personificadas en Idolatría, casada con Paganismo; Sinagoga, casada con Judaísmo; y Cupido-Jesucristo. El mismo debate, desde la perspectiva cristiana, continúa hasta el siglo XVIII, en los sermones de los autos de fe. Véase el estudio de Edward Glaser, "Invitation to Intolerance: A Study of the Portuguese Sermons Preached at *Autos-da-fé*," en *Hebrew Union College*, 27 (1956), 327-385.

en las yesibot de Amsterdam y en honor de las cuales Barrios escribió los autos. En estas reuniones los miembros se reunían frecuentemente para estudiar y discutir la Biblia. Como es históricamente característico en la tradición judaica, la lectura de la Biblia supone el examen de breves versículos, a veces la base de una discusión pueden ser simplemente unas palabras, que se comparan y contrastan con versículos de otros textos y que se interpretan a la luz de comentarios de autoridades rabínicas. Un ejemplo de este tipo de lectura en la tradición judaica es el libro de ética, *Pirkei Abot*. Menciono este libro para ilustrar mi interpretación del teatro alegórico de Barrios porque el auto llamado "Ets Jaim," Arbol de las vidas, comienza precisamente con una cita literal de *Pirkei*, 3:4[21]. Es decir, que Barrios da evidencia de que *Pirkei* le servía de inspiración. He aquí un breve resumen de la estructura del capítulo 3, del *Pirkei*. Este capítulo está precedido de la cita de Isaías 60:21 (la misma cita precede a cada capítulo de esta obra): "Y tu pueblo, todos ellos seran justos, para siempre heredarán la tierra: serán renuevos de mi plantación, obra de mis manos, para glorificarme." A continuación, siguen varias reflexiones rabínicas. Cada una de estas reflexiones es de tema diferente, pero está inspirada en la misma cita bíblica. Para probar la reflexión, cada cita rabínica, a su vez, se apoya en uno o varios pasajes bíblicos.[22] Es decir, que la lectura rabínica de un texto es el examen minucioso de un breve pasaje (la ley escrita), que necesita interpretación (la ley oral), que explique y elabore el texto escrito. Como contraste a esta lectura, la exégesis cristiana tradicionalmente interpreta un texto basándose en la tipología, una selección del Nuevo Testamento, por ejemplo, como la confirmación de otro texto precedente, a menudo el Antiguo Testamento.[23]

---

[21] Véanse los vv. 1-4: "De tres que a una Mesa comen / afirma Rabí Simón, / que con palabras de Ley / la hacen mesa del Criador."

[22] La lógica rabínica no es muy aparente y se asemeja al fluir de la conciencia. El principiante que se acerca por primera vez a este tipo de texto tiene grandes dificultades de comprensión.

[23] La diferencia entre la lectura crítica de un texto en la tradición rabínica y en la cristiandad, siguiendo la tradición clásica, la estudia, entre otros, Susan A. Handelman en *The Slayers of Moses: The Emergence of Rabbinic Interpretation in Modern Literary Theory* (New York: New York

El uso que Barrios hace de las citas bíblicas difiere con cada auto. En algunos, las citas bíblicas solamente sirven de emblema al título y tema de la obra. En otros autos, las citas bíblicas forman parte de la estructura del texto mismo.

"Jonen Dalim," el que se apiada de los pobres, es el auto que tiene mayor número de citas bíblicas aducidas por los personajes mismos. La disparidad de los pasajes bíblicos en que se basa hace casi imposible dar un resumen de su trama. Pero los pasajes bíblicos comparten a menudo los mismos temas o reconcilian ideas contradictorias. Los personajes son: la Ley, Israel, Edom y Jonen Dalim, la yesibá personificada. Cada uno de los personajes está inspirado en una variedad de citas bíblicas. Las referentes a Israel proceden de los libros de Ezequiel, Zacarías, Jeremías, Deuteronomio y Levítico. El tema predominante en estas citas es el exilio y el sufrimiento del pueblo hebreo. El exilio en estos pasajes bíblicos, a su vez, es un castigo impuesto por Dios a Israel, su pueblo favorito, ya que éste rompió su pacto con Dios y cometió el pecado de idolatría.[24] El personaje Edom está inspirado en citas de Abdias, Isaías y Ezequiel.[25] Según las citas bíblicas, el castigo que Dios impondrá a Edom en la era de la redención es resultado de la falta de caridad de este pueblo para con el israelita. En contraste con Edom, la abstracción Jonen Dalim, la academia del mismo nombre, es el símbolo de la caridad según la tradición rabínica. El auto cita al codificador José Caro, *Shulhan Arukh*, y especifica ocho grados de hacer caridad que se practican en la academia (vv. 256 y ss. del auto). Los ocho grados van en nivel ascendente y el más elevado es cuando se hace en secreto, cuando se desconocen entre sí el donante

---

State University Press, 1982), págs. 27-82. El uso de tipología en los autos sacramentales de Calderón lo estudia, también entre otros, Barbara E. Kurtz, en *The Play of Allegory in the Autos Sacramentales of Pedro Calderón de la Barca* (Washington, D. C.: The Catholic University of America Press, 1991).

[24] Véase, por ejemplo, el monólogo de Israel, vv. 113 y ss., donde las numerosas citas bíblicas se refieren en su mayoría al exilio del pueblo israelita.

[25] Entre otros los siguientes vv: 29-30, basados en Isaías 57:20; vv. 41 y ss., Ezequiel 38:20. V. 217, basado en Abdías 14.

y el recipiente. La caridad desde la perspectiva judía es un acto de justicia y piedad hacia el necesitado.[26] Más adelante en el auto la abstracción Jonen Dalim se identifica con las naciones gentiles que dan cobijo a Israel en su exilio:

> J. DALIM Yo en el Teatro del Mundo
> el papel hago de cuantas
> naciones, dan a Israel
> hospicio con manos largas.
> Pues Jonen Dalim, denota
> lo que del Pobre se apiada;
> y los Pueblos, que tuvieren
> piedad, de la desterrada
> Gente Electa, el Rey Empíreo
> los apiadará, con tantas
> victorias, que al redimido
> lleven a su Tierra en Palmas.
> (vv. 527 y ss.)

En la visión de Barrios, la caridad hacia el pueblo israelita es la responsabilidad de las naciones gentiles que pueden escoger ser como Jonen Dalim, que se apiada de Israel, o como Edom, que lo desprecia. En resumen, aunque el auto "Jonen Dalim" se basa en numerosas citas bíblicas a menudo dispares, las citas referentes a cada uno de los personajes principales giran todas alrededor del tema de la justicia y piedad, tanto divina como humana: El exilio de Israel en estas citas aparece como un justo castigo divino. El cumplimiento de la Ley, por parte de Israel, resultará en la piedad divina en la era de la redención. La falta de piedad de Edom para con el pueblo israelita exilado, necesita de la venganza divina. Y la caridad personificada en Jonen Dalim representa el cobijo que algunos gentiles han dado al exilado Israel. El conflicto de la obra es la reflexión del termino justicia-piedad y las diferentes relaciones que el término sugiere.

---

[26] Recuérdese que la expresión Jonen Dalim está inspirada en citas del libro de Proverbios que hablan del que se preocupa de socorrer al pobre.

"Jonen Dalim" es el auto mejor logrado de todos y en el que Barrios muestra que su lectura de un texto, en este caso numerosos textos bíblicos, se acerca a lo que hemos llamado la lectura rabínica de un texto. El auto es una reflexión de pasajes bíblicos que se examinan, se cuestionan, y se relacionan unos con otros. Al mismo tiempo la huella calderoniana de los autos sacramentales es evidente en el anacronismo histórico, en la personificación de abstracciones, y en la teoría dramática de la obra. Aunque el auto "Jonen Dalim" no parece estar inspirado en ninguna obra específica de Calderón, la técnica dramática con la cual se desarrolla la acción del auto es claramente calderoniana. El personaje Israel, único personaje del auto ya que los otros son abstracciones, reflexiona en escena sobre su exilio y su posición junto a Edom, la cristiandad, basándose para ello en los numerosos pasajes bíblicos que confirman su pasado y presente histórico en el exilio y que le sirven de esperanza en la ansiada redención futura.[27] El auto hace tambien mención de dos mitos clásicos paganos.[28]

En "Maskil el Dal, Diálogo Harmónico" solamente he podido identificar la cita del salmo 41:1 que, además de servir de inspiración al título, repite la abstracción Religión.[29] Aunque en este auto no hay más citas bíblicas, la obra menciona personajes bíblico-históricos que mostraron caridad para con el pueblo hebreo. Cuando la abstracción Religión relata la historia de la fundación de la comunidad en aquel día de Yom Kippur de 1597,[30] compara con

---

[27] A.A. Parker, en *Los autos sacramentales*, págs. 73 y ss., estudia esta teoría dramática de Calderón en varios autos sacramentales: *El Día Mayor de los Días*, *No hay Instante sin Milagro*, y otros, en los que el personaje está presente en el escenario y el espectador presencia el proceso que tiene lugar en su mente y visualizado por medio de abstracciones personificadas.

[28] Israel se refiere a Edom como Jano, dios pagano y falso que tiene dos caras, v. 179; y la Ley llama a Israel "Ulises del cielo," v. 487.

[29] Vv. 168 y ss., "¡Bienaventurado sea / el Rico que al Pobre atiende! / en el día la Angustia, / lo escapará Dios Clemente."

[30] Hay un error en el auto que da la fecha de 1697. Los detalles de los orígines de la fundación de la comunidad los estudia la historiadora W. C. Pieterse en sus varios estudios sobre la comunidad: en el libro ya mencionado *Daniel Leví de Barrios*, y en la introducción al *Livro de Bet*

agradecimiento el refugio que Amsterdam ha dado a los sefarditas con el que dieron personajes gentiles a miembros del pueblo hebreo:

> Porque Labán hospeda al peregrino
> Jacob, próspero lo hace el Rey divino.
> Prospera a Putifar, y al Carcelero,
> por ser Joseph de su mansión Lucero,
> a las Parteras deja enriquecidas,
> porque a sus niños dejan con las vidas.
> Aparta de Amelech a los Kineos
> porque Laureles dan a los Hebreos;
> el imperio dilata del Persiano
> porque libra al Jerusalemitano;
> y a otros Reinos, Provincias, y Ciudades
> el Señor colma de Felicidades
> porque a los Israelitas esparcidos,
> recogen, y consienten que regidos
> de propios Juez, Libres se perciban
> y en la Mosaica Ley unidos vivan.
>   (vv. 274 y ss.)

prediciendo así que Amsterdam también recibirá recompensa divina por proveer un refugio al pueblo israelita:

> Será Amsterdam feliz si nos admite,
> y guardar nuestros fueros nos permite;
> para que agradecidos y obligados
> roguemos al que extingue y forma estados;
> la prospere, la honore, y engrandezca,
> y victoriosamente resplandezca
> con velas no encendidas mas navales
> en campañas de húmedos cristales.
>   (vv. 290 y ss.)

Tanto en este auto como en otras ocasiones, Barrios sigue la

Haim.

tradición rabínica que mantiene que la piedad divina alcanzará a las naciones gentiles que sienten piedad de Israel.

"Tora Hor" significa la ley es luz. En la introducción al auto, Barrios interpreta el nombre de la academia que pone los ojos en la ley que la ilumina.[31] Y en el soneto que recita el personaje Anuncio (vv. 401 y ss.), se compara la Ley, escrita y oral, al cuerpo humano, con sus 240 huesos, y al año, con sus 365 días:

> ANUNCIO   Dios es uno, y la Ley dos
> que de este uno desciende.
> Escrita y Mental; del Hombre
> y del Año Mapa fértil.
> Del Hombre, porque la Ley
> goza seiscientos y trece
> Preceptos Afirmativos,
> y Negativos, de suerte
> que los unos a los huesos
> del hombre correspondientes
> son doscientos y cuarenta
> y ocho; los otros parecen
> Año que días trescientos
> y sesenta y cinco tiene.
> (vv. 416 y ss.)

Ambas metáforas son de procedencia rabínica y cabalística. En este auto, el triángulo amoroso es entre Israel, la Riqueza, identificada siempre con la oscuridad, y la Ley que fue dada a Israel en humo, por lo que ciega, y en fuego, por lo que guía a Israel.

El auto titulado "Academia Sacra Meirat Henayim" no tiene indicaciones de dónde o cuándo fue representado, pero los pasajes bíblicos que evoca se refieren todos a Moisés y su papel de intermediario entre Dios y el pueblo israelita en el momento histórico de la entrega de la Torá al pie del monte Sinaí. En el judaísmo tradicional, este momento histórico se celebra en la fiesta

---

[31] *Triumpho*, pág. 358: "¡Oh, ilustre Academia! con el nombre de la luz que en ti es Ley y con el de la Ley que en ti es luz; si te apellidaste Tora Hor (Ley luz) es porque pones los ojos en la Ley que los aclara."

de Pentecostés o Shavuot y es muy probable que el auto de Barrios fuera escrito para esa fiesta y para ser representado en la academia ese día.[32] Los personajes principales son Moisés, Vanidad, Israel y Meirat Henayim. Las instrucciones escénicas, aunque escuetas, sugieren un monte del que desciende Moisés, con la cara cubierta por un velo y cantando.[33] El motivo del velo procede de Exodo 34:33-35, cuando Moisés habla con Dios y su rostro destella resplandores. Para no asustar a los israelitas Moisés se cubre la cara con un velo. El canto de Moisés recuerda el llamado "Cántico de Moises," al final del libro de Deuteronomio, momento clave de la redención del pueblo israelita a punto de entrar en la tierra prometida. Como en todos los autos de Barrios, no podemos hablar de una trama propiamente dicha, pero los motivos bíblicos ya mencionados, dan sentido a las palabras y acciones de las abstracciones del auto. Moisés tiene cubierta la cara con un velo que las otras abstracciones: Celo, Precepto y Felicidad, respetan. La Vanidad, sin embargo, se atreve a descubrirle el rostro para que con su resplandor abrase a Israel. En su lugar la que se ciega es la propia Vanidad. Sale Israel y relata su pasado, cuando vivía poseído por la Vanidad, a la cual aún teme. Pero ahora busca una vida recta y sigue a la Ley en la Academia Meirat Henayim. Se descubre un vistoso tálamo matrimonial y sobre una nube desciende la abstracción Meirat Henayim. Israel sube al tálamo y se casa con Meirat Henayim. La

---

[32] Como ya dijimos en el capítulo dedicado a las academias, en la fiesta de Shavuot de 1624, se representó en la sinagoga de la comunidad el auto portugués: "Diálogo de los siete montes." Sin embargo, no podemos concluir que había representaciones teatrales ese día pues en 1632 se prohibieron tales representaciones en la sinagoga. Véase W.C. Pieterse: "The Sephardi Jews of Amsterdam," en *The Sephardi Heritage, Vol. II. Essays on the history and cultural contribution of the Jews of Spain and Portugal*, ed. R.D. Barnet and W.M. Schwab (Gibraltar Books, Grendon, Northants, 1989), pág. 78.

[33] Sugiero que el velo que cubre la cara de Moisés era un taled, porque cuando Barrios describe la fundación de la comunidad en 1595 dice que "los emboçados Judios Amstelodamos,... [oraban] cubiertos de blancos velos, ..." es decir, oraban con el prescrito taled que Barrios describe igual que el velo que cubre el rostro de Moisés. Véase *Triumpho*, pág. 461.

escena matrimonial del final del auto recuerda la del comienzo, por lo que ambas tienen de contrato entre dos partes: Dios e Israel, en la entrega de la Ley, y la boda mística entre Israel y la academia Meirat Henayim. El monte del que desciende Moisés es el tálamo donde se celebra la boda. El título del auto, alumbra ojos, se refiere al conocimento de la Torá que alumbra los ojos. Moisés y Meirat Henayim simbolizan la interpretación oral de la Torá escrita. Pero detrás de las citas y personajes bíblicos de este auto se esconden también los personajes mitológicos. Como veremos en el estudio del personaje Vanidad, la antagonista, el auto "Meirat Henayim" se inspira también en una escena de otro auto sacramental calderoniano: "Psiquis y Cupido."

El "Diálogo Ets Jaim" o Arbol de las vidas, comienza con la cita de *Pirkei* 3:4, "De tres que a una Mesa comen / afirma Rabí Simón, / que con palabras de Ley / la hacen mesa del Criador." La cita de *Pirkei*, a su vez, es la interpretación rabínica de Ezequiel 41:22, "Esta es la mesa que está delante de Iehova." Las abstracciones Obligación, Estudio y Gobierno están sentadas a la sombra de un "grande y copado árbol," símbolo de la Torá o árbol de las vidas, y a una mesa de diferentes viandas. Este auto explora las metáforas del "árbol de las vidas" y la "mesa con viandas," ambas metáforas rabínicas del *Pirkei*.

En conclusión, en el drama alegórico de Barrios la Ley es una personificación de un concepto: el de la Torá judaica. Las fuentes del personaje alegórico son la tradición de los autos sacramentales y la disputa de origen medieval entre Iglesia y Sinagoga, entre la Nueva y la Vieja Ley. La obra que mejor ejemplifica esta tradición es *Contra la verdad*, donde la Verdad lucha en escena contra la Mentira para salvar al Albedrío, a quien ambas leyes se disputan. El concepto de Torá judaica está también relacionado con el de la ley natural, de la tradición clásico-cristiana, de gran importancia en el pensamiento español del siglo XVII. La importancia que la ley mosaica tiene en el drama de Barrios revela ante todo las dificultades que el seguimiento de la Torá tenía para Barrios y sus contemporáneos de Amsterdam que antes habían vivido bajo la influencia de la ley natural. Finalmente, el aspecto más relacionado con el judaísmo en estas obras es el modo de lectura rabínica de la Torá escrita. Los autos que mejor ejemplifican este modo de lectura son "Jonen Dalim" y el "Arbol de las Vidas. Diálogo." La estructura de Jonen Dalim está formada por numerosas citas bíblicas, dispares a primera lectura pero que comparten temas afines. Estos temas son: el exilio del pueblo hebreo, como resultado del pecado de idolatría, el tema de la esperanza de la redención y el de la justicia divina que se vengará de Edom por su falta de caridad para con Israel. Este modo de lectura de un texto, diferente de la lectura tipológica de la tradición cristiana, muestra la influencia de la lectura de la Biblia llevada a cabo en las reuniones académicas de Amsterdam y donde los sefarditas se instruían en la religión judaica. Esta lectura de un texto no se presta a la creación de una obra dramática ya que provee al dramaturgo con temas, pero no con fábulas o historias para la trama. Curiosamente "Jonen Dalim," uno de los dos autos que más se acerca a la lectura rabínica de un texto, es a nuestro juicio, el mejor logrado de los cinco dramas aquí editados y con él Barrios muestra dotes de dramaturgo aún cuando el modo de lectura de los textos bíblicos le imponía grandes limitaciones.

III. La antagonista.

Una de las figuras más interesantes y complejas del drama de Barrios es la que representa la Antagonista y que siempre aparece personificada como una mujer. Sale a escena con diferentes nombres, pero siempre se la puede reconocer como la misma: En *Contra la verdad* es la Mentira o Circe, en "Jonen Dalim" es Edom o Seir (ambos nombres tradicionalmente se refieren a la cristiandad), en "Meirat Henayim" es la Vanidad, y en "Torá Hor" se llama la Riqueza.[34] Es la enemiga de Israel que contrasta con la Ley, su acompañante y con la abstracción académica. La caracterización que Barrios hace del personaje antagonista nos dice mucho del drama personal del propio poeta. Su personalidad está formada por una combinación de metáforas referentes a la tradición clásica, la cristiandad y citas bíblicas.

---

[34] En "Maskil el Dal" no hay antagonista propiamente dicha. Hay lo que podríamos llamar conflicto dramático: la música que irrita al Aumento, vv. 4 y ss., y la lucha interior del protagonista. "Ets Jaim" no tiene ni antagonista ni conflicto dramático.

En *Contra la Verdad* la antagonista es la Mentira, identificada con Circe, personaje del mito clásico de Ulises y Circe. Sale a escena enmascarada, mientras que el Albedrío duerme, y en la oscuridad lo despierta. El Albedrío, que "... en el sueño entorpeció" (v. 62) se deja cautivar por la Mentira. El Albedrío pregunta a la Mentira quién es, y ella se auto-define como una diosa pagana: "Yo soy la reina del mundo, / la diosa más superior / que tiene en supremo altar / gentílica adoración..." (vv. 79 y ss.) que apunta al pecado que Circe, la cristiandad, encarna en la interpretación de Barrios: el de la idolatría. Y cuando el Albedrío le pregunta qué va a hacer de su libertad, ella le responde que lo hará pecar adorando a un dios pagano:

> Mentira   Haré una estatua luciente
> que en más extraño Babel
> postre en el suelo a Israel,
> ciña de laurel mi frente:...
> Haré que el velo estrellado,
> sirviendo de cortina
> de la imagen más divina,
> cubra el altar más sagrado
> y que a ti sacrificado
> arda con amante unión
> cuando hiere el dulce harpón,
> teniendo por cosa rara
> en tu voluntad el ara
> y el fuego en el corazón.
> (vv. 159 y ss.)

Las referencias a elementos paganos claramente recuerdan el oficio de la Misa y el sacramento de la Eucaristía que Barrios interpreta como actos de idolatría. También Calderón, en el auto "Los encantos de la culpa," utiliza elementos de rituales profanos: Cuando la Culpa y la Lascivia salen a recibir a Ulises-Hombre a su llegada a la isla de Circe, la acotación indica que la Culpa "'trae una salvilla, un vaso de plata, y otra (de sus damas) una toalla al hombre,'elementos de rituales profanos simbólicos de los que se usan en el oficio de la Misa" (A. Egido, pág. 47); pero el uso que

Barrios hace de los elementos profanos es el inverso del de Calderón: éste absorbe y transforma lo mítico pagano en elementos cristianos, mientras que cuando Barrios usa lo pagano-cristiano lo hace para subrayar la supuesta idolatría de la cristiandad.

En "Jonen Dalim" la antagonista se llama Edom y sale al escenario al mismo tiempo que la academia personificada Jonen Dalim. La actitud de Edom hacia Israel, el protagonista, contrasta con la de la abstracción Jonen Dalim.

> EDOM El mendigo asqueroso se me antoja.
> JONEN El que desprecia al Pobre, a Dios enoja.
> ISRAEL Edom asquea mi rompido trage.
> LEY Jonen Dalim, de verlo se lastima.
> (vv. 229 y ss.)

Cuando la abstracción Ley ofrece consuelo a Israel, Edom cita de Génesis (49:10) y Deuteronomio (28:65) para justificar que su rechazo de Israel se basa en que éste niega que haya llegado el Mesías. "Edom. Tú ¡oh Ley! le has de aliviar, cuando te niega / que vino el gran Siló? y ¿qué te ha quitado / el cetro de Judá?" (vv. 402 y ss.). Israel dice que la presencia de Edom le atemoriza y le recuerda la Inquisición y el peligro que corre de que Edom lo arroje a sus llamas: "Israel. El susto que Edom me ofrece, / creer me hace en toda estancia / que la Inquisición me coge, / y que me arroja a la llama" (vv. 410 y ss.). Edom misma se identifica con Roma, o la cristiandad:

> EDOM Esta Ciudad represento,
> pues el libro que se llama
> Maestro Catequizante,
> descubre que es la Cesárea
> Roma, y el Conciliador
> Menasses, con aprobadas
> Autoridades instruye,
> ser de Edom Roma fundada.
> (vv. 519 y ss.)

En la visión de Barrios, la lectura que Roma, la cristiandad, hace del texto bíblico es errónea:

> Coro 1 Todas las cosas se mudan,
> sino es la Escritura Santa,
> que Roma entiende al revés
> y por eso al revés anda.
> (vv. 567 y ss.)

Y, como esperanza de que la justicia divina prevalecerá, cita la profecía de Isaías 26:6, cuando el pobre (Israel) hollará al enemigo (Edom).[35]

En "Meirat Henayim," luz de los ojos, la antagonista se llama Vanidad y es la abstracción que descubre el rostro a Moisés. Para personificar a esta abstracción, Barrios se inspira en mitos clásicos, un personaje literario de los autos sacramentales de Calderón, la Apostasía, y en tradiciones talmúdicas que relacionan la cristiandad con Edom, Esaú y Roma. El personaje resultante de estas dispares analogías es la cristiandad, que para Barrios simboliza la idolatría y la insolencia.

Cuando las abstracciones Vanidad, Celo, Precepto y Felicidad cuestionan al embozado Moisés, éste les responde que la luz que destella su rostro está reservada a los que poseen ojos de águila:

> MOISÉS Embozándome, descubro,
> Que cegará el que llegare
> a ver la gran luz, que adquiere
> Del alto Sol, mi semblante.
> Veránla los que tuvieren
> Los ojos de Imperial Ave,
> porque Dios los suba en alas
> de sus Aguilas volantes.
> (vv. 51 y ss.)

---

[35] Véase la prosa que sigue al verso 566. Isaías 26:2, en la edición de Valera dice: "Hollarla ha pie, pies de afligido, passos de menesterosos." Aunque el uso que Barrios hace de las citas es literal, su interpretación mesiánica es problemática y de ningún modo puede interpretarse como representante del judaísmo.

La Vanidad sin embargo descubre el rostro a Moisés para que abrase a Israel: "A Moseh quitaré el velo / Para que a Israel abrase" (vv. 63 y ss.). Y al hacerlo la que se ciega es ella misma. Dicen las instrucciones: "Quítale el velo, y con el resplandor que sale del rostro de Moseh, ciega a la Vanidad." Y responde la Vanidad, "¡Mas ay triste!" (v. 65). El atrevimiento de Vanidad tiene ecos de diferentes mitos clásicos donde un dios insolente trata de poseer o acercarse a una luz divina que no le corresponde. Cuando Vanidad descubre el rostro a Moisés, éste la compara con Icaro, que al acercarse demasiado al sol se le derritieron las alas: "Moisés. ¡Oh Atrevida! / Alas de cera tomaste, / A mis rayos" (vv. 66 y ss.). Y Vanidad se ciega de modo semejante que se abrasó Icaro al acercarse al sol.[36] Más adelante la Vanidad compara la luz o destello reservado a Moisés con la luz mítica del Olimpo: "¿Qué Prometeo en tan obscuro estado / Me traerá del Olimpo el farol claro?" (vv. 101-102). Además de los ecos de los mitos clásicos, la duda o falta de fe en Moisés sugiere una connotación cristiana y Barrios pudo inspirarse para el tema en una escena del auto calderoniano, "Psiquis y Cupido." El tema principal de este auto es la fe ciega en Cupido-Cristo que se espera de Psiquis-Fe. Como acertadamente indica el estudio de B.K. Kurtz, en este auto Calderón asume un papel abiertamente apostólico o evangélico y en boca de los personajes rechaza abiertamente el judaísmo.[37] Basado en la teoría de la ley

---

[36] Para el mito de Icaro en la poesía del Siglo de Oro, véase el estudio de John H. Turner, *The Myth of Icarus in Spanish Renaissance Poetry* (London: Tamesis Books, 1976). Después de estudiar un buen número de poemas de autores españoles, Turner concluye que Góngora y Barrios son los dos únicos autores que usan Icaro como el símbolo de la mujer arrogante y desdeñosa, en lugar de la imagen más frecuente [que usan otros autores] de la víctima de la belleza de tal mujer. (Véanse la págs. 135-36). Es decir, que Barrios tiene un soneto en su obra *Flor de Apolo* donde ya aparece el mito de Icaro.

[37] *The Play of Allegory*, pág. 84 y ss. Véase, por ejemplo, cuando el personaje Judaísmo le dice a Sinagoga que el Mesías aún no ha llegado y él mismo ha dado muerte al que se hizo llamar tal; es decir, se confiesa autor de la muerte de Jesucristo. Para los autos de Calderón uso la edición de Angel Valbuena Prat, *Obras Completas. Tomo III, Autos Sacramentales* (Madrid: Aguilar, 1952), pág. 350.

natural, los personajes principales son: Mundo y sus tres hijas, Idolatría o Ley natural, casada con Paganismo; Sinagoga o Ley escrita, casada con Judaísmo; y Fe o Psiquis a quien corteja Apostasía. Este último personaje no tiene paralelo en el mito clásico que Calderón alegoriza y sirve para crear un triángulo amoroso entre Fe-Psiquis, Cupido-Cristo y Apostasía. El personaje Cupido-Cristo sale a escena "con un velo blanco en el rostro" ("Psiquis y Cupido," pág. 349), para simbolizar los accidentes de pan y vino del sacramento de la Eucaristía. Tras el velo se esconde el verdadero Dios en alma y cuerpo. El encuentro entre Cupido y Apostasía en el auto de Calderón es casi idéntico al encuentro entre Moisés y Vanidad en el auto "Meirat Henayim" de Barrios. La Apostasía calderoniana, celosa del amor de Fe por Cupido, trata de descubrir el rostro de éste y al abrazarlo se abrasa con el contacto de su pecho.[38] La falta de fe de Apostasía en el misterio de la transubstanciación le sirve de inspiración a Barrios para dramatizar la fe en la interpretación de la Torá, que en el judaísmo tradicional está reservada a Moisés y los rabinos.

Pero la Vanidad de "Meirat Henayim" está inspirada también en otras fuentes, además del auto calderoniano. La metáfora de la luz mítica que la Vanidad quiere alcanzar y que se esconde detrás del velo de Moisés, la combina Barrios con otra metáfora que se refiere al águila o ave de alto vuelo y vista perspicaz. Recuérdese que esta metáfora la indican las palabras de Moisés ya señaladas, vv. 51 y ss., y son en parte la cita de Deuteronomio 32:11.[39] La interpretación rabínica más común de esta cita bíblica es que Dios se preocupó de Israel cuando era joven del mismo modo que lo hace el águila con sus hijuelos para alimentarlos y enseñarlos a volar.[40] Barrios muestra

---

[38] Compárese esta escena en "Psiquis y Cupido," pág. 349, de Calderón, con la escena ya mencionada de "Meirat Henaym," de Barrios, vv. 63 y ss.

[39] "Como el aguila despierta su nido, buela sobre sus pollos, estiende sus alas, tomalo, llevalo sobre sus espaldas." Barrios da la cita al margen del verso 57. Las palabras de Moisés son: "Porque Dios los suba en alas / De sus Aguilas volantes." La agudeza visual del águila es un tópico de los bestiarios medievales. Véase Florence McCulloch, *Mediaeval Latin and French Bestiaries* (Chapel Hill: University of North Carolina Press, 1962), pág. 114.

[40] Véase *The Torah. A Modern Commentary* (New York: Union of

interés por la metáfora del águila en otras situaciones.⁴¹ Otra tradición rabínica aprovechada por Barrios interpreta el águila como el símbolo o escudo del imperio romano. Y como Roma, a su vez, substituía las menciones bíblicas de Esau o Edom para simbolizar el enemigo de Israel, Barrios juega con el doble símbolo que en su interpretación representa el águila: Israel y la cristiandad.⁴² El águila es un ave de alto vuelo y vista perspicaz. En cuanto al vuelo se refiere, la cristiandad, los descendientes de Esaú o Edom, tiene el vuelo del águila, pero, a diferencia de Israel, no tiene ni puede alcanzar la vista perspicaz.

En "Tora Hor" la antagonista se llama Riqueza y cuando sale a escena se identifica con el mundo de la oscuridad y de las sombras, en contraste con la luz del entendimiento simbolizada en el Estudio:

RIQUEZA	¿En qué oscuridad ferina
	me ofusca mi pensamiento?
ESTUDIO	La luz del entendimiento
	a la verdad encamina.
	Dame la mano (Riqueza)

American Hebrew Congregations, 1981), pág. 1557.

⁴¹ Además del auto "Meirat Henayim," Barrios repite su interpretación de la cita bíblica en "Carroça de Ezechiel," diciendo: "El Angel Urial Aguila del Sol Divino y los demas Aguilenos [sic] Angeles echan abajo a los de Esau que tienen el buelo del Aguila, pero no la vista: y suben a los Israelitas que encubran la intelectual vista al Sol de la Misericordia bolando en las alas de su esperança." Para probar su interpetación Barrios cita diversos pasajes bíblicos en los que se menciona un águila o un ave con alas. Y en el auto "Jonen Dalim" compara a Seir o Edom con el Rico de la "Comedia de la vida" que va como águila, véase el verso 219. Para la relación entre el águila y el sol, véase otra vez McCulloch, *Bestiaries*, pág. 114.

⁴² Para el simbolismo del águila como Roma y por consecuencia Esau y Edom, véase *Sanhedrin*, 12 y las notas 4 y 8. En Amsterdam, Barrios y sus contemporáneos con frecuencia también comparaban al águila con la cristiandad. Véase, por ejemplo, el estudio de Révah, "Les écrivains Manuel de Pina et Miguel de Barrios," pág. lxxxv. Curiosamente la cita de Révah prueba que Barrios, cuando quería ensalzar a la cristiandad usaba el símbolo del águila con un propósito muy diferente que en el auto "Meirat Henayim."

y te subiré a la cumbre,
que deshace con su lumbre
las sombras de la torpeza
(vv. 69 y ss.)

En este auto Riqueza está basada en símbolos cristianos convencionales que relacionan lo espiritual con lo corporal, el tradicional debate alegórico entre el cuerpo y el alma.[43] Riqueza rechaza a Israel, el protagonista, (vv. 142 y ss.) pero más tarde (vv. 234 y ss.) admite que va a dejarse acompañar de Estudio, Ciencia, Anuncio y Caridad, e unirse a Israel.

IV. El protagonista.

En *Contra la verdad* el protagonista se llama el Albedrío y lo complementan dos abstracciones personificadas, el Apetito y el Entendimiento. Entre los tres dramatizan facetas del ser humano encarnadas en sus nombres. En tres autos: "Jonen Dalim," "Meirat Henayim" y "Tora Hor," el protagonista se llama Israel, y en "Maskil el Dal" se llama Aumento.

El Albedrío es el protagonista de *Contra la verdad* que ha pasado su juventud alejado de la Ley y engañado por la aparente belleza de la Mentira. Albedrío decide alejarse de la Mentira y buscar a la Ley en la yesibá, pero Mentira no quiere alejarse de él y lo hace su prisionero. Albedrío es débil y vulnerable, pero él solamente representa una parte de la colectividad del pueblo de Israel y cuando los mártires de la obra mueren en la hoguera de la Inquisición de España, el Albedrío triunfa y se salva.

El Apetito es otro personaje de *Contra la verdad* que hace el papel del gracioso de las comedias. Más lento que su amo el Albedrío, no se convence del valor de la Ley hasta el final de la obra, cuando decide que, igual que su amo el Albedrío, va a leer los libros sagrados de Moisés.

El Entendimiento aparece en escena vigilando el sueño del Albedrío y estudiando un libro. Nunca abandona al Albedrío, pero

---

[43] Véase el estudio que hace de la Culpa calderoniana, B.E. Kurtz, en *The Play of Allegory*, págs. 24 y ss.

su papel queda reducido al de un espectador, hasta que el protagonista toma responsabilidad de sus acciones. Al final de la obra el Albedrío y el Entendimiento, representando a los mártires, mueren en la hoguera.

En "Jonen Dalim" el protagonista se llama Israel, y aparece en escena saliendo del mar, "de viejo decrépito, en trage muy humilde," y acompañado de la Ley santísima. Más adelante en la obra la Ley lo llama "Ulises del cielo" (v. 487).[44]

En "Meirat Henayim," las abstracciones Felicidad y Precepto llaman a Israel "Noble anciano" y "Varón raro," (vv. 134-135) y el mismo Israel se auto define: "Soy Israel, / El sacro Pueblo que elige / el Rey eterno" (vv. 138 y ss.). En el pasado Israel estuvo hechizado por su enemiga, la Vanidad que lo apartó de la verdadera ley:

> ISRAEL Cuando la ambición soberbia
> Monarca de los Gentiles,
> En trono de vanidades
> Me dio el cetro de sus timbres.
> Apartándome (qué error)
> De la que a par con Dios vive,
> De la que enseña a los torpes,
> Dando aliento a los humildes,
> (vv. 151-154; 159-162)

Aunque ya no sigue a la Vanidad, aún se estremece al oír su voz: "Israel. ¡Oh, infelicidad! que aquélla, / Es la fiera que me sigue" (vv. 192-192). Pero el Precepto le asegura que en la academia de estudios no hay lugar para que resida la Vanidad:

> Precepto Alienta, que aquí no puede
> Ni enmalecerte, ni herirte
> Que no entra veneno donde
> La Divinidad reside.
> (vv. 194 y ss.)

---

[44] También en *Contra la verdad* se compara repetidamente al Albedrío con Ulises.

Al final del auto Israel se casa con la personificación académica Meirat Henayim. El matrimonio sirve para liberar a Israel:

ISRAEL   Por tan sagrado consorcio,
saldré del triste sepulcro
de la esclavitud, rompiendo
la losa de los disgustos.
(vv. 548 y ss.)

En el auto "Tora Hor," el protagonista, Israel, navega por el mar donde hay una tempestad. Al salir a tierra cae físicamente y se lamenta: "Caí de mi cumbre alta, / y nadie me favorece." Más adelante expresa su amor por la Riqueza:

ISRAEL   Ámote ¡Oh, Riqueza clara!
y encendieras más mi Amor,
si fuera tu resplandor
la virtud, y yo tu ara.
(vv. 98 y ss.)

pero la Riqueza rechaza a Israel porque sigue a la Ley.

El Aumento es el personaje principal del auto "Maskil el Dal." Al comienzo de la obra se encuentra en la academia acompañado de la Religión y la Observancia. Quiere huir de ellas a las cuales califica de "horrible vista," pero no puede. La Religión le dice que es un aviso de los cielos lo que le impide moverse. En este auto no hay antagonista que se interponga en el camino del Aumento. La lucha es interior: el Aumento no quiere permanecer en los fueros de la Religión ni hacer obras de caridad. El Aumento nos informa que un penitente le ha escrito un pliego explicando "que por observar la Ley / tolera males crueles" (vv. 154-155). El ejemplo de este penitente y la poesía que recita la Religión sobre el tema de la pobreza convencen al Aumento y decide quedarse en la academia "Maskil el Dal," dando así significado a su nombre de Aumento:

AUMENTO   Gusto de llamarme Aumento;
porque en Maskil el Dal, me entre
el deseo de aliviar

al mísero y al paciente.
(vv. 164 y ss.)

V. Otros personajes o abstracciones.

Además de los personajes importantes que ya hemos estudiado, el teatro alegórico de Barrios está poblado de abstracciones en su mayoría inspiradas en la tradición alegórica medieval que continuó en los autos sacramentales de Calderón de la Barca. Estas personificaciones a menudo no tienen un papel esencial, pero sirven para hacer resaltar cualidades de los personajes principales, para indicar la salida o entrada de los otros personajes o ayudar a los protagonistas en sus decisiones. A continuación examinamos las abstracciones inspiradas en las potencias del alma: Memoria, Entendimiento y Voluntad. El personaje Rosh-Hodes, que no pertenece a la tradición de la Península, sino que representa el mes lunar de la tradición judaíca, y la música, que en el drama alegórico de Barrios tiene también un papel importante.

Tradicionalmente en el teatro religioso-alegórico de España las tres potencias del alma: Memoria, Entendimiento y Voluntad, junto con los cinco sentidos, forman la totalidad del Hombre. En el teatro primitivo las tres potencias aparecían juntas y luego cada una llegó a adquirir personalidad propia. Se solía representar a la Voluntad con una gran tendencia a escoger malas compañías y a la Memoria y al Entendimiento con la responsabilidad de impedírselo. En el siglo XVI ya se encuentra una debilitación del tema, adquiriendo, sin embargo, una gran importancia el personaje del Albedrío, que es el acto libre de la Voluntad.[45] Ya hemos visto que, en el teatro alegórico de Barrios, el Albedrío es el personaje principal de la comedia *Contra la verdad*. También en esta obra aparece el

---

[45] Véase el estudio de las tres potencias del alma en el libro de Louise Fothergill-Payne, *La alegoría en los autos y farsas anteriores a Calderón* (Madrid: Selecciones Gráficas, 1977), capítulo I, págs. 149 y ss., y el de Celina Sabor de Cortázar, "El tema de las potencias del alma en Calderón y sus predecesores," en *Calderón. Actas del "Congreso Internacional sobre Calderón y el teatro español del Siglo de Oro."* (Madrid: Consejo Superior de Investigaciones Científicas, 1983), págs. 975-985.

personaje Entendimiento, que ayuda al Albedrío a que lleve a cabo el acto libre de elegir su salvación, es decir, abandonar a la Mentira y seguir a la Verdad. En el auto "Arbol de las vidas" las abstracciones: Memoria, Entendimiento y Voluntad, salen anunciadas por tres grupos de "sonoros instrumentos" y salen a escena por diferentes puertas. Cada una de ellas habla de tres importantes eruditos y sus estudiantes y asociados con la hermandad: la Memoria habla del gran Mortera, el Entendimiento de Isaac Aboab y la Voluntad de Jacob Sasportas.

En el auto "Maskil el Dal" aparece la abstracción llamada Rosxodes: Rosh (cabeza), Hodesh (mes), literalmente cabeza del mes. El nombre de este personaje significa el comienzo del mes que en la tradición judía se rige por el cómputo lunar, es decir, la salida de la luna. En el auto "Maskil el Dal," el Rosxodes sale a escena cantando y su función es recitar responsos (ascabot) por los muertos. Sorprende en este auto que los responsos de ese día fueron casi exclusivamente dedicados a la familia del propio Miguel de Barrios, incluyendo a su primera mujer y a sus padres que llevaban ya años muertos, lo que sugiere que Barrios disfrutaba de gran estima entre los miembros de la hermandad.[46]

El auto "Maskil el Dal" evidencia que las reuniones académicas, aún en las hermandades religiosas, combinaban costumbres literarias de España con otras tradicionalmente judías. El personaje Rosxodes recita un bello poema titulado: "Lamentación fúnebre en la muerte de mi padre"[47] Este poema de Barrios en honor de su padre tiene ecos, tanto de las célebres "Coplas," de Jorge Manrique como de las qinot, o lamentos de la tradición judaica.

VI. La música, vocal e instrumental.

En la estructura de los dramas de Barrios, la música es un elemento

---

[46] Tanto el término hashcabá, responso, como la especial celebración de recibimiento del nuevo mes, el rosh-hodesh, sugieren ecos de la influencia de la cábala.

[47] Lo ha estudiado y editado recientemente Esther Bartolome-Pons. Véase su estudio: "Comentario y texto del poema."

de gran importancia que asume una variedad de formas:[48] coros o voces de solos que cantan desde detrás del escenario, instrumentos musicales que tocan a veces los personajes en escena o que alguien toca desde detrás del escenario y partes cantadas por los personajes a veces al estilo nacional español y otras al *stile rappresentativo* italiano. La proporción de los versos cantados en cada obra varía, en "Jonen Dalim" y en "Meirat Henayim" la parte cantada es aproximadamente un 10%.[49]

Cada una de las seis obras aquí estudiadas tiene dos coros de voces que cantan siempre desde detrás del escenario en "diferentes puestos." La mayoría de las veces los textos no indican el número de voces que hay en cada coro, pero, en una ocasión al menos, se especifica que cantan tres voces. A menudo los personajes mismos se refieren a los coros como "las voces" y los cantos sirven para expresar la ambivalencia y el estado de confusión interior que sufre el protagonista. En *Contra la verdad* se llaman el "coro de la verdad" y el "coro de la mentira" y cuando cantan por primera vez lo hacen expresando con sus voces el debate que el protagonista, el Albedrío, mantiene consigo mismo: El Apetito trata de convencer al Albedrío a que lo siga, y cuando éste está a punto de hacerlo, el Entendimiento lo detiene. Cantan los coros ofreciendo al Albedrío caminos opuestos, el de la Verdad y el de la Mentira. El Albedrío, al escuchar las voces, expresa su confusión: "Ya en las dos dividirse el alma intenta, / porque si una me obliga, otra me alienta" (vv. 870-871).

En "Jonen Dalim," primero los gritos de las voces de los músicos y luego los cantos, acompañan la dramática salida al escenario de Israel: "…va saliendo del mar (que aparece en el teatro trasero, estando el exterior con mutacion de ruynas, y montañas) Israel de viejo decrépito, en trage muy humilde…"[50] Teniendo en cuenta que

---

[48] No poseemos las partituras musicales que acompañarían a los textos por lo cual nuestro estudio depende exclusivamente de las acotaciones al margen de los textos.

[49] "Jonen Dalim" tiene 593 versos en español de los cuales 54 son cantados y un poema de ocho líneas en hebreo (que se encuentra después del verso 570) que también canta uno de los miembros de la academia.

[50] Véase el comienzo del auto "Jonen Dalim."

los cantos dramatizan aspectos del pensamiento del protagonista, Israel, lo que escuchamos es el conflicto interior que vive el protagonista pueblo israelita cuando reflexiona sobre su situación en el exilio. Se establece un diálogo entre las voces. Una voz de entre los músicos pide que se arroje a Israel al mar (coro 1) y otra incita a Israel a que llame a Dios para ver si acude a ayudarle (coro 2). La Ley alienta a Israel y éste se lamenta. Se oyen los cantos de los coros que se alternan versos de temas marítimos:

>   Coro 1   Vuelve (Israel) a mis golfos.
>   Coro 2   Sigue tu estrella Jahacob.
>   Coro 1   No darás en seco nunca.
>   Coro 2   Irás al puerto mejor.
>   (vv. 12 y ss.)

Y luego todas las voces juntas cantan versos populares que en consonancia con los temas marítimos: el peregrinaje de Israel por el mar en oleaje, sirenas que acechan su paso y golfos que pueden servir de refugio, simulan gritos propios de los marineros y sus maniobras: "A la jarcia, a la vela, a la gavia, al timón, / que anda el mar por los cielos de Sión" (vv. 16-17), al final de los temas marítimos de los primeros 45 versos que culminan en una tormenta, los músicos introducen también cantos de tema bélico, inspirados en citas del libro bíblico del profeta Ezequiel, 32:20:

>   MÚSICA   Al llanto, al ayuno, a la fuerza, al ardid,
>   que de Gog y Magog suena la lid.
>   ISRAEL   ¡Oh Ven David!
>   MÚSICA   Al arma, al combate, al aljava al cañón
>   que apunta de Jehudá, y Joseph, la unión.
>   (vv. 41 y ss.)

Tales versos anuncian los temibles tiempos que han de preceder la llegada del mesías. Después del énfasis en el exilio de Israel, durante el cual nadie se apiada de su sufrimiento, el tema mesiánico de Barrios se nos presenta como la terrible justicia divina (el tema más importante del auto) que se vengará de los enemigos de Israel.

En cada una de las seis obras aquí estudiadas hay referencias que indican los dos grupos de instrumentos que se tocaban desde detrás del escenario: de cuerda para los temas amorosos y de viento y percusión para los temas bélicos. La comedia *Contra la verdad* combina en su estructura varios elementos musicales entrelazados con gran harmonía. Sorprende ante todo en esta obra los diferentes instrumentos musicales de viento, de cuerda y de percusión. En la jornada tercera se describe un cuadro de gran belleza estática en el cual el Apetito toca la vihuela y la Mentira entona un canto amoroso. También en esta jornada "tocan dentro una campana," en señal de que algún judío ha sido condenado a la hoguera. Y cuando finalmente los tres mártires mueren quemados por la Inquisición, una voz seguida del eco de los músicos entona la "Shemah Israel," que Barrios hace rimar con los versos en español. Entre los instrumentos de viento que se tocan en esta obra está el Shofar, el cuerno de carnero que se toca en Yom Kippur y que en *Contra la verdad* se escucha entre ruido de truenos "con apariencia de relámpagos." A veces los personajes esporádicamente cantan varios versos en escena: el Apetito y la Mentira en *Contra la verdad*, el Rosxodes en "Maskil el Dal," la Obligación en "Ets Jaim," e Israel en "Jonen Dalim" (éste canta versos en hebreo). En el auto "Meirat Henayim" cantan también en escena Moisés y Meirat Henayim, pero a diferencia de los personajes mencionados anteriormente que cantan de modo estático, es decir, que no se mueven mientras cantan, en "Meirat Henayim" los personajes cantan representando.[51] Así, al comienzo de la obra, se especifica que Moisés "desciende con un velo por el rostro, cantando al tablado" y que canta representando.

---

[51] En este auto observamos, que, con toda probabilidad, las notas al margen no siempre indican fielmente la parte representada cantando. Si bien se anota a veces en el mismo monólogo "canta" o "representa," a veces hay referencias a la música sin que las notas especifiquen qué versos son cantados. Por ejemplo, Moisés dice: "Yo cantaré ahora" (v. 387), sin que se indique en los versos siguientes si son cantados o representados.

VII. Los temas del mesianismo y el exilio en las obras de Barrios.

Uno de los aspectos de la vida personal de Barrios que más frecuentemente se cita es el de que por algún tiempo fue seguidor del movimiento sabatiano. En cuanto al testimonio de parte del propio Barrios, poco o nada nos ha llegado de lo que en realidad pensaba de Shabbatai Zevi. Las dos únicas explícitas menciones del seudo-mesías que hemos hallado solamente nos informan de que Barrios, efectivamente, en algún momento creyó que Shabbatai Zevi era el mesías esperado y que en algún otro momento se desengañó de que no lo era (véase el capítulo II del presente libro). Y aún en otras ocasiones Barrios se expresa de forma que muestra que era consciente que la llegada de la redención no se había realizado.[52] Pero así como podemos concluir que Barrios finalmente aceptó que el mesías no había llegado, sus obras también están llenas de muestras de que ansiaba tal redención como recompensa al largo exilio del pueblo hebreo.

El mesianismo de Barrios es utópico y escatológico y mira al futuro, cuando el pueblo hebreo será recompensado con la redención por su adherencia a la ley mosaica y la justicia divina se vengará de los gentiles que no sintieron piedad de los mosaicos.[53] Barrios basaba sus ideas mesiánicas y su explicación por el exilio en numerosas citas bíblicas, pero pueden resumirse así: La dispersión del pueblo mosaico anunciada en pasajes bíblicos, había llegado a su culminación en la España contemporánea bajo la Inquisición.[54] Los acontecimientos políticos de su tiempo, por ejemplo, la guerra de

---

[52] Por ejemplo, en *Triumpho*, pág. 678, en un estudio en prosa titulado "Eternidad de la Ley Divina," explica que los judíos tienen obligación de observar el sábado, pero que los gentiles aún no (puesto que no ha llegado tal momento): "Este tiempo de la observancia del Sabado en todas las Gentes, aun no ha llegado."

[53] Véase la definición del mesianismo de G. Scholem, *The Messianic Idea in Judaism* (New York: Schocken Books, 1971), pág. 5.

[54] Véase el *Triumpho*, págs. 474-475: "El Deuteronomio cap. 28. n.64 &c. pinta los horres [sic] de Israel, en los Hispanicos fines de la Tierra... [y] Aunque sirven a los idolos en lo exterior, siempre viven sin quietud, y con temor de la dura inquisicion."

Francia contra las Sietes Provincias de Holanda, y especialmente la decadencia del imperio español (que Barrios considera una extensión del imperio romano) los creía predichos en citas bíblicas.[55] En los autos que hemos estudiado, especialmente en "Jonen Dalim" y "Maskil el Dal," Barrios se detiene a examinar el tema de la justicia divina que en el judaísmo implica justicia y piedad. Así puede reconciliar, de un lado, la ironía de que el pueblo que se considera escogido de Dios hubiera sido castigado con el exilio, pero que, por otro lado, en recompensa por su observancia de la Ley mosaica, será premiado con la redención. La misma justicia y caridad divina, de un lado, castigará a los pueblos que no se apiadaron de los exilados hebreos, y de otro, premiará a los pueblos que, como Amsterdam, han mostrado compasión por ellos.

La interpretación que Barrios hace de los temas del exilio y el mesianismo judaico, son en última instancia, personales suyas, pero las ideas están basadas en autores contemporáneos (probablemente el que más sobresale sea Menasseh ben Israel), en libros relacionados con la cábala y la tradición oral de la reunión académica.

VIII. Conclusiones.

Las instituciones académicas que Barrios frecuentaba en Amsterdam fueron claves para la inspiración y creación de su teatro alegórico. Como muchos de sus coetáneos, Barrios frecuentaba estas academias para mantener viva su identidad de escritor español y para instruirse en la religión judaica que escogió seguir. La personificación de la academia, como símbolo de la ley o enseñanzas de la Torá, tiene su base en el concepto de la ley natural y en el uso que la literatura española hace de tal concepto. Cuando Barrios escribe *Contra la verdad*, el concepto de ley refleja la influencia de la literatura

---

[55] Véase, por ejemplo, las págs. 442 y 554 del *Triumpho*. Y véase también el estudio de Harm den Boer and Jonathan I. Israel, "William III and the Glorious Revolution in the eyes of Amsterdam Sephardi writers: the reactions of Miguel de Barrios, Joseph Penso de la Vega, and Manuel de Leão," en *The Anglo-Dutch Movement*, ed. J.I. Israel (Cambridge: Cambridge University Press, 1991), págs. 439-461. Aunque este estudio no se refiere propiamente al mesianismo de Barrios, indica que nuestro escritor se consideraba así mismo como un profeta.

española, especialmente los autos sacramentales de Calderón de la Barca. Los cinco autos que Barrios publica hacia 1684 muestran que la lectura de la Biblia, llevada a cabo en las reuniones académicas, ha resultado en un nuevo modo de concebir una obra literaria. En conjunto estas seis obras alegóricas han quedado como testimonio estético de las preocupaciones que Barrios y sus contemporáneos de Amsterdam vivían, al tratar de encontrar un balance entre las dos culturas que formaban parte de su vida, la española y la judía.

Bibliografía

I. Fuentes primarias

Aplauzos Academicos e rellaçaõ do felice successo da celebre victoria de Ameixial. Oferecidos Au Excelentissimo Senhor Dom Sancho Manoel Conde de Villaflor, Pello Secretario da Academia dos Generosos, e Academico Ambicioso. Amsterdam: Jacob van Velsen, 1673. (Contiene diversos sonetos de Barrios y una breve comedia alegórica: "Palacio de la Sabiduria.") Ejemplar de la Biblioteca Nacional de Madrid: 2 50812.

Barrios, Miguel de. "Aplauso Metrico. Por las dos celebres victorias que tuvo a 7. y 14. de junio deste año de 1673. Dirigelo al Principe de Orange, El Capitan Don Miguel de Barrios." S.i., s.a. Ejemplar de la Biblioteca de Columbia University: B86 B271 M1673. Otro ejemplar encuadernado con *Bello Monte de Helicona*, R 10386.

———. "Arbol Florido de Noche: Dedicado Al Ilustre Señor Nunes de Acosta." Amsterdam: David Tartas, 1680. Encuadernado con "Luna opulenta." R 12.313, y otro encuadernado con *Bello Monte de Helicona*, R 10386.

———. *Bello Monte de Helicona*. Dirigelo al ilustrissimo señor don Manuel de Belmonte. Bruselas: s.i., 1686. Ejemplar de la Biblioteca Nacional de Madrid: R 10386. (Contiene también "Arbol Florido de Noche.") Otro ejemplar encuadernado con *Epitalamio Regio*, R 2186.

———. "Breve Discurso, Politico, sobre las Expulsiones, de los Hebreos, en diversos Reynos, y Provincias, de Europa." Sin nombre de autor pero atribuido a Barrios. S.i., s.a. Ejemplar del British Museum: 4033. a.37 (10).

———. "Contra La Verdad No Ay Fverça, Panegírico A los tres bienaventurados martires Abraham Athias, Yahacob Rodriguez Càsares, y Raquel Nuñez Fernandez, que fueron quemados vivos en Córdova, por santificar la unidad divina." En 16, de Tamuz. Año de 5425. Amsterdam: David de Castro Tartas, s.a. Ejemplar de la Biblioteca Nacional de la Universidad de Jerusalén.

———. *Coro de las musas*, dirigido Al Excelentissimo Señor Don Francisco de Melo. Bruselas: Baltazar Vivien, 1672. Ejemplar de la Biblioteca de Harvard College. Otro ejemplar de la Biblioteca Nacional de Madrid: R 7072.

―――. "Desembozos De la Verdad Contra Las Mascaras del mundo." S.i., s.a. Ejemplar de la Biblioteca de Columbia University: B86 B271 M1673, y otro del British Museum: 4033 a.37.(6).

―――. "Dias penitenciales," ...Del Sabio Salomon ben Guebirol traducido de Hebreo en Espanol [sic] don Don Miguel de Barrios." Título erróneo que luego se corrige en la pág. 41, debe decir del Sabio Rabenu Nesi). S.i., s.a. Ejemplar del British Museum: 4033. a. 37 (5).

―――. *Dios con Nosotros*. Representase en el nombre del Excelentissimo Señor Manuel Telles de Silva. Author El Capitan Don... S.i., s.a. Encuadernado con *Epitalamio Regio a Don Pedro Segundo*, R 2186.

―――. "Discurso Politico Sobre los adversos y prosperos sucessos de las Provincias Unidas desde 23. de Março de 1672. años hasta 12. de Septiembre 1673. Dirigido Al Excelentissimo señor Don Juan Domingo de Zuñiga y Fonseca," S.i., s.a. Ejemplar de la Biblioteca de Columbia University, B86 B271 M1673.

―――. *Epitalamio regio à la feliz union del invicto don Pedro Segundo Rey de Portugal con la Inclita Maria Sophia Princesa de Niewburg* [por] El Capitan don Miguel de Barrios y don Josseph de la Vega. S.i., s.a. Ejemplar de la Biblioteca Nacional de Madrid: R2186. Contiene también *Dios con Nosotros* y *Bello Monte de Helicona*.

―――. *Estrella de Jacob Sobre Flores de Lis*. Dirigida A los muy Ilustres niños Jacob, y Raquel, hijo y hija del muy noble Señor Abraham Lopez Berahel (alias) Don Francisco de Lis. Amsterdam: S.i., 1686. Ejemplar del British Museum: C. 57. C.21 (1). Tomo colecticio que contiene otras obras entre ellas "Dias Penitenciales."

―――. *Flor de Apolo, Dirigida al Ilustrissimo Señor D. Antonio Fenandez de Cordova*, Bruselas: Baltazar Vivien, 1665. Contiene al final tres comedias de capa y espada. Ejemplar de la Biblioteca de Yale University: He65 60.

―――. "Historia y Descripción de la Celebre Ciudad de Florencia. Dirigida A Su Alteza Serenissima Cosme Tercero de Medicis,..." Amsterdam: S.i., 1674. Ejemplar de la Biblioteca de Columbia University: B86 B271 M1673.

―――. "Imperio de Dios en la Harmonia del Mundo." S. i, s.a. Ejemplar del British Museum.

―――. *Livre Alvedrío y Harmonía del Cuerpo por Disposicion del Alma*. Bruselas: Baltasar Vivien, 1680. Ejemplar del British Museum: 4033. a. 37. (1), y otro de la Biblioteca Nacional de Madrid: R 12815.

―――. *Luna Opulenta de Holanda., en nubes que el Amor manda*. Amsterdam: David Tartas, 1680. Ejemplar de la Biblioteca Nacional de Madrid: R 12313.

———. "Mediar Estremos." Decada Primera en Roshasana. Dirigida Al Indiviso y Poderoso Dios del Universo, y de Israel." Amsterdam: Iacob van Velsen, Año de 5437. [1677]. Ejemplar de la Biblioteca de Columbia University, B86 B271 M1673, y otro del British Museum: 4033. a. 37 (4).

———. "Metros Nobles. Dirigidos à los muy ilustres Parnassim, y Gabay del Santo Kahal desta Inclita Ciudad de Amsterdam." Amsterdam: S.i., s.a. Ejemplar de la Biblioteca de Columbia University: B86 B271 M1673.

———. "Peña de Mosseh Dirigida A los muy Ilustres Juezes de el Kahal Kados Amstelodamo, y Talmud Tora," Amsterdam: S.i., 1686. Encuadernado con *Estrella de Jacob*, ejemplar del British Museum.

———. *Las Poesías Famosas y Comedias, De Don Migvel de Barrios*. Segunda Impression. Amberes: Geronymo y Iuanb. Verdussen, 1674. (Es idéntico que *Flor de Apolo*). Ejemplar de la University of Illinois Library at Urbana-Champaign.

———. "Respuesta Panegirica A la Carta que escribio el muy Ilustre R. Joseph Penso Vega, al muy Sapiente Doctor Ishac Orobio. Glossala..." Amsterdam: Iacob van Velsen, Año de 5437. Ejemplar de la Biblioteca de Columbia University.

———. "Sol de la vida. Por el Capitan Don Miguel de Barrios." S.i., s.a. Ejemplar de la Biblioteca de Columbia University: B86 B271 M1673. Otro ejemplar encuadernado con *Bello Monte de Helicona*, R 10386.

———. *Triumpho del Govierno Popular, y de la Antiguedad Holandesa*. Amsterdam: [s.i.] 5443-1683. Ejemplar Ros. 19G11 y 19G12. Otro ejemplar del British Museum.

———. "Trompeta Del Juicio Contra el Papa y la Inquisicion, Satyra." S.i., s.a. Sin nombre de autor pero atribuida a Barrios. Ejemplar del British Museum: 4033. a.37 (8).

Exquemelin, Alexander O. *Piratas de la America*. (Colonia Agripina, Lorenzo Struickman, 1681). Ejemplar de la Biblioteca Nacional de Madrid: R 36210. Contiene numerosos poemas de Barrios.

Penso de la Vega, José. *Discursos Academicos, Morales, Rethoricos y Sagrados, Que recitó en la florida Academia de los Floridos Don Iosseph de la Vega* y dedica, [al] muy Ilustre Señor Iosseph Nuñez Marchena. Amberes: S.i., 1685. Ejemplar de la Biblioteca Nacional de Madrid: R 10697.

———. *Epitalamio Regio à la feliz Union Del Invicto Don Pedro Segundo Rey de Portugal Con la Inclita Maria Sophia Princesa de Niewburg à cuyas plantas lo consagran*. Coautor con Miguel de Barrios.

———. *Ideas possibles de que se compone un curioso ramillete de fragantes flores*. Amberes: S.i., 1692. Ejemplar de la Biblioteca de Harvard University: Span 5375.4.

———. *Retrato De la Prudencia y Simulacro del Valor.* Amsterdam: Joan Bus, 1690. Ejemplar de la Biblioteca Nacional de Madrid: 3 39860.

———. *Los Tryumphos del Aguyla y Eclypses de la Luna Que Consagra Al invicto Rey de Polonia... Ivan Tercero.* Amsterdam: S.i., 1683. Ejemplar de la Biblioteca Nacional de Madrid: 2 41710.

Vidas, Alijah ben Moses de. *Tratado Del Temor Divino, Extracto del doctissimo libro llamado Ressit Hohmá.* Traduzido nuevamente del hebrayco, a nuestro vulgar idioma. Por David hijo de Ischac Cohen de Lara. Amsterdam: Menasseh ben Yosseph ben Israel, 5392 [1632.] Ejemplar del Hebrew Union College. Klau Library. Cincinnati, Ohio.

II. Fuentes secundarias

Altman, Alexander. "Lurianic Kabbalah in a Platonic Key: Abraham Cohen Herrera's Puerta del Cielo." *Hebrew Union College Anual,* 53 (1982), 317-355.

Amador de los Ríos, José. *Estudios históricos, políticos y literarios sobre los judíos de España.* Madrid: D. M. Díaz y Comp., 1849.

———. *Historia social, política y religiosa de los judíos de España y Portugal.* Madrid: T. Fortanet, 1876.

American National Standard Romanization of Hebrew. New York: American National Standards Institute, 1975.

Amzalak, Moses Bensabat. *Trois précurseurs portugais:...Veiga et les opérations de bourse.* Paris: Recueil Sirey, [1935].

Barnett, R. D., ed. *The Sephardi Heritage. Essays on the history and cultural contribution of the Jews of Spain and Portugal.* Vol I. *The Jews in Spain and Portugal Before and After the Expulsion of 1492.* London: Vallentine, Mitchell, 1971.

Bartolomé-Pons, Esther. "Características de la poesía del judío español Daniel Leví de Barrios (1635-1701)." *Anuari de Filología* E, 15 (1992), 737-741.

———. "Comentario y texto del poema 'Lamentación fúnebre en la muerte de mi Padre,' del judío español Daniel Leví de Barrios (1635-1701)." *Actes del Simposi Internacional sobre Cultura Sefardita,* 9-11 nov. 1992. Ed. Josep Ribera. Barcelona: Poblagràfic, 1993, 197-221.

———. "Estilo barroco y tradición judaica en un poema de Daniel Leví de Barrios: Días penitenciales." *Los judaizantes y la literatura castellana del Siglo de Oro.* Ed. Fernando Díaz Esteban. Madrid: Letrúmero, 1994.

Barrios, Miguel de. "Carta a Antonio Enríquez Gómez." Edición de Marcelino Menéndez y Pelayo. *Boletín de la Biblioteca Menéndez y Pelayo*, 14 (1932), 196-201.

———. *Truth Triumphs in the End. Contra la verdad no hay fuerza*. Trad. David Herman and Lawrence Lockwood. In *The Sephardic Tradition*. Ed. Moshe Lazar. New York: Norton, 1972.

Bension, Ariel. *El Zohar en la España musulmana y cristiana*. Madrid: Nuestra Raza, 1934.

Besso, Henry V. "Dramatic Literature of the Sephardic Jews." *Bulletin Hispanique*, 39-41 (1937-1939), 215-238; 33-47, 158-175; 316-344.

———. *Dramatic Literature of the Sephardic Jews of Amsterdam in the XVIIth and XVIIIth Centuries* (New York: Hispanic Institute, 1947).

Bethencourt, Cardozo de. "Notes on the Spanish and Portuguese Jews in the United States, Guiana and the Dutch and British West Indies During the 17th and 18th Centuries." *Publications of American Jewish Historical Society*, 29 (1925), 7-38.

Bloom, Harold. *Kabbalah and Criticism*. New York: Seabury Press, 1975.

Bloom, Herbert I. *The Economic Activities of the Jews of Amsterdam in 17th and 18th Centuries*. Williamsport: The Bayard Press, 1937.

Bocángel, Gabriel. *La lira de las Musas*. Ed. Trevor J. Dadson. Madrid: Ediciones Cátedra, 1985.

Bodian, Miriam. "The 'Portuguese' Dowry Societies in Venice and Amsterdam." *Italia*, 6, v. 1-2 (1987), 30-61.

Boer, Harm den. "Ediciones falsificadas de Holanda en el siglo XVII: escritores sefarditas y censura judaica." *Varia Bibliographica. Homenaje a José Simón Díaz. Teatro del Siglo de Oro. Bibliografías y catálogos*, 8. Dirigida por Kurt y Roswitha Reichenberger. Zaragoza: INO-Reproducciones, 1988.

———. "La literatura hispano-portuguesa de los sefardíes de Amsterdam en su contexto histórico-social (siglos XVII y XVIII)." Tesis Univ. van Amsterdam, 1992.

———. "El teatro entre los sefardíes de Amsterdam a fines del siglo XVII." *Diálogos hispánicos*, 8 (1989), 679-690.

Boer, Harm den y Jonathan I. Israel. "William III and the Glorious Revolution in the eyes of Amsterdam Sephardi writers: the reactions of Miguel de Barrios, Joseph Penso de la Vega, and Manuel Leão." *The Anglo-Dutch Movement*, ed. J.I.Israel. Cambridge: University Press, 1991, págs. 439-461.

Brooks, John. *El Mayor Imposible of Lope de Vega Carpio*. Introduction and Notes by John Brooks. *University of Arizona Bulletin*, V, nº 7, 1934.

Calderón de la Barca, Pedro. *Obras completas*. Tomo III. *Autos sacramentales*. Ed. Angel Valbuena Prat. Madrid: Aguilar, 1952.

Caro Baroja, Julio. *Los judíos en la España moderna y contemporánea*. 3 vols. Madrid: Arión, 1961.
Castro, Américo. *De la edad conflictiva*. Madrid: Ediciones Taurus, 1961.
———. *La realidad histórica de España*. México: Editorial Porrúa, 1954.
Cohen de Herrera, Abraham. *Puerta del Cielo*. Edición, estudio y notas de Kenneth Krabbenhoft. Madrid: Fundación Universitaria Española, 1987.
Cortázar, Celina Sabor de. "El tema de las potencias del alma en Calderón y sus predecesores." *Actas del Congreso Internacional sobre Calderón y el teatro español del Siglo de Oro. Vol. II. (Madrid, 8-13 de junio de 1981)*, 975-985. Madrid: Consejo Superior de Investigaciones Científicas, 1983.
Costa, Uriel da. *Une vie humaine par Uriel da Costa*. Traduit du latin par A. B. Duff et Piere Kaan. Paris: Rieder, 1976.
Chapman, W. G. "Las Comedias mitológicas de Calderón." *Revista de Literatura*, 5 (1954), 35-67.
Diccionario de literatura española, 4ª ed. Madrid: Revista de Occidente, 1972.
Dienstag, Jacob I., ed. *Eschatology in Maimonidean Thought. Messianism, Resurrection and The World to Come*. New York: Ktav Publishing House, 1983.
Egido, Aurora. *La fábrica de un auto sacramental: "Los encantos de la culpa."* Salamanca: Ediciones Universidad, 1982.
Elliot, J. H. *Imperial Spain, 1469-1716*. New York: St. Martin's Press, 1964.
Enciclopedia del idioma. Edición de Martín Alonso. Madrid: Aguilar, 1958.
Enciclopedia Universal Ilustrada, Tomo 40. Madrid: Espasa Calpe, 1958.
Encyclopedia Judaica. 16 vols. Jerusalem: Keter Publishing House, 1974.
Fine, Lawrence. Trad. e introd. *Safed Spirituality. Rules of Mystical Piety. The Beginning of Wisdom*. Preface by Louis Jacobs. New York: Paulist Press, 1984.
Fiore, Robert L. *Drama and Ethos. Natural-Law Ethics in Spanish Golden Age Theater*. Kentucky: University Press, 1975.
Fishlock, A. D. H. "The Rabinic Material in the Ester of Pinto Delgado." *Journal of Jewish Studies*, 2 (1950) 37-50.
Flecniakoska, Jean-Louis. *La Formation de l'auto" religieux en Espagne avant Calderón (1550-1635)*. Diss. Université de Paris, 1961.
Fothergill-Payne, Louise. *La alegoría en los autos y farsas anteriores a Calderón*. Madrid: Selecciones Gráficas, 1977.
Fox, Marvin. "Maimonides and Aquinas on Natural Law. "*Diné Israel*, 3 (1972), v-xxxvi.
Fuks, L. and R. "Jewish Historiography in the Netherlands in the 17th and 18th Century." *Studia Rosenthaliana*, 6, No. 2 (1972), 137-165.

———. and R. G. Fuks-Mansfeld, eds. *Memorias Do Estabelecimento by David Franco Mendes*. Amsterdam: Van Gorcum, 1975.
Gans, Mozes Heiman. *Memorbook. History of Dutch Jewry from the Renaissance to 1940*. Trad. Arnold J. Pomerans. Netherlands: Bosch and Keuning, 1977.
Gates, Eunice Joiner. "Three Gongorist Poets: Anastasio Pantaleón de Ribera, Juan de Tamayo Salazar, and Miguel de Barrios." *Estudios dedicados a Menéndez Pidal*. II, págs.383-395. Madrid: Consejo Superior de Investigaciones Científicas, 1951.
Geyl, Pieter. *The Revolt of the Netherlands, 1555-1609*. London: Ernest Benn, 1966.
Glaser, Edward. "Invitation to Intolerance. A Study of the Portuguese sermons preached at autos-dafé." *Hebrew Union College*, 27 (1956), 327-385.
———. "La poesía religiosa de Miguel de Barrios. By Kenneth R. Scholberg." *Hispanic Review*, 33 (1965), 337-341.
———. "Two Notes on the Hispano Jewish Poet Don Miguel de Barrios." *Revue des Etudes Juives*, 4, 124, (1965), 201-211.
Goldman, Israel M. *Lifelong Learning Among Jews. Adult Education from Biblical Times to the Twentieth Century*. New York: Ktav, 1975.
Gómez de Baquero, Eduardo, ed. *Philosophia secreta por Juan Pérez de Moya*. Vol. 1 y 2. Madrid: Blass, 1928.
Handelman, Susan A. *The Slayers of Moses. The Emergence of Rabbinic Interpretation in Modern Literary Theory*. Albany: State University of New York Press, 1982.
Hesse, Everett W. "Court References in Calderon's Zarzuelas." *Hispanic Review*, 15 (1947), 365-377.
Jacquoct, Jean. "'Le Théâtre du Monde' de Shakespeare à Calderón." *Revue de Littérature Comparée*, 31 (1957), 341-372.
Kaplan, Josef. "The Attitude of the Leadership of the Portuguese Community in Amsterdam to the Sabbatian Movement, 1665-1671." *Zion*, 39 (1974), 198-216.
———. *From Christianity to Judaism. The Story of Isaac Orobio de Castro*. Trad. Raphael Loewe. New York: The Littman Library, Oxford University Press, 1989.
———. "The Portuguese Jews in Amsterdam. From Forced Conversion to a Return to Judaism." *Studia Rosenthaliana*, 15 (1981), 37-51.
———. "The Travels of Portuguese Jews from Amsterdam to the 'Lands of Idolatry' (1644-1724)." *Jews and Conversos. Studies in Society and The Inquisition*, 197-224. Proc. of the 8th World Congress of Jewish Studies. 16-21 August 1981. Ed. by Y. Kaplan. Jerusalem: Magnes Press, 1985.

Katz, Jacob. *Tradition and Crisis. Jewish Society at the End of the Middle Ages*. Trad. del hebreo, 1958. New York: The Free Press of Glencoe, 1961.

Kayserling, Meyer. "Une Histoire de la Littérature Juive de Daniel Lévi de Barrios." *Revue des Etudes Juives*, 18 (1889), 276-289; y 32 (1896), 88-101.

———. *Biblioteca Española-Portugueza-Judaica*. Strasbourg: Charles J. Trubner, 1890.

———. *Biblioteca Española-Portugueza-Judaica and Other Studies in Ibero-Jewish bibliography by the author, and J. S. da Silva Rosa; with a bibliography of Kayserling publications by M. Weisz*. Selected with a Prolegomenon by Yosef Hayim Yerushalmi. New York: Ktav Publishing House, 1971.

King, Willard F. "The Academies and Seventeenth-Century Spanish Literatures." *Publications of the Modern Language Association of America*, 75 (1960), 367-376.

———. *Prosa novelística y Academias Literarias en el siglo XVII*. Anejos del Boletín de la Real Academia Española, X. Madrid: Silverio Aguirre Torre, 1963.

Kurtz, Barbara E. *The Play of Allegory in the Autos Sacramentales de Pedro Calderón de la Barca*. Washington, D.C.: The Catholic Univ. Press, 1991.

Lazar, Moshe, ed. *The Sephardic Tradition. Ladino and Spanish -Jewish Literature*. Trad. David Herman. New York: Norton and Company, 1972.

Lea, Henry Charles. *A History of the Inquisition of Spain*, Vol. III. London: The MacMillan Company, 1922.

Lechner, Juan. "Literatura española en Holanda." *Arbor*, 108, No. 422 (Feb. 1981), 19-26.

Lieberman, Julia Rebollo. "Academias literarias y de estudios religiosos en Amsterdam en el siglo XVII." *Los judaizantes en Europa y la literatura castellana del Siglo de Oro*. Madrid: Letrúmero, 1994, 247-260.

———. "*Contra la verdad no hay fuerza*, comedia alegórica de Miguel (Daniel Leví) de Barrios." *Actes del Simposi sobre Cultura Sefardita*, 9-11 nov. 1992, 181-196.

———. "El teatro alegórico de Miguel (Daniel Leví) de Barrios y la colonia de sefarditas de Amsterdam en el siglo XVII." Diss. Yale Univ., 1990.

Linz, Juan J. "Intelectual Roles in Sixteenth-and Seventeenth-Century Spain." *Daedalus*, (Summer 1972), 59-108.

Loewe, Raphael. "Potentialities and Limitations of Universalism in the Halakhah." *Studies in Rationalism, Judaism and Universalism*. Ed. R. Loewe. London: Routledge and Kegan Paul, 1966, 115-150.

Lynch, John. *Spain Under the Habsburgs. Empire and Absolutism. 1516-1598.* Oxford: Basil Blackwell, 1965.
Maimonides, Moses. *The Commandments.* Ed. Charles B. Chavel. London: The Soncino Press, 1967. Vol. I.
———. *The Guide of the Perplexed.* Trad. Shlomo Pines. Chicago: University Press, 1963.
Manasseh ben Joseph ben Israel. *The Conciliator of R. Manasseh ben Israel.* Vol. I. Trad. E. H. Lindo. New York: Hermon Press, 1972.
Menasseh ben Israel The Hope of Israel. The English Translation by Moses Wall, 1652. Ed. Henry Méchoulan y Gérard Nahon. Oxford: University Press, 1987.
Martínez de Campos y Serrano, Carlos. *España bélica el siglo XVI. Segunda parte.* Madrid: Aguilar, 1967.
Martínez Torrón, Diego. "El Mito de Circe y 'Los Encantos de la culpa.' " *Actas del Congreso internacional sobre Calderón y el teatro español del Siglo de Oro. (Madrid, 8-13 de junio de 1981),* 699-712. Madrid: Consejo Superior de Investigaciones Científicas, 1983.
McCulloch, Florence. *Mediaeval Latin and French Bestiaries.* Chapel Hill: University of North Carolina Press, 1962.
Méchoulan, Henri. "Catholicisme et Judaisme dans 'La certeza del camino' d'Abraham Pereyra, Amsterdam. 1666." *Revue des Etudes Juives,* 143 (1984), 461-471.
———. *Hispanidad y judaismo en tiempos de Espinoza. Edición de La certeza del camino de Abraham Pereyra.* Salamanca: Ediciones Universidad, 1987.
———. "La Pensée d'Abraham Pereyra dans La Certeza del Camino." *Dutch Jewish History.* Proc. of the Symposium on the History of the Jews in the Netherlands. 1982. Ed. Joseph Michman y Tirtsah Levie. Jerusalem: Dafchen, 1984.
Mendes dos Remedios, J. *Os Judeus Portugueses em Amsterdam.* Coimbra: F. França Amado, 1911.
Menéndez y Pelayo, Marcelino. *Historia de los heterodoxos españoles. Obras completas,* V. Madrid: Victoriano Suárez, 1928.
Momigliano, Arnaldo. *On Pagans, Jews and Christians.* Middletown: Wesleyan University Press, 1987.
Moolick, Charles James. "The Poetic Styles of Miguel de Barrios." Diss. University of Southern California, 1964.
Morby, Edwin. "A Footnote on Lope de Vega's barquillas." *Romance Philology,* VI (1952-53), 289-293.
Murray, John J. *Amsterdam in the Age of Rembrandt.* Norman: University of Oklahoma Press, 1967.

―――. *Antwerp in the Age of Plantin and Brueghel.* Norman: University of Oklahoma Press, 1970.

Newbauer, Adolf, ed. *The Fifty-Third Chapter of Isaiah According to Jewish Interpreters.* Oxford and London: James Parker and Co., 1876.

Oelman, Timothy. "Antonio Enríquez Gómez's 'Romance al divín martir, Judá Creyente': Edited text with introduction." *Journal of Jewish Studies,* 26 (1975), 113-131.

―――. Ed. y trad. *Marrano Poets of the 17th Century. An Anthology of the Poetry of João Pinto Delgado, Antonio Enríquez Gómez and Miguel de Barrios.* East Brunswick, New York: Associated University Press, 1982.

―――. "The Religious Views of Antonio Enríquez Gómez: Profile of a Marrano." *Bulletin of Hispanic Studies,* 60 (1983), 201-209.

―――. *Romance al divín mártir Judá Creyente [don Lope de Vera y Alarcón] martirizado en Vallladolid por la Inquisición. De Antonio Enríquez Gómez.* A critical edition from original manuscript sources. London: Associated University Presses, 1986.

Parker, Alexander A. *The Allegorical Drama of Calderón. An Introduction to the Autos Sacramentales.* Oxford: The Dolphin Book, 1968.

―――. *Los autos sacramentales de Calderón de la Barca.* Trad. Francisco García Sarriá. Barcelona: Ariel, 1983.

Patai, Raphael. *The Messiah Texts.* Detroit: Wayne State University Press, 1979.

Penso de la Vega, José. *Confusión de confusiones Dialogos Curiosos Entre un Philosopho agudo, un Mercader discreto, y un Accionista erudito.* Amsterdam, s.i., 1688. Ed. G. J. Geers, trad. M. F. S. Smith. Amsterdam: Gravenhage, 1939.

Peña, Ervie. "'El español de Orán' by Miguel de Barrios: A Critical Edition and Study." Diss. University of Southern California, 1971.

Pfandl, Ludwig. *Historia de la literatura nacional española en la Edad de Oro.* Traducida del alemán por Jorge Rubio Balaguer. Barcelona: Sucesores de Juan Gili, 1933.

Pieterse, Wilhelmina C. *Daniel Leví de Barrios als Geschiedschrijver van de Portugees-Israelietisch Gemeente Te Amsterdam In Zijn "Triumpho del Govierno Popular."* Amsterdam: Scheltema and Holkema Nv, 1968.

―――. "The Sephardi Jews of Amsterdam." *The Sephardi Heritage,* vol. II. Ed. R.D. Barnet and W.M. Schwab. Grendon, Northants: Gibraltar Books, 1989, págs. 67-99.

―――. *Livro de Bet Haim do Kahal Kados de Bet Yahacob.* Netherlands: Royal Van Gorcum Ltd., 1969.

Praag, J. A. van. "Almas en litigio." *Clavileño,* (Enero-febrero 1959), No. 1, 14-26.

―――. "Dos comedias sefarditas." *Neophilologus,* 25 (1939), 12-24; 93-101.

———. "El 'Dialogo dos montes' de Rehuel Jessurum." *Mélanges de Philologie Offerts à J. J. Salverde de Grave*, págs. 242-255. La Haye: J. B. Wolters, 1933.

———. *La comedia espagnole aux Pays-Bas au XVIIe et au XVIIIe siècle*. Diss. H. J. Paris. Amsterdam: Anc. A. H. Kruyt, [1922].

———. "Los 'Protocolos de los sabios de Sión' y la 'Isla de los Monopantos' de Quevedo." *Bulletin Hispanique*, 51 (1949), 169-173.

Quevedo y Villegas, Francisco de. *Política de Dios y gobierno de Cristo. Obras Completas*, I, 526-701. Madrid: Aguilar, 1966.

———. *La hora de todos y la fortuna con seso*. Edición de Luisa López-Guigera. Madrid: Clásicos Castalia, 1975.

Ramírez de Arellano, Rafael. *Ensayo de un catálogo biográfico de escritores de la provincia y diócesis de Córdoba*, I. Madrid: Revista de Archivos, 1922.

Révah, I. S. "Aux Origines de la rupture spizonienne: nouveaux componens sur l'incroyance dans la communauté judéo-portugaise d'Amsterdam a l'époque de l'excommunication de Spinoza." *Revue des Etudes Juives*, 4, 123 (1964), 359-431.

———. "Langues et littératures de la Péninsule Ibérique et de l'Amérique latine." *Annuaire du Collège de France*, (1970), 553-577.

———. "Les Écrivains Manuel de Pina et Miguel de Barrios et la censure de la Communauté Judéo-Portuguaise D'Amsterdam." *Tesoro de los judíos sefardíes*. Jerusalén, 8 (1965), lxxiv-xci.

———. "Les Marranes." *Revue des Etudes Juives*, I (1959-60), 29-77.

———. "Pour l'histoire des marranes à Anvers: Recensements de la 'Nation Portugaise' de 1571 a 1666. *Revue des Etudes Juives*, 2, 122 (1963), 123-147.

———. *Spinoza et le Dr. Juan de Prado*. Paris: Mouton and Co., 1959.

Rico, Francisco. *El pequeño mundo del hombre, varia fortuna de una idea en las letras españolas*. Madrid: Castalia, 1970.

Rodríguez Puértolas, Julio. "La transposición de la realidad en los autos sacramentales de Calderón." *Calderón*. Actas del "Comgreso Internacional sobre Calderón y el Teatro del Siglo de Oro." 8-13 de junio, 1981. Madrid: Consejo Superior de Investigaciones Científicas, 1983.

Rose, Constance H. *Alonso Nuñez de Reinoso: The Lament of a Sixteenth-Century Exile*. New Jersey: Ass. Univ. Press, 1971.

Rosenberg, Shalom. "Emunat Hakhamim." *Jewish Thought in the XVIIth Century*. Ed. Isadore Twersky and Bernard Septimus. Cambridge: Harvard University Press, 1987, págs. 285-341.

Roth, Cecil. "An Elegy of João Pinto Delgado on Isaac de Castro Tartas." *Revue des Etudes Juives*, 121 (1962), 355-366.

———. "Notes sur les marranes de Livourne." *Revue des Etudes Juives*, 91 (1931), 1-27.

———. *A History of the Marranos.* New York: Meridian Books, 1932.

———. *A Life of Menasseh Ben Israel. Rabbi, Printer and Diplomat.* Philadelphia: The Jewish Publication Society of America, 1934.

———. "Les Marranes à Rouen. Un Chapitre ignorè de l'histoire des Juifs de France." *Revue des Etudes Juives*, 78 (1929), 113-155.

———. "The Role of Spanish in the Marrano Diaspora." *Studies in Books and Booklore. Essays in Jewish Bibliography and Allied Subjects* by C. Roth. England: Gregg International, 1972.

Rubio, Jerónimo. "Notas sobre la vida y obras del capitán Miguel de Barrios." *Miscelánea de estudios árabes y hebraicos*, 5, Univ. de Granada (1956), 199-224.

Saccaro Battisti, Giuseppa. "Herrera and Spinoza on Divine Attributes: The Evolving Concept of Perception and Infinity, Limited to only one Genre." *Italia*, 5 (1985), 21-57.

Sage, Jack. "Texto y realización de 'La estatua de Prometeo' y otros dramas de Calderón." *Hacia Calderón.* Coloquio Anglo-germano, Exeter, Eng., 1969. Berlin: Walter de Gruyter, 1970, 37-52.

Salomon, Herman P. "Haham Saul Leví Morteira and the Portuguese New-Christians." *Studia Rosenthaliana*, 10 (1976), 139-141.

Sánchez, José. *Academias literarias del Siglo de Oro español.* Madrid: Gredos, 1961.

Sánchez Fernández, José Luis. *Poemas mitológicos de Miguel de Barrios.* Córdoba: Instituto de Historia de Andalucia, 1981.

Saraiva, A. J. "Antonio Vieira, Menasseh Ben Israel, et le cinquieme empire." *Studia Rosenthaliana*, 6, 1 (1972), 25-56.

Schechter, Solomon. "Safed in the Sixteenth Century." In *Studies in Judaism.* Second Series. Philadelphia: Jewish Publication Society of America, 1908, págs. 202-291.

Scholberg, Kenneth R. "Dos obras de 'Títulos de comedias' de Miguel de Barrios." *Hispanófila*, 20 (1964), 55-67.

———. "Miguel de Barrios and The Amsterdam Sephardic Community." *Jewish Quarterly Review*, 53 (1962), 120-159.

———. *La poesía religiosa de Miguel de Barrios.* Madrid: Edhigar, S.L., para la Ohio State Univ. Press, [1962].

Scholem, Gershom. *Kabbalah.* Jerusalem: Keter Publishing House, 1974.

———. *Major Trends in Jewish Mysticism.* London: Thames and Hudson, 1955.

———. *The Messianic Idea in Judaism and Other Essays on Jewish Spirituality.* New York: Schocken Books, 1971.

———. On the Kabbalah and its Symbolism. Trad.Ralph Manheim. New York: Schocken Books, 1965.
———. Sabbatai Sevi. The Mystical Messiah, 1626-1676. Princeton: Princeton University Press, 1973.
Seznec, Jean. The Survival of the Pagan Gods. The Mythological Tradition and Its Place in Renaissance Humanism and Art. Trad. Barbara F. Sessions. New York: Pantheon Books, 1953.
Sicroff, Albert A. Les Controverse des status de "Pureté de sang" en Espagne du XVe au XVIIe siècle. Paris: Didier, 1960.
Silva Rosa, J. S. "Een Eigenhandige brief van Daniel Leví de Barrios." Festskrift, I, 106-111. Anledning af professor David Simonsens. København, 1923.
Simón Díaz, José. Bibliografía de la literatura hispánica,6. Madrid: Consejo Superior de Investigaciones Científicas, 1961.
Schwarzschild, Steven S. "Do Noachites have to believe in Revelation?" Jewish Quarterly Review, 52 (1962), 297-308; 53 (1962), 30-65.
Swetschinski, Daniel. "Kinship and Commerce: The Foundations of Portuguese Jewish Life in Seventeenth-Century Holland." Studia Rosenthaliana, 15, No. 1 (1981), 52-74.
———. "The Portuguese Jewish Merchants of 17th-Century Amsterdam: A Social Profile." Diss. Brandeis Univ., 1980.
———. "The Spanish Consul and The Jews of Amsterdam." Texts and Responses. Studies Presented to Nahum N. Glatzer on The Occasion of his Seventieth Birthday by his Students, 158-172. Leiden: E. J. Brill, 1975.
Thomas, Lucien-Paul. "Les Jeux de scène et l'architecture des idées dans le théâtre allégorique de Calderón." Calderón de la Barca, 1-40. Herausgegeben von Hans Flasche. Germany: Druck und Einbands, 1971.
Ticknor, M. G. Historia de la literatura española. Tomo 3. Trad. por Pascual de Gayangos y Enríque de Vedia. Madrid: Rivadeneyra, 1854.
The Torah. A Modern Commentary. New York: Union of American Hebrew Congregations, 1981.
Torrente Fortuño, José Antonio. La bolsa en José de la Vega Confusión de Confusiones-Amsterdam, 1688. Madrid: Industrias Gráficas, 1980.
Turner, John H. The Myth of Icarus in Spanish Renaissance Poetry. London: Tamesis Books, 1976.
Twersky, Isadore, et passim. Jewish Thought in the XVIIth Century. Cambridge: Harvard Univ. Press, 1987.
Valbuena-Briones, A. "Eros moralizado en las 'comedias' de Calderón." Aureum Saeculum Hispanum. Beiträge Zu texten des Siglo de Oro, 289-297. Festschrift für Hans Flasche. Wiesbaden: Franx Steiner, 1983.

Vosters, Simon A. "Los sefardíes de Amsterdam." *Historia 16*, 10, Nº 111 (1985), 109-120.

Wardropper, Bruce W. *Introducción al teatro religioso del Siglo de Oro. (La evolución del auto sacramental: 1500-1648)*. Madrid: Revista de Occidente, 1953.

Wilson, Edward M. "Miguel de Barrios and Spanish Religious Poetry." *Bulletin of Hispanic Studies*, 40 (1963), 176-180.

Yerushalmi, Yosef Hayim. *The re-education of Marranos in the Seventeenth Century*. The Third Annual Rabbi Louis Feinberg memorial Lecture in Judaic Studies. University of Cincinnati, 1980.

——. *From Spanish Court to Italian Ghetto. Isaac Cardoso: A Study in Seventeenth-Century Marranism and Jewish Apologetics*. New York: Columbia Univ. Press, 1971.

Zinberg, Israel. *A History of Jewish Literature*, Vol. 5. Trad. y ed. Bernard Martin. Cincinnati: Hebrew Union College, 1974.

Zohar. The Book of Enlightenment. Trad. Daniel Chanan Matt. Prefacio de Arthur Green. New York: Paulist Press, 1983.

Edición

A CONTINUACIÓN TRANSCRIBIMOS los textos íntegros de los autos titulados (1) "Jonen Dalim" (2) "Maskil el Dal," (3) "Torá Hor," (4) "Meirat Henayim" y (5) "Ets Jaim," con nuestras notas a pie de página. Estos cinco autos forman parte de los opúsculos que contiene el *Triumpho*. Como ya dijimos en el capítulo primero, existen siete ejemplares de esta obra que se diferencian en el orden y el número de los opúsculos que contienen. No existen por tanto variaciones de los autos pero la transcripción la hacemos directamente del ejemplar del *Triumpho* de la Biblioteca Rosenthaliana 19G12.[1] Se han corregido los errores obvios del original y la ortografía y los acentos han sido modernizados, pero hemos respetado el uso de minúsculas o mayúsculas, que en muchos casos Barrios usa para hacer resaltar el significado de ciertas palabras. La palabra *que* muchas veces aparece como *q* y la hemos completado en estos casos. Los nombres de los personajes Jonen y Meirat Henayim, que en el original aparecen con variantes, Ionen/Jonen y Meyrat Henaym/Meirat Henayim, los hemos escrito siempre como Jonen y Meirat Henayim, e igualmente lo hemos hecho con Joseph, Jacob (pero hemos conservado la variante Jahacob) y Jehudá, cuando se refieren a personajes bíblicos/históricos o al nombre de la comunidad (Bet Jacob). Hemos modernizado también Isaías y Zacarías cuando se refieren a citas bíblicas. Se ha respetado la ortografía original de los nombres propios de contemporáneos de Barrios (en su mayoría en el auto "Arbol de las Vidas"), por la gran

---

[1] Los autos se encuentran respectivamente en las págs. 217-240, "Jonen," 279-312, "Maskil," 369-392, "Torá," 412-436, "Meirat," y 594-630, "Ets Jaim."

variedad con que aparecen y porque algunos son nombres portugueses, o españoles o hebreos, por ejemplo, Yeosiahu, Cazares, Mordoxay. Además, solamente identificamos aquellos nombres que tienen interés para la comprensión de los textos o que consideramos especialmente importantes. Cuando identificamos los nombres con una nota, los escribimos igual que aparecen en la *Encyclopaedia Judaica*. Los títulos hebreos iaxam/jaxam/jajam, singular y jaxamim/jajamim, plural (sabio) y jazan (cantor), los escribimos jajam, jajamim y jazan, respectivamente.

Para las citas bíblicas, hemos usado la edición de Cipriano de Valera, de la Vulgata, de 1602.[2] Hemos comprobado que Barrios usaba esta Biblia, y muchas de las citas concuerdan exactamente o Barrios introduce ligeros cambios. Por ejemplo, cuando en la edición de Valera aparece el nombre "Iehova," Barrios usa "el Señor Dios" o "Adonay." Otra peculiaridad de los textos es que a veces se da al margen solamente la numeración de la cita, por ejemplo Esay. 55.1., en "Jonen Dalim," v. 21, mientras que otras veces se da la numeración y la cita íntegra o parcial. Para no confundir al lector y mantener consistencia, nuestras citas a pie de página son íntegras, tanto si las da el texto de Barrios como si no. En este último caso, mis citas siempre provienen de la Biblia de Valera. Para los salmos, damos la numeración que da Barrios, que generalmente concuerda con la de Valera (y ésta, a su vez, concuerda con la Biblia hebrea). Cuando el texto de Barrios no provee numeración, yo siempre uso la de Valera. Cuando nuestra cita al pie comienza diciendo: "Una cita al margen del texto dice..." significa que el texto original de Barrios tiene indicada tal cita y si hay un error, lo indicamos entonces.

---

[2] (Amsterdam, 1602). Uso el ejemplar de la Ohio State University Library: BS 299 1602 V3.

Jonen Dalim[1]
Auto Sacro
De Daniel Leví de Barrios

Personas
   LA LEY   JONEN DALIM
   ISRAEL   EDOM
   EL SOCORRO   EL ANUNCIO
   MÚSICA

Después de decir dentro los cinco primeros versos se corre la cortina, y va saliendo del mar (que aparece en el teatro trasero, estando el exterior con la mutación de ruinas y montañas) Israel de viejo decrépito, en trage muy humilde, y con él, la Ley Santísima, vestida de pieles, con guirnalda de flores.

    1.   PRecipitadle a las olas.
ISRAEL ¿Ay de mí?
    2.   ¡Llama a tu Dios,
        y veremos si te acude![2]

---

[1] Jonen Dalim, el título del auto y el nombre del personaje, quiere decir "el que se apiada de los pobres," y está inspirado en Proverbios 14:21, que en Valera dice: "El peccador menosprecia a su proximo: mas el que ha misericordia de los pobres, es bienaventurado." 14:31, "El que opprime al pobre, affrenta a su hazedor: mas el que ha misericordia del pobre, lo honra." 19:17, "A Iehova empresta el que da al pobre: y el le dará su paga." Y 28:8, "El que aumenta sus riquezas con usura y recambio, para que se dé a los pobres lo allega." Edom es el nombre bíblico de Esaú, hermano de Jacob, a quien se le considera el padre de los edomitas, enemigos de Israel. Tradicionalmente se identifica a Edom con Roma, y por añadidura la Iglesia católica para significar el enemigo de Israel.

[2] Una nota al margen indica: "Psalmo.42.8." Hay un error en el número

Ley	Si hará pues le asisto yo.	5
1.	¡IOh, Sirenas! encantadle.	
Israel	Ay que ya temo su voz.	
Ley	Alienta, que aquella es³	
	La Tierra de Promisión.	
Israel	Y tú, el norte que me guía	10
	en la obscuridad mayor.	

Cantan dentro en dos diferentes puestos dos coros de música.

1.	Vuelve (Israel) a mis golfos.	
2.	Sigue tu estrella Jahacob.	
1.	No darás en seco nunca.	
2.	Irás al puerto mejor.	15
Los 2.	A la jarcia, a la vela, a la gavia, al timón,	
	que anda el mar por los cielos de Sión.	
Israel	De un acento en otro acento,	
	tardo al bien, al mal veloz	
	voy tan sediento de alivio,⁴	20
	que en mí con la sed no voy.	
Ley	Si solicitas templarla,⁵	
	échate a la mar de Dios;	
	beberás aguas de gloria⁶	
	en vasos de Salvación.	25

---

del versículo que es el once. En Valera, Salmo 42:11: "Es me muerte en mis huessos, quando mis enemigos me affrentan, diziendo me cada dia, Donde está tu Dios?"

³ Una nota al margen dice "Embia tu tuz y tu verdad, estos me guiaran, traerme han a monte de Sanctidad, y a tus tiendas. Psalm.43.3." La cita en Valera es idéntica.

⁴ Una nota al margen indica" "Psalmo 63.2." La cita del Salmo 63:2 en Valera dice así: "Dios, Dios eres tu, a ti madrugaré: mi anima tuvo sed de ti, mi carne te dessea en tierra de sequedad, y sequiosa sin aguas."

⁵ Una nota al margen indica: "Esay. 55.1." Y la cita en Valera: "Todos los sedientos venid, a las aguas."

⁶ Una nota al margen indica "Ybid 12.3." y se refiere a Isaías 12.3, que en Valera dice, "Sacareys aguas en gozo de las fuentes de la salud."

| Israel | Temo a Orión.⁷
| | 2. Toda tempestad serena
| | el Arturo de mi amor,
| | bebiendo por ti los aires⁸
| | que erizan el mar de Edom. 30
| Israel | Y en ocasión
| | que en dos opuestos raudales
| | buscando la vida estoy
| | con el agua hasta los ojos,⁹
| | y el fuego hasta el corazón. 35
| | 2. Si entre sus ondas abrazas¹⁰
| | la Ley de las luces dos,
| | del golfo del cautiverio
| | saldrás en sus tablas hoy.

---

⁷ Una nota al margen indica: "Orion, estrella es de tempestad y Arcturo de bonança. Job. 9.9:28,31: y Amos.5.8." Las citas, en Valera, dicen: Job 9:9: "El que hizo el Arturo, y el Orion y las Pleiadas, y los lugares secretos del Mediodia." Job 9:28: "Temo todos mis trabajos: sé que no me perdonarás." Job 9:31: "Aun me hundirás en la huessa: y mis propios vestidos me abominarán." Amos 5:8: "El que haze el Arcturo y el Orion, y las tinieblas buelve en mañana,... Iehova es su Nombre."

⁸ Una cita al margen dice: "Son los impíos como el mar en tempestad. Esayas 57.20." En Valera apenas difiere: "Mas los impios, como la mar en tempestad."

⁹ Una nota al margen indica: "Jerem. 9:18." Y la cita en Valera: "Y dense priessa [las endechaderas] y levanten llanto sobre nosotros: y corranse nuestros ojos en lagrimas, y nuestros parpados se distilen en aguas."

¹⁰ Una nota al margen indica: "Deut. 30.2. Psal.105.45. La Ley se figura en dos fuegos, uno obscuro y otro claro, según los Talmudistas. Deut. 30,3." Estas tres citas tienen en común la idea de promesas de redención de Dios al pueblo de Israel a condición de que cumpla la Ley. En Valera: Deuteronomio 30:2, "Y te convirtieres a Iehova tu Dios, y oyeres su boz conforme a todo lo que te mando oy, tu y tus hijos, con todo tu coraçon y con toda tu anima." Salmo 105:45 "[Y dioles la tierra de las Gentes] Para que guardassen sus estatutos: y conservassen sus Leyes." Deuteronomio 30:3, "Iehova tambien volvera tus captivos, y avrá misericordia de ti: y tornará, y juntartehá de todos los pueblos, a los quales te oviere esparzido Iehova tu Dios."

Israel	¡Felice soy!	40
Música	Al llanto, al ayuno, a la fuerza, al ardid,	
	que de Gog, y Magog suena la líd.[11]	
Israel	¡Oh, Ven David!	
Música	Al arma, al combate, al aljaba[12] al cañón	
	que apunta de Jehudá, y Joseph, la unión.	45

A la blanda repetición del último acento cerrándose el prospecto del mar, se obscurece el teatro por las muchas nubes que granizando asombros se oponen a la luz del Sol Divino.

Israel	¡TErrible tempestad!	
Ley	El que la vierte[13]	
	la echará presto sobre los Titanes[14]	
	que olas levantan contra ti de muerte	
	de maldad conturbándote Urcanes.	50
Israel	Nunca del pecho donde te haces fuerte	
	apagará lo undoso los Volcanes:[15]	
	porque del firme amor que en mí te aclama	
	con ser el agua mucha, es más la llama[16]	

---

[11] Una nota al margen indica: "Ezech. 38.20." La cita se refiere a la destrucción de Gog, enemigo de Dios, y en la edición de Valera dice: "... y todos los hombres que estan sobre la haz de la tierra, temblarán delante de mi presencia."

[12] Aljaba hoy se considera femenina, pero para Barrios es masculina.

[13] Una nota al margen indica: Jer. 22.19, y en la edición de Valera dice: "En sepultura de asno será enterrado, arrastrandolo y echandolo fuera de las puertas de Ierusalem."

[14] Una nota al margen dice: Gene.11.14. 2 Sam. 23.3. En Valera, Génesis 11.14. "Y bivio Salé treynta años, y engendró a Heber." 2 Samuel 23:3, "El Dios de Israel me ha dittado: El fuerte de Israel habló: Señoreador de los hombres, justo señoreador en temor de Dios."

[15] Una nota al margen dice: "*Esay.51.7. †Psalm.37.31." En Valera: Isaías 51.7, "Oydme, los que conoceys justicia: Pueblo en cuyo coraçon esta mi ley: No temays afrenta de hombre, ni desmayeys por sus denuestos." En Valera, Salmo 37:31: "La Ley de su Dios está en su coraçon, por tanto sus pies no titubean."

[16] Una nota al margen dice: "Cant.8.7." Y la cita en Valera dice: "Las

Ley	Rayos todo en el aire este elemento,	55
	aquel todo bramidos en la tierra[17]	
	donde hay más resistencia es más violento	
	al que más firme está da mayor guerra.	
Israel	Los Planetas se van al Firmamento	
	fugitivos del orbe, que en sí encierra	60
	los doce signos de la Ley Divina,	
	por donde el alto Sol siempre camina.	
Ley	Eclipsada su luz en tal combate,	
	del Gentil ciego, del brutal Herege,	
	el triforme lebrel, cansado late,	65
	el maligno Raposo lazos teje.	
	Crece del mar el uno y otro embate,	
	cruje del Cielo el uno y otro eje[18]	
	y entre las nubes del mortal tributo	
	llora el Tiempo mirando al Sol con luto.	70
Israel	¿Qué mucho, si con bélico alboroto	
	el Euro, el Aquilón, el Austro, el Cierso,	
	causando el de tinieblas terremoto,[19]	
	en mí te esparcen por el Universo?	
	Dejome, ¡ay triste!, el celestial Piloto[20]	75

---

muchas aguas no podrán apagar al amor: ni los rios lo cubriran."

[17] Una nota al margen dice: "Psal.93.3 y ver 6.23." En Valera, es el Salmo 83.3: "Porque he aqui que tus enemigos han bramado y tus aborrecedores han alçado cabeça." No he podido determinar a qué otra cita se refiere Barrios cuando dice "ver 6.23."

[18] Una nota al margen del texto indica: "Esay.3.83." Hay un evidente error pués no existe Isaías 3:83. ¿Será quizás Isaías 38:3? "Y dixo [Ezechias]: O Iehova, ruegote que te acuerdes aora que he andado delante de ti en verdad y en coraçon perfecto: y que he hecho lo que há sido agradable delante de tus ojos. Y lloró Ezechias con gran lloro."

[19] Una nota al margen indica: "Las [sic] 4 vientos Zach.5.6" Hay un error aquí, la cita es de Zacarías 6:5, y se refiere a la visión profética de los cuatro carros: "Y el Angel me respondio, y dixome, Estos son los quatro vientos de los cielos, que salen de donde estan delante del Señor de toda la tierra."

[20] Una nota al margen indica: "Escondi de ellos mi rostro. Ezec.39.24" En Valera, Ezequiel 39:24, "Conforme á su immundicia y conforme á sus

	donde acosado de lo más adverso,	
	busco el puerto, bebiendo a cada paso	
	tragos de muerte en cristalino vaso.	
Ley	¿Qué importa si al raudal que te arrebata,	
	aunque te arroja la quebrada quilla,	80
	nunca en la obscuridad tu luz te mata[21]	
	con la esperanza de tocar la orilla?	
Israel	Del soplo fuerte, de la undosa plata	
	animado bajel, débil barquilla,	
	corto la espuma, haciendo mis extremos	85
	de los pies velas, de los brazos remos.	
Ley	No de valor el riesgo te despoje,	
	será tu lauro igual a mi promesa,	
	cuando de libertad triumphos arroje,	
	al Alma, en grillos de temores presa.	90
Israel	Temiéndose ir a pique, solo escoje	
	echar del corazón lo que le pesa,	
	andando el mar que siente sus recelos	
	por los ojos aún más que por los cielos.	
Ley	No hay sombra que no asombre, no hay tormenta	
	que por quitarla el ser, no de en tormento;	
	el Argo cruje, roto en la violenta	
	lid, a los goles de su sentimiento,	
	al mar se arroja el que escaparse intenta,	
	y el que al arca no va del Testamento,	100
	del castigo en el piélago erizado,	
	se hunde con el peso del pecado.	
Israel	No, yo que en ella encierro cuanta vida	
	el Diluvio del mal sufre, con tanta	

---

rebelliones hize con ellos y escondí deelos mi rostro."

[21] Una cita al margen dice: "Prover. 31.18. Probezica, fatigada con tempestad, sin consuelo & Esayas 54.11." La metáfora es de difícil comprensión. Proverbios 31:18 está alabando y elogiando a "la mujer valiente," metáfora que se entiende como símbolo del pueblo israelita: [La mujer valiente] "Gustó que era buena su grangeria; su candela no se apagó de noche." Isaías 54.11: "Pobrezica, fatigada con tempestad, sin consuelo, he aqui que yo acimentaré tus piedras de carbunculo."

fe, que al paso que el agua va crecida,
lo que la acosa más, más la levanta.
Busco la luz al iris parecida,
y la descubro en ti, donde por cuanta
confianza, tropiezo en el quebranto;
cayendo al Mundo, al Cielo me levanto.

LEY La mano le da Dios así al caído,
sosteniéndole en las calamidades.

ISRAEL La esperanza de verme redimido
me alivia confiando en sus piedades,
mas, ¡ay!, que es del Señor tanto el olvido,
que casi en mí desmayan sus verdades,
viendo que aun con el llanto que en mí crece
de la esperanza el ramo no florece.
Aguardo sobre la espaciosa espalda
del Viejo alado, al Joven que brillante
me ha de sacar con mano de esmeralda
de mar de arena, a puerto de diamante.
En los riesgos adquiero la guirnalda
cuanto más combatido más constante,
desde que el criminal rayo encendido
me dejó en cuatro partes dividido.
De región, en región, vas peregrina[22]
conmigo, donde el que a tu luz se omite
reverdeciendo para su ruina,
intenta que mi vida se marchite.
Presume trascender la azul cortina[23]

[22] Una nota al margen dice: "Zach.2.6. Jerm.9.16. Lev. 26.33. Psalm.29.8." Las citas, en Valera, Zacarías 2:6: "Oh, oh, Huyd de la tierra de Aquilon, dize Iehova, porque por los quatro vientos de los cielos os esparzí, dixo Iehova." Jeremías 9:16: "Y esparzirloshe entre gentes que no conocieron ellos ni sus padres: y embiaré cuchillo en pos deellos, hasta que yo los acabé." Levítico 26:33: "Y a vosotros esparziré por las gentes, y desvaynaré cuchillo enpos de vosotros: y vuestra tierra estara assolada, y vuestras ciudades serán desierto." Salmo 29:8: "Boz de Iehova que corta llamas de fuego."

[23] Una cita al margen dice: "Palm.73.119. 4Esdr 4.21. y Esay.55.8." No

>que a lo angélico solo se permite,
>o como errando el que inquerirla advierte²⁴
>con su propia malicia se da muerte.
>Dígalo yo, que en las prosperidades   135
>crecí, rebelde a tus sagrados ritos,
>árbol pomposo de las vanidades
>hasta que me secaron mis delitos.²⁵
>Faltóme el Precursor de las verdades,
>porque al prever sus campos tan marchitos,
>triste lo destinó, con tan gran Celo,
>que no cupo en el Mundo, y se fue al Cielo.
>No el bruto Rey de la cabeza de oro
>(antes del tigre del error manchado)
>cuando del Templo profanó el tesoro   145
>cayó a los pies del Oso levantado;
>cual yo, Perilo por el rubio toro
>dos veces de mi hecho, y adorado,

---

he podido determinar a qué salmo se refiere Barrios. En Valera, 4Esdras 4:21: "porque Adam, que fue el primero, teniendo coraçon maligno, fue vencido y peccó: y ansimismo todos los que vienen del." Isaías 55:8: "Porque mis pensamientos no son como vuestros pensamientos: ni vuestros caminos, como mis caminos, dixo Iehova."

²⁴ Una cita al margen dice: "Nume.31.20. Al malo matará malicia. Psal.34.22. Engordó Israel, y acozcó. Deut.31. 20. y 32.15." En Valera, Números 31:20: "Y todo vestido, y toda alhaja de pieles, y toda obra de pelos de cabras, y todo vaso de madera expiareys." Salmo 34:22: "Matará al malo la maldad, y los que aborrecen ál justo serán assolados." Deuteronomio 31:20: "Porque yo lo meteré en la tierra que junté á sus padres, la qual corre leche y miel: y comerá y hartarsehá, y engordarseha: y bolversehá a dioses agenos, y servirleshán: y enoharmehán, y annularán mi Concierto." Deuteronomio 32:15: "Y engordó el Recto y tiró coces: engordastete engrossastete, cubristete, y dexó ál Dios, que lo hizo: y menospreció al Fuerte de salud."

²⁵ Una nota al margen dice: Esay.8.30: y 64.7." No existe Isaías 8:30. Isaías 64:7, en Valera: "Y nadie ay que invoque tu nombre, ni que se despierte para tenerte: por lo qual escondiste de nosotros tu rostro, y dexastenos marchitar en poder de nuestras maldades."

caí de tu gracia, donde sin cordura²⁶
labré en su adoración mi sepultura.   150
La Idolatría (ya sobre el castillo
que con tres torres al más fuerte espanta)
desenvainando el criminal cuchillo,
dos veces me lo ha puesto en la garganta.
Exclamo al de los Angeles caudillo,   155
donde rendido a quemadora planta,
porque responda a mi continuo ruego
me da el Aire la voz, la lengua el Fuego.
¡Oh, crezca ya la prodigiosa Vara²⁷
del mejor tronco! ¡oh, ya con alta gloria   160
expire frutos de libertad clara²⁸
árbol de luz, en campo de victoria!
¡oh, altérnese a su vista el de jara!²⁹

---

²⁶ Una nota al margen dice: "Exod.37.8.y en el Jeroboan 1.Reyes 12.28."
En Valera, Exodo 37:8: "[Hizo Beseleel] un cherubin deesta parte ál un cabo, y el otro cherubin de la otra parte ál otro cabo de la cubierta: hizo los cherubines á sus dos cabos." IReyes 12:28: "Y avido consejo, el rey hizo dos bezerros de oro, y dixoles: Harto aveys subido á Ierusalem, he aquí tus dioses, Israel, que te hizieron subir de la tierra de Egypto."

²⁷ Una nota al margen dice: "Y saldra bara de tronco de Esay & Esayas 11.1." Y la cita de Isaías 11:1 en Valera: "Y saldrá una vara del tronco de Isay, y un renuevo retoñecerá de sus rayzes."

²⁸ El texto al margen dice "Jerem.33.15. y 16." En Valera: Jeremías 33:15 y 16, "En aquellos dias y en aquel tiempo haré produzir á David Pimpollo de justicia, y hará juizio y justicia en la tierra. En aquellos dias Iuda será salvo y Ierusalem habitará seguramente y esto será lo que la llamará, Iehova Ivsticia Nuestra."

²⁹ Una nota al margen indica: "Psal.96.12. y 13. Psal.1.4:35.5. Jerem.17.6:42.6: y Prov.11.28." En Valera, Salmos 96:12 y 13: "Regozijesse el campo y todo lo que en el está: entonces exultarán todos lo arboles de la breña. Delante de Iehova que vino: porque vino á juzgar la tierra. Iuzgará ál mundo con justicia, y á los pueblos con su verdad." Salmos 1:4: "No ansi los malos: sino como el tamo, que lo echa el viento." 35:5, "Sean [mis perseguidores] como el tamo delante del viento: y el Angel de Iehova el que rempuxe." Jeremías 17:6, "[Maldito el varón, que confía en el hombre] Y será como la retama en el desierto: y no verá quando viniere el bien: mas

caerá a su voz el de la vanagloria;
que con poca raíz la pompa mucha,   165
muy presto cae si con el viento lucha.
Canten los moradores de las peñas[30]
que fugitivas con violenta saña
dando de su memoria ásperas señas
hacen al mundo su venida extraña.   170
Si en la esperanza de su bien me empeñas,
al que en dudarlo insiste, desengaña,
subiéndome a tan célicas victorias,
que apenas suba cuando suba a glorias.
Ya el fiero Monstruo de igneo Anfiteatro,   175
al Auditorio de las luces claras,
representa del Mundo en el teatro
la cuarta Monarquía de dos caras.
Jano se endiosa, y yo no le idolatro,[31]
porque tan cierta su traición declaras,   180
que el estimarte, y no el creerle sigo
viendo que de dos caras es amigo.
De sus afeites no el moral arrasa,[32]
de caer en yerros ya con llave arroja
una con Solimanes toda blanca,   185
otra con Cardenales[33] toda roja.

---

morará en las securas en el desierto en tierra despoblada y deshabitada." Jeremías 42:6: "Ora sea bueno, ora malo, á la boz de Iehova nuestro Dios, ál qual te embiamos, obedeceremos porque obedeciendo á la boz de Iehova nuestro Dios, ayamos bien." Proverbios 11:18: "El impio haze obra falsa, mas el que sembráre justicia, avrá galardon firme."

[30] Una nota al margen dice: "Esai.42.11." En Valera dice: "Alcen la boz el desierto y sus ciudades, las aldeas donde habita Cedar: canten los moradores de la Piedra: y desde las cumbres de los montes jubilen."

[31] Una nota al margen indica: "A Jano pintó la antiguedad con dos rostros." Según la mitología clásica, el dios romano Jano fue el primer rey del Lacio. Barrios identifica a Jano con Edom, es decir, Roma o la Iglesia católica.

[32] En el texto original "arraca.

[33] Solimán: se daba este nombre a una mezcla de ácido arsenioso y de mercurio que se hacía sublimar. Se usaba para hacer cosméticos. Véase el

En opuesta cuestión de sombras franca
se hacen espaldas para su congoja
por la color turquí, y la cristalina
donde mora la una, y la otra trina. 190
De Barro aquélla, si de Hierro ésta
a la mano que mueve, y a la espada,[34]
el Tridente permite de molesta,
el escudo reserva de alunada.[35]
Tan en vano se cree, se manifiesta 195
feroz de vista, de color quebrada,
que tomando el acero más se opila,
que menos corta cuando más lo afila.
Cada cual de violencias Océano,
sin dejar en sus olas desahogarme, 200
pasando sobre mí de espumas cano,
undoso Leviatán,[36] quiere tragarme;
de su seno profundo, al soberano
Rey, clamo, con deseo de acercarme
al puerto de la célica morada, 205
porque en el mar del siglo, todo nada.
Engordé y tiré coces; ya domado,[37]

Diccionario etimológico de la lengua española, por don Roque Barcia, (Madrid: Alvarez Hermanos, 1881). Barrios se refiere al poder político de los árabes (solimanes) y al de los cristianos (cardenales), los dos enemigos de Israel.

[34] Una nota al margen indica: Daniel.11:27. Daniel. 2.33. En Valera, Daniel 11:27, "Y el coraçon de estos dos Reyes será para hazerse mal: y en una misma mesa tratarán mentira: mas no servirá de nada: porque el plazo aun no es llegado." Daniel 2:33, el profeta Daniel está interpretándo el sueño de Nabucodonosor en el cuál éste ha visto una estatua: "sus piernas [de la imagen], de hierro: sus pies en parte de hierro, y en parte de barro cocido."

[35] El "tridente" es un arma y para Barrios es el símbolo del cristianismo o de la Trinidad. "Alunada" se refiere al islám.

[36] Leviatán es un monstruo marino, descrito en el libro de Job 3:8. Aquí se refiere al enemigo de Israel.

[37] Una nota al margen indica que la cita es Deut. 32[15] y en Valera dice: "Y engordó el Recto y tiró coces: engordastete engrossastete,

en el Talmud, hallo el concepto bueno
de que a Judá está bien el Pobre estado
como al blanco caballo el rubio freno;[38]   210
despeñóme sin rienda mi pecado
al hondo valle en que heridas lleno,
llamo contrito al Médico glorioso,
con anhelo de cura, y de reposo.
En la Comedia de La vida es sueño,[39]   215
el Pobre represento, tan al vivo
como el Rico, Seir, que mi despeño[40]
trata con verme mísero y cautivo;
él, como aguila va donde el empeño[41]
Turquezco, derivarle intenta altivo;   220
y yo con descender a la Pobreza,
(¡oh, Ley!) te estimo más que a la Riqueza.
El Piadoso segun decanta el Sabio
su deudor hace a Dios de lo que presta[42]
al Pobre; pero Edom traza mi agravio,   225
y en vez de darme alivio me molesta.
Hiéreme con la espada, y con el labio
porque mi fe a seguirte está dispuesta.

---

cubristete, y dexó al Dios, que lo hizo."

[38] Una nota al margen indica que la cita es "Haguigá fol.9." (el último tratado del orden "Mo'ed" en la Mishnah). En la traducción al inglés la cita dice: "Poverty befits Israel like a red trapping a white horse," *Babylonian Talmud*, v. 5. London: The Soncino Press, 1963.

[39] Barrios aún usa la metáfora de La vida es sueño.

[40] Seir es otro nombre dado a Edom (véase la nota 3). Una nota al margen indica que la cita es "Abdías lin. 14." En Valera, la cita Abdías 1:10, se refiere a Edom: "Por la injuria de tu hermano Iacob, te cubrirá la vergüença, y serás talado para siempre."

[41] Una nota indica "Jerem. 49:14." En Valera dice: "La fama oî, que de parte de Iehova avia sido embiado mensajero a las Gentes, diziendo, juntaos y venid contra ella, y levantaos a la batalla."

[42] Una nota indica "Proverb. 19.17." Se refiere al sabio Salomón en Proverbios, 19:17, en Valera, dice, "A Iehova empresta el que da al pobre: y el le dara su paga."

Dentro Edom, y Jonen Dalim

    Edom   El mendigo asqueroso se me antoja.
    Jonen   El que desprecia al Pobre, a Dios enoja.   230
    Israel   Edom asquea mi rompido trage.
    Ley   Jonen Dalim, de verlo se lastima.
    Israel   ¿Quién es Jonen Dalim?

Salen el Anuncio, y el Socorro, por dos diferentes puertas.

    Anuncio El que pasage
                  da al Pobre en los alivios que le intima.   235
    Socorro El que de la Piedad blanco plumage
                  en la cabeza está que lo sublima.
    Ley   Estos son el Socorro, y el Anuncio,
                  uno de Dios, erario; y otro, Nuncio.
    Israel   Pues ¿qué intenta el Anuncio? ¿qué el Auxilio?
    Anuncio Dar de Jonen Dalim clara noticia.
    Socorro Pintar de su clemencia el Domicilio.
    Anuncio Por anunciar su premio a la Justicia.
    Socorro Porque parece al de Israel Concilio,
                  en sus Hermanos, y en su Presidente.   245
    Ley   Pues ya te escucho.
    Israel   Pues tu voz lo cuente.
    Socorro Jonen Dalim es un Colegio pío
                  que de Hermanos setenta está compuesto,
                  Sanedrín[43] de piadoso, domicilio,   250
                  y Selomoh su Presidente honesto.
                  Con el Tamid[44] (que es el maná, o rocio,
                  que al Tesorero trae cada modesto
                  Hermano) al Pobre sustentar procura,
                  continua su piedad, su ciencia pura.   255

---

[43] "Sanedrín" significa tribunal en hebreo.
[44] "Tamid," término hebreo bíblico que se refiere a la ofrenda o sacrificio (quemado) que se hacía diariamente en el Templo, mañana y tarde. Aquí se refiere a la ofrenda o contribución que hacía cada miembro de la hermandad.

ANUNCIO Ocho los grados son de la clemente
Limosna como instruyen el famoso
Preceptor Josef Caro,⁴⁵ y el sapiente
Rabí Baxié⁴⁶ en el Exodo glorioso.
El primer grado, es dar el imprudente   260
la limosna con acto desdeñoso;
y aun se la premia Dios, mas con desdenes,
dándole antes los males que los bienes.
Dos clases el segundo grado anida
de los que poco dan con buen semblante;   265
una, es del Rico que halla en la otra vida
lo poco que da en esta al Mendigante.
Otra, es la del Mediocre que en lucida
mansión es a los altos semejante;
pues de Dios en la Bienaventuranza,   270
al paso que da poco, mucho alcanza.
En el grado tercero, se presenta
el que socorre con lo necesario
al que pedirlo, es vergonzosa afrenta
o al que va por sus puertas de ordinario.
El alto Juez que entre Angeles se asienta,
del galardón no le abre el rico erario;
si antes no se lo pide en la desgracia,
y no llama a las puertas de su gracia.

---

⁴⁵ José Caro, (1488-1575), codificador y místico, nacido en Portugal, vivió en Turquía y Safed. Su obra más conocida es el *Shulhan Arukh*. Los ocho grados de hacer la caridad que especifica Barrios coinciden con los de Moses Maimónides y van de nivel ascendente. El mejor modo de hacer la caridad es en secreto. La tradición se remonta a la época del Templo donde había una cámara llamada "Cámara del silencio" que servía para que los ricos depositaran su contribución a los pobres. Tanto el que daba como el que recibía desconocía la identidad del otro. Véase M. Maimonides, *The Commandments*, ed. Charles B. Chavel (London: The Soncino Press, 1963), vol. 1, pág. 209.

⁴⁶ Bahya ben Joseph ibn Paquda, escritor del siglo XI y conocido por una obra de ética escrita en árabe y traducida al español con el título de *Obligación de los corazones*.

El cuarto grado, es el merecimiento 280
de que antes de pedir el vergonzoso
la limosna, la da el ánimo, atento
a lo que necesita el Pobre ansioso;
galardón justo a su benigno aliento
apercibe el Artífice glorioso, 285
que como a Mosseh le oye antes que exclame,
y le responde aun antes que lo llame.
El quinto grado, es socorrer el bueno
sin conocer al que socorre justo.
El Talmudista, de clemencia lleno, 290
vuelto el rostro, el socorro da con gusto;
tómalo de su espalda el Pobre, ageno
de que le cause la vergüenza susto,
y en volver Dios la espalda, satisface
al que en cara no echa el favor que hace. 295
El sexto modo de limosna grata,
es darla con embozo al que la admite;
el pío Talmudista la desata,
y a la casa del Pobre la remite.
Si por debajo de sus puertas trata 300
entrala; que lo vea el Pobre omite,
porque enriquezca Dios manos abiertas
de los que tras el Pobre andan por puertas.
Es la séptima acción caritativa,
acudir sin saber a quien se acude, 305
ni el Pobre conocer cual mano activa
quiere que de su pena se desnude;
del Sacro Templo Sala compasiva,
da esta limosna, porque Dios le ayude.
Porque el Don encubierto la ira oprime,[47] 310
y al enemigo incógnito reprime.
La octava caridad, y más preciosa,
tiene rostro de emprestimo[48] agradable,

---

[47] Una nota al margen indica: "Prov. 21.[14]" En Valera dice: "El presente en secreto amansa el furor, y el don en el seno la fuerte yra."
[48] "Emprestimo," del verbo "emprestar" que hoy se dice prestar.

	y se la premia Magestad gloriosa	
	en mostrársele siempre favorable.	315
	Estas ocho piedades, generosa	
	Jonen Dalim, ostenta en casa afable.	
	Y así que apiada al Pobre se interpreta,	
	Voz de la Fama, de la Ley trompeta.	
SOCORRO	Abriles cinco mil y cuatrocientos[49]	320
	y veinte y siete eran del Mundo, cuando	
	a Jonen Dalim fundan los que atentos	
	al Pobre acuden con cariño blando;	
	y a la Yesibá[50] dejan descontentos	
	que de Temime Darex[51] nominando,	325
	de cuantos la mantienen se dividen,	
	atraen al Celo, y al error despiden.	
	Hacen su Preceptor al virtuoso	
	Jajam[52] Iosiahu Pardo, que grangea	
	con la doctrina aplauso de estudioso,	330
	con el agrado de benigno idea;	
	al América pasa, y el famoso	
	Selomoh de Olivera, señorea	
	su silla con científica enseñanza,	
	fiel su prudencia, docta su templanza.	335
	Siglos cincuenta y cuatro tiene entonces	
	seis lustros, y años cuatro el Universo,	
	puerta su fama con plausibles gonces,	
	siempre abierta al Leal, nunca al Perverso;	
	su Ley en jaspes, y su Fama en bronces,	340
	brilla por lo observante, y por lo terso,	

---

[49] 5427 se refiere al año en que se fundó Jonen Dalim y corresponde al año 1667. Al parecer la academia se formó de un grupo que estaba descontento con Temime Darex.

[50] "Yesibá," plural "yesibot," significa academia de estudios talmúdicos.

[51] "Temime Darex" es el nombre hebreo de una de las academias de estudios. Quiere decir "Los perfectos de carrera" y está basado en el salmo 119:1, que en Valera dice: "Bienaventurado los perfectos de camino: los que andan en la Ley de Iehova."

[52] "Jajam" en hebreo significa sabio, hombre instruido en la Torá.

con letras de Piedad caritativa,
y con voces de ciencia discursiva.
Es su estatuto misericordioso 345
asistir al Hermano que adolece
con lo que necesita, y el piadoso
Gabay[53] por orden superior lo ofrece
entre viudas reparte generoso
cada semana pan, con que abastece 350
al castillo de su merecimiento
y al socorrido le ocasiona aliento.
Si en el asalto de Atropos terrible
algún Hermano fiel pierde la vida,
tropa enlutada en ataúd horrible, 355
de hombros lo trae a barca prevenida
acompaña al cadáver insensible
hasta Bet a Iaim,[54] reza, advertida
con su Abel, predicar el Ros[55] advierte
en el Mes, y en el año de su muerte. 360
En el día primero se discurre
sobre algún fiel Comento de la Biblia,
con el concepto que al lector ocurre,
y las dificultades que concilia;
en la Pascua y el Sábado, concurre 365
lo más de la Académica familia,
a ver la lid que forman de la ciencia
siete ingenios armados de elocuencia.
Sale Semuel Ramirez el primero
con espada de Ley y de doctrina. 370
Selomoh Marquez docto, y verdadero
rayos de celo, y devoción fulmina.
Con Iosef Sarfatin el Sacro fuero

---

[53] "Gabay," forma abreviada del término hebreo "gabbay tzedakah," custodio de la caridad. El gabay es el tesorero de la hermandad.

[54] "Bet a Iaim," literalmente "Casa de los vivos," así se llama el cementerio de la comunidad sefardita de Amsterdam.

[55] "Rosh," literalmente quiere decir cabeza en hebreo. El rosh es el preceptor de la academia.

	Talmudísticas lumbres encamina.	
	Iacob Alvarez, tiene ingenio agudo,	375

```
            Talmudísticas lumbres encamina.
            Iacob Alvarez, tiene ingenio agudo,                375
            luz del Colegio, del Talmud escudo.
            David Nuñez, predica doctamente.
            Ionas Abarbanel, es ingenioso.
            Selomoh de Olivera con sapiente
            labio a los seis preside virtuoso.                 380
            Entre ellos brilla, como el refulgente
            Febo entre los Planetas luminosos
            o como el luminar del Almenara⁵⁶
            entre los seis que miran su luz clara.
            Y tú Israel, que el Pobre representas,             385
            tendrás por su Gobierno los favores
            de un Gabay⁵⁷ que hace a la avaricia afrentas,
            y cuatro ilustres Administradores;
            si de la insigne viuda experimentas
            la virtud, hallarás que con primores                390
            dar como Abigail favor no evita,
            al que como David lo necesita.
    ISRAEL  Si de Jonen Dalim, eres Socorro,
            y en las vueltas que doy inquieto, y triste
            por el lecho del Mundo, mi mal borto               395
            con tu favor, diré que Dios te asiste.
```

Salen Jonen Dalim y Edom por diferentes puertas.

```
    JONEN       Yo soy Jonen Dalim que a tu bien corro,
                por la Piedad que a los desnudos viste.
    EDOM        Yo, Edom, que en molestarte no me canso.
    LEY         Yo, te daré consuelo.              a Israel.
    VATICINIO⁵⁸ Yo, descanso.                      a Israel.
    EDOM        Tú ¡oh, Ley! ¿le has de aliviar, cuando te niega
```

---

⁵⁶ "Almenara," que Barrios considera sustantivo masculino, significa candelabro.

⁵⁷ "Gabay" quiere decir tesorero. Véase la nota 53.

⁵⁸ El personaje llamado Vaticinio es claramente el Anuncio con un nuevo nombre, probablemente por error.

	que vino el gran Siló? y que ¿te ha quitado⁵⁹	
	el cetro de Judá? y a ti ¿te entrega *al Vatic.*	
	a querer exaltar su humilde estado,	405
	cuando de un clima en otro no sosiega	
	como anunciaste en Códice sagrado?⁶⁰	
Ley	Edom, muy más que tú, Israel me entiende.	
Vatic.	Su bien anuncio cuando a Dios no ofende.	
Israel	El susto que Edom me ofrece,	410
	creer me hace en toda estancia	
	que la Inquisición me coge,	
	y que me arroja a la llama.	

Cantan dentro dos Coros de Música.

Coro 1.	Israel, pierde el temor	
	que presto el Dios que te ama,	415
	destruirá a tus enemigos,⁶¹	
	y a ti te dará la palma.	
Coro 2.	En la insigne Yesibá⁶²	
	de Jonen Dalim, alcanza	
	el Pobre alegre socorro,	420

---

⁵⁹ Una nota al margen indica: "Gen. 49[10]," y en Valera dice: "No será quitado el ceptro de Iudá, y el legislador de entre sus pies, hasta que venga Siloh, y a el se congregarán los pueblos." Las palabras de Edom se refieren a la interpretación cristiana de Génesis 49:10, mediante la cual Shiloh se refiere al Mesías, Jesucristo.

⁶⁰ Una nota indica: "Deut. 28.65." En Valera dice: "Y ni aun en las mismas Gentes reposarás, ni la planta de tu pie tendra reposo: que alli te dará Iehova coraçon temeroso y caymiento de ojos, y tristeza de anima."

⁶¹ Una nota al margen indica: "Esa.44.8. Jer. 31.3. Esa. 54.15:" En Valera, Isaías 44.8, "No temays, ni os amedrenteys, no te hize oir desde entonces y te dixe antes lo que estava por venir? Luego vosotros soys mis testigos, que no aya Dios sino yo: y que no aya fuerte, que yo no conozca." Y 54:15: " Si alguno conspiráre contra ti, será sin mi: el que contra ti conspiráre, delante de ti caera." Jeremías 31:3: "Iehova se manifestó a mi ya mucho tiempo ha diziendo, con amor eterno te ame: por tanto te supporté con misericordia."

⁶² "Yesibá," academia. Véase la nota 49.

	y el Rico doctrina Santa.
EDOM	¿Qué escucho pesares míos?
ISRAEL	¿Qué es lo que a mis ojos pasma?

Descúbrese, en el derecho lado del Teatro un campo de cadáveres, y en el izquierdo una frondosa campaña

CORO2.	Los Cadáveres que miras,	
	y la floresta que pasas,	425
	de Jonen Dalim son rastros,	
	y de Edom, Circea estancia.	
ISRAEL	Allí un Epitafio Hebreo[63]	
	en las hojas de una planta	
	Pacífica, a los difuntos	430
	aplaude con elegancia.	

אלה בני חורים   נפטרים נפטריס
לשמור ולעשות עוד   היום כבני חורים
נפשם בחייהם   ברכו גם בכסיהם
שמו פרי הדר   לפרוח כתמרים

	Estos los hijos son de los ilustres[64]	
	Difuntos libres de observar los fueros	
	con que adquiriendo celestiales lustres,	
	se miran fuera de accidentes fieros;	435
	por triunfar de mortíferos dislustres,	
	bendicen su Alma en vida verdaderos,	
	y hace su fruto el mérito del Alma,	
	a fin de florecer como la palma.	
LEY	Los que pasan por la Selva	440
	se mudan en formas varias	
	de ave, de sierpes, y brutos.	
VATIC.	A vista de Daniel andan	
	cuatro monstruosas Fieras,	
	que cuatro Gentes retratan;	445

---

[63] Una nota al margen indica que el epitafio "Es del Jajam Selomoh de Olivera. Selomoh significa Pacífico."
[64] Una nota al margen dice: "Traducción."

el Francés se torna en Gallo,
en Unicornio el de Anglia
en Aguila de dos picos
Turquía con Alemania;
los de Polonia en Alanos, 450
en Canes los de Tartaria,
en Moscas los de Moscovia,
en Gatos los de Batavia;
el Itálico en el Buey
(que el Etrusco Italos llama, 455
y el Latino Bos, de donde
nombra el Vate Bosrá, a Italia),⁶⁵
en vaca hermosa el Egipcio
que al Hercúleo Estrecho pasa;
el Sueco en Osa celeste, 460
y en Elefante el de Dania.
El estómago a los yerros
hace el Avestruz del Alba,
hasta que en la Misa del Gallo,
por dejarlo de la galla. 465
En las redomas de Hesperia⁶⁶
sus Familiares la engañan,
solo porque alce figuras,
adorando a las estatuas.

---

⁶⁵ El "Vate," o poeta, se refiere a Mennaseh Ben Israel a quien Barrios cita al margen así: "Menaseh Lib. 2. Concil. p. 26. en Esai." Menasseh en su obra titulada el *Conciliador*, o de la conveniencia de los lugares de la Sagrada Escritura, que repugnantes entre si parecen, (Amsterdam: 1632), identifica a los romanos con los descendientes de los edomitas bíblicos a quienes Dios castigará a la llegada de la era mesiánica, basándose para ello en la cita de Isaías 34:6 que en Valera dice: "Lleno está de sangre el cuchillo de Iehova, engrassado está de grossura de sangre de corderos y de cabritos, de grossura de riñones de carneros: porque Iehova tiene sacrificio en Bosrá, y grande matança en tierra de Edom." Para Barrios, siguiendo a Menasseh, la palabra "Bosrá" se refiere a Roma. Véase la edición del *Conciliador* de E. H. Lindo (New York: Hermon Press), págs. 216-217

⁶⁶ Hesperia es el nombre antiguo que se daba a España.

	Los lobos de negras lobas,	470
	que van al Cordero de Austria	
	no atienden a sus balidos,	
	como al bellón que le sacan.⁶⁷	
ISRAEL	Los más de estos Animales	
	me quieren comer.	475
SOCORRO	A caza	
	de los que intentan morderte,	
	la Muerte en sus flores anda.	
VATIC.	En Junta de Angeles Dios,⁶⁸	
	de sí al que te asusta aparta,	480
	y entre Jueces juzgará	
	los que contra ti mudanzas	
	hacen en Saraos de Sectas.	
ISRAEL	Yo quedo en la forma humana,	
	sin que el trabajo me mude,	485
	ni me falte la esperanza.	
LEY	Eres Ulises del Cielo,	
	y Jonen Dalim la Sacra	
	Paloma, que semejante	
	a la que su Esposa llama	490
	el Esposo en los Cantares,⁶⁹	
	se mira en la cuenta Hebraica	
	setenta y uno, al espejo	

---

⁶⁷ Barrios juega con el doble sentido de las palabras: "Loba" tiene dos sentidos, la hembra del lobo, el animal, y es también "el manto o sotana de paño negro que, con el capirote y bonete, formaba el traje que fuera del colegio traían los colegiales de las órdenes militares." "Balido" del verbo balar, es la voz del cordero y "valido," el que tiene el primer lugar en la gracia de un príncipe o alto personaje." "Bellón," es una moneda y también la lana de un cordero. Véase la *Enciclopedia del idioma*, de Martín Alonso (Madrid: Aguilar, 1958).

⁶⁸ Una nota al margen dice: "Psal. 82[1]" Y la cita en Valera dice: "Dios está en el ayuntamiento de Dios en medio de los dioses juzga."

⁶⁹ Una nota al margen indica: "Cant. 6:8." En Valera: "Mas una es la Paloma mia la Entera mia: unica es a su madre, escogida a la que la engendró."

                    de la media luna blanca
                    que alumbró en el Sanedrín⁷⁰   495
                    con la luz de la enseñanza
                    a la Tierra Santa; y hoy
                    Jonen Dalim a las Almas
                    en que Selomoh preside
                    setenta por semejanza   500
                    si de Mosseh en lo que enseña,
                    de David en lo que canta.

Música Dentro.

  CORO 1.   Selomoh tiene una viña⁷¹
             ya en Bahal Hamon, ya en la Santa
             Jonen Dalim, con racimos   505
             de doctrinales palabras.
  CORO 2.   Setenta Hermanos la cuidan,
             y casi noventa Hermanas,
             ellos, de muy buenas cepas;
             ellas, de sus llaves, guardias.   510
  CORO 1.   Arbol de vidas la Ciencia⁷²
             sombra hace a la viña urbana
             para no dejar caer
             al que se ase de sus ramas.
  CORO 2.   Presto a la Ciudad excelsa⁷³   515
             por el Divino Monarca
             se humillará al pie del Pobre,
             que a los cielos se levanta.

---

⁷⁰ Sanedrín significa tribunal en hebreo.

⁷¹ Una nota al margen indica: "Cant. 8." Baal Hamón es el nombre del lugar de la viña de Salomón, según el Cantar de los Cantares, 8:11.

⁷² Una cita indica: "Prov.3.8." Hay un error en el versículo, la cita es de Prov. 3:18: y en Valera dice, "Esta [Ley] es arbol de vida a los que asen deella: y los que la sustentan son bienaventurados."

⁷³ Una nota indica: "Esai.26.6." En la cita de Isaías 26:6, en Valera, después que Dios ha doblegado a Babilonia, símbolo de los enemigos de Israel: "Hollarlaha pie, pies de afligido, passos de menesterosos"

EDOM	Esta Ciudad represento,	
	pues el libro que se llama	520
	Maestro Catequizante,[74]	
	descubre que es la Cesárea	
	Roma, y el Conciliador	
	Menasses, con aprobadas[75]	
	Autoridades instruye,	525
	ser de Edom Roma fundada.	
JONEN	Yo en el Teatro del Mundo	
	el papel hago de cuantas	
	naciones, dan a Israel	
	hospicio con manos largas.	530
	Pues Jonen Dalim, denota	
	lo que del Pobre se apiada;	
	y los Pueblos, que tuvieren	
	piedad, de la desterrada	
	Gente Electa, el Rey Empíreo[76]	535
	los apiadará, con tantas	
	victorias, que al redimido	
	lleven a su Tierra en Palmas.[77]	
EDOM	Cual Nabucodonosor,	
	entro en la Selva encantada,	540
	para pacer como bruto,	

---

[74] Una nota al margen dice: "Cap. 77." Probablemente se refiere a "Diálogo entre discípulo e mestre catechizante," Lisboa, 1625. Un tratado antisemita. Véase E. Glaser, "Invitation to Intolerance," pág. 336, n. 48.

[75] Una nota al margen indica: Menas. lib. 2. con. 2.q. en ezech." Para Menasseh, véase la nota 65.

[76] Una nota al margen indica: "Menasseh lib. Nabucho. fol. 243." y es el título de otra obra de Menasseh ben Israel.

[77] Una nota al margen indica: "Esai. 66.20." La cita se refiere al momento en que Dios, después de castigar a los impíos, congregará a los pueblos dignos de redención, y en Valera dice: "Y traerán a todos vuestros hermanos de entre todas las Gentes por presente a Iehova, en cavallos, en carros, en literas, y en mulos, y en camellos, a mi santo Monte de Ierusalem, dize Iehova: de la manera que los hijos de Israel suelen traer el Presente en vasos limpios a la Casa de Iehova."

	con tener racional ansia.	*Éntrase.*
JONEN	Ya mansa, en lanza, y Jumento	
	se vuelve la Fiera Cuarta.	
LEY	Esta es Roma, Fiera cuando	545
	Consular era, y Cesárea;	
	y lanza con el Kirite	
	que el nombre en Sabino saca	
	de Kuris, que lanza vale,[78]	
	y Roma de la palabra	550
	Romah,[79] que es lanza en Hebreo.	
	De aquí los Rabinos fraguan	
	que la formidable Roma	
	se fundó sobre una estaca	
	o Asta de lanza en el Mar.	555
ISRAEL	¿Qué Mar es éste?	
VATIC.	El de Gracia.	
SOCORRO	Jonen Dalim en su Ley	
	ostenta la ardiente llama	
	que dará secando al mar	560
	luz de divinas venganzas.	
	Mas un papel por el Aire	
	viene volando a mis plantas.	
VATIC.	Yo le cojo.	
JONEN	Escrito está.	565
ISRAEL	Veamos lo que declara.	

---

[78] Kuris, del latín "curis," que significa lanza. Una nota al margen indica "Ovid.Li.1.Fast. Celi.lib.24.c.16. Pined.lib.1." Monar.Eccl.p.1.c.31." Las citas se refieren a la obra del poeta clásico Ovidio, los *Fastos*, una especie de calendario en dísticos elegíacos, en donde se pasa revista, día por día, a todas las fiestas romanas, exponiendo sus orígenes y todos los pormenores que las caracterizan. Véase la *Enciclopedia Universal Ilustrada*, tomo 40 (Madrid: Espasa Calpe, 1958). Juan de Pineda, franciscano autor de *La Monarquía eclesiástica* o *Historia Universal del mundo* (Zaragoza, 1576), donde se citan casi todas las fuentes o autores conocidos. *Diccionario de literatura española*. Dirigido por Germán Bleiberg y Julián Marías, 4ª ed. (Madrid: Revista de Occidente, 1972).

[79] "Romah" significa lanza en hebreo.

Lee el Vaticinio. Dos extremos se encuentran, uno Roma de avaricia, por Edom; y otro, Jonen Dalim de Caridad por Israel. Y esto ponderan dos Rabinos llamados cada uno Selomoh. El primero, leyendo en Isaías cap. 20.[80] que a la Ciudad sublime hollarán los pies del Pobre, y los pasos del Menesteroso, explica, que la ciudad es Roma. Israel los pasos del Menesteroso, y el Mesías los pies del Pobre, por anunciar Zacarías en el cap. 9.[81] a los de Sión y de Jerusalén, que vendrá su Rey, Justo y Salvo, pobre, y montado sobre un Jumento, y sobre un pollino hijo de Asna. El Jumento es Roma, porque el Hebreo al Jumento nombra Hamor, y al revés se lee Romah que significa lanza.

CORO 1. Todas las cosas se mudan, sino es la Escritura Santa, que Roma entiende al revés y por eso al revés anda.	*Canta Dentro.* 570

El segundo Selomoh con renombre de Olivera, canta estos versos Acrósticos Hebreos con el nombre duplicado de Selomoh en alabanza de los conformes hermanos de Jonen Dalim.

שומרי לעד מצות האל
להקת ההוגים בתורה
מאזני צדק ישאו על אל
המה יזכו שם תפארה
אנשי חסד חברו יחד
להיות תוך עדה נקהלים
אז שמו להם ראש אחד
בישיבה של חונן דלים

S-i Es La Observancia Mente, Orden Honrosa,
E-xalte Dios al que en la Ley medita.

---

[80] Hay un error aquí pués la cita es de Isaías 26:6, en Valera, dice "[La ciudad] Hollarlaha pie, pies de afligido, passos de menesterosos."

[81] La cita es de Zacarías 9.9, en Valera dice: "Alegrate mucho hija de Sion, jubila hija de Ierusalem. He aqui que tu Rey vendrá a ti, Iusto y Salvador, Pobre y cavalgando sobre un asno, y sobre un pollino hijo de asna."

L-a Justicia balanza le dé hermosa,
O-rne el Criador con Celestial victoria
M-editación de Yesibá bendita,   575
O-obra de su cabeza meritoria,
H-onen Dalim su nombre, y su Fe gloria.

La dicción Réguel significa Pie y Pascua, y por la de Sucoth denominada de cuantas cubrientes nubes de la gloria traen el hijo del Hombre que apareció a Daniel, dice el citado Isaías, contra la sublime Ciudad: la hollará la Pascua, los pies del Pobre, los pasos de los menesterosos.[82] *Y Jonen Dalim es la veloz Nube que con rocios de limosnas alimentando a los pobres y menesterosos, sirve de caritativa posta al Divino Rey que conforme decanta el Político Profeta (cap. 19.) viene sobre Nube Ligera.*[83]

CORO 2.	Pascuales guían dos nubes	
CANTA.	a la Israelítica tropa,	
	una con el Rey Divino,	580
	otra con su humana sombra.	
LEY	Feliz tú ¡oh, Jonen Dalim!	
	que a los pobres das limosnas,	
	con asistencia divina,	
	y piedad maravillosa.	585
SOCORRO	En ti mi mano se alarga.	*A Jonen*
LEY	en ti está mi grande antorcha.	*Dalim*
VATIC.	En ti es oída mi voz.	
ISRAEL	En ti espero mis victorias.	
JONEN	Pues con repetidos gozos,	590
	demos a Dios puras loas,	

---

[82] Se refiere otra vez a Isaías 26:6, "[La ciudad enemiga] Hollarlaha pie, pies de afligido, pasos de menesterosos." La relación entre "pie" y "pascua" es, desde luego, la interpretación personal de Barrios, (de fuerte connotación mesiánica) ya que en el texto de Isaías no aparece la palabra pascua.

[83] Se refiere a Isaías 19:1 que en Valera dice: "Carga de Egypto. He aqui que Iehova cavalga sobre una nuve ligera: y vendrá en Egypto, y los idolos de Egypto se moveran delante del: y el coraçon de Egypto se desleyrá en medio del."

para que en su Amor tengamos
aquí paz, y después gloria.

F I N.

Maskil el Dal[84]
Diálogo Harmónico
De Daniel de Leví Barrios

Interlocutores
    La Observancia   El Agrado
    La Religión   La Alegría
    El Aumento   La Harmonía
    [El Rosxodes]   [El Precepto]
    [Músicos][85]

Aparecen en un lado del Teatro la Religión y la Observancia durmiendo, y en otro el Aumento, leyendo una Carta, mientras cantan dentro.

  Música Con Alegría, Agrado, y Harmonía,
           Maskil el Dal se apiada del Pobre,

---

[84] "Maskil el Dal," el nombre de la academia y el título del auto, significa "el que entiende o ilumina al pobre." El Maskil es el erudito o sabio. En *Triumpho*, pág. 250, Barrios explica, "Maskil el Dal, en el idioma Santo/ vale Entender al Pobre, ò lo que acierta / el entendido que lo entiende, en quanto/ le abre de la Piedad sagrada puérta!" Otra vez cita a Daniel 12:3 en *Triumpho*, pág. 269: "Los entendidos resplandeceran como resplandor del Firmamento, y los que enseñan la caridad á muchos como las estrellas para el Mundo y la eternidad." La cita coincide casi íntegramente con la de Valera.

[85] En la lista de interlocutores del original no aparecen ni el Rosxodes, ni el Precepto, ni los músicos, pero es obvio que es un olvido ya que los músicos cantan desde detrás del escenario a partir del verso 37 y salen al principio del auto y a partir del verso 37. Así mismo, el Rosxodes sale cantando después del verso 554 y seguidamente participa en la obra. El Rosh-hodesh es el principio del mes en el cómputo hebreo. El Precepto sale a escena en el verso 791.

	Porque de ella se apiade Dios que la oye.	

AUMENTO	Esta Música importuna,	
	a la carta corresponde,	5
	Que me Escribe en la Pobreza	
	Quien da al Rico reprehensiones.	
	Mas aquí la Religión	
	Y la Observancia, componen	
	En el sueño su descanso.	10
	Mi discordia en su Unión torpe.	
	Huiré de su horrible vista.	

Quiere huir y no puede.[86]

	Mas ¿qué violentas prisiones,	
	Me impiden el movimiento,	
	Y el pecho me descomponen?	15
RELIGIÓN	El aviso de los cielos, *En sueños.*	
	Para que a mi fueros tornes.	
OBSERV.	La divina Caridad,	
	Para que alivies al Pobre.	
AUMENTO	¿Qué escucho?	20
RELIGIÓN	A la Religión,	

Levántase despierta la Religión.

	Que tiene revelaciones	
	De lo que dice ese Pliego,	
	Con mi idea tan conforme,	
	Que a ser mío, no tuviera	25
	Sino sus mismas razones.	
AUMENTO	Por ver si aciertas, te escucho.	
OBSERV.	Yo tambien, porque en visiones	
	Del sueño, te vi tan malo *Levántase*	

---

[86] Compárese con lo que explican las instrucciones que hace el Albedrío en *Contra la verdad*, pág. 271, "Quiere moverse y no puede."

	Que las ricas posesiones,	30
	No te podían curar,	
	Con terrenales Doctores,	
	Y yo al Pobre parecía,	
	Que sin tener de los hombres	
	Alivio, en Dios solo espera.	35
RELIGIÓN	La carta a todo responde.	
MÚSICA	Con Alegría, Agrado y Harmonia	
	Maskil el Dal se apiada del pobre,	
	Porque de ella se apiade Dios que la oye.	
RELIGIÓN	Gran mal es la pobreza sin consuelo,[87]	40
	si el pobre no va a Dios con pecho sano,	
	y peor es el bien que ofrece el suelo	
	si el rico no da al pobre Franca mano.	
	Los dos son males que el Señor del Cielo,	
	no cura, antes los da al rigor insano,	45
	porque uno en la miseria se condene,	
	y otro en la enfermedad con el bien pene.	
	Mas si el necesitado a Dios invoca	
	para que le socorra, o alimente,	
	con la esperanza a la tristeza apoca,	50
	con la necesidad anda valiente.	
	En angustias el Rico se sofoca,[88]	
	y mayor mal que el abatido siente,	
	porque no sana al uno el oro, o arte,	
	y el otro, se contenta con su parte.	55
	Con sed terrible, y con hambrienta ira	
	Tántalo en dulce mar ve el Arbol, donde,	
	Si beber quiere, el agua se retira,	
	Si comer trata, el fruto se le esconde.	
	Nada vale el tesoro al que delira,	60
	en la fiebre voraz, sino responde	
	con la bebida al fuego que le abrasa,	
	con el manjar al amargor que pasa.	

---

[87] Los versos 40-143 los publicó Scholberg. Véase *La poesía*, págs. 238-240.

[88] En el original "sufoca."

Como polvo Jacob al Cielo sube
y Esaú como rocio baja al suelo. 65
Aquél, camina a Dios de nube en nube,
y éste, al sepulcro va de cielo en cielo.
Con los ricos miserias tengo, y tuve,
no las tendrá el que a Dios levanta el vuelo,
y el soberbio conforme David canta 70
para más precipicio se levanta.
Peste horrible parece la pobreza,
al que huye della, o porque no le pegue
landres de pobre, o porque la riqueza,
no admite que el Mendigo se le llegue, 75
y tiene más tropiezos de tristeza,
el rico si el Señor hace que ciegue,
pues el que a ciegas goza del tesoro,
es como el que en tinieblas palpa al oro.
Indigesta dolencia de la vida, 80
llama el Rey Sabio a la riqueza mucha,
guardada para mal del que la anida,
cuando la voz del mísero no escucha.
En los últimos plazos de la vida,
con dos tormentos el avaro lucha, 85
uno el dolor que con el alma sale,
y otro ver que la hacienda no le vale.
Sin este pesar muere el abatido,
y va más confiado a dar la cuenta.
Acaba de pasiones asistido, 90
el que como Nabal no lo alimenta.
Nabucodonosor, pace el florido
campo, cual bruto sin su augusta renta,
y al voraz Tito en la mortal zozobra,
faltando la salud, todo le sobra. 95
Con alas de una mano volar quiero,
que el peso de otra me lo impide lloro,
y cual nao rota el Rico en el mal fiero,
se va a pique con grave peso de oro.
Aunque nadie me ayuda; no me altero, 100
con el alivio de que a Dios imploro:

¡Hay del que en el cuidado de su plata,
no tiene sino el peso que lo mata!
De espíritu infernal atormentado,
Saúl no adquiere alivio en la grandeza, 105
Sí, en la sonora voz del que premiado,
Sube a la Magestad de la pobreza.
De ferina dolencia atormentado
Ezequías, no acude a la Riqueza,
para sanar, sino al lloroso ruego, 110
porque el agua, y no el oro, apaga el fuego.
Es real camino la pobreza rara
del que sigue los pasos de la ciencia;
porque el temor sagrado que no para,
Se funda en realidad, no en apariencia. 115
Siempre el Señor al Israelita ampara
Que en el afán se viste de paciencia
y deja al que doliente, más procura,
tener del cuerpo que del Alma cura.
De la Religión huyes a la planta 120
de la riqueza, en el dorado yerro,
que la salud del Anima quebranta,
con el deleite del corpóreo encierro.
Al mísero que observa la Ley Santa,
sueles echar migajas como a perro, 125
por temer que te muerda en el embozo
que la Ley te da pena, el fausto gozo.
Desea entrar Moisés en Tierra Santa,[89]
y solo Dios mirarla le permite,
del monte, donde así más lo levanta, 130
cuando más el terrestre bien le omite.
Quietud previene el que en miserias canta,
y es gloria que en la Tierra se la quite
el sumo Rey, pues cuando más lo muele,
hace que más del polvo al Cielo vuele. 135

---

[89] Se refiere a Deutoronomio 34, cuando Dios muestra a Moisés, a punto de morir, la Tierra Santa, sin que Moisés pueda entrar en ella.

	Si yo no entro con sonora pluma	
	donde entre tu censura, y tu concejo,	
	veo que es del celeste mar espuma	
	el que con ley se ve de Dios espejo.	
	Que la riqueza es la desdicha suma,	140
	y la miseria el más feliz reflejo,	
	del que allí la atesora hasta la Muerte,	
	del que aquí en la paciencia halla la suerte.	
	Cuando abrazar a su consorte quiere,	
	ni ve su sombra el hijo de Aganipe,	145
	El Rey Midas con oro, de hambre muere,	
	de picadas el Cuerdo Rey Felipe.	
	La eterna espada a todo Nembrot hiere,	
	porque del Mundo más no participe,	
	y Dios promete al pobre dar consuelo,	150
	en alto mar andando por el Cielo.	
AUMENTO	Todo lo que has relatado,	
	me escribe aquí un Penitente	
	que por observar la Ley,	
	tolera males crueles.	155
RELIGIÓN	¿Qué respuesta le darás	
	cuando en el Alma padeces	
	la venenosa dolencia,	
	que solo Dios curar puede?	
AUMENTO	¡Desventurados del Pobre	160
	que tolerancia no tiene,	
	y del Rico, que en el mal,	
	no hay aro que lo remedie!	
	Gusto de llamarme Aumento,	
	porque en Maskil el Dal, me entre	165
	el deseo de aliviar	
	al mísero, y al paciente.	
RELIGIÓN	¡Bienaventurado sea	
	el Rico que al Pobre atiende!	
	en el día de la Angustia,	170

	lo escapará Dios Clemente.⁹⁰	
Aumento	Los que huyen del Judaísmo	
	cuando miserias padecen,	
	vuelan con alas de cera,	
	hasta que abrasados mueren.	175
Observ.	Los ricos que no se apiadan	
	de los que trabajos tienen,	
	mueren como Midas de hambre	
	con tener lo que apetecen.	
Religión	Cuantos por guardar la Ley	180
	sufren trabajos crueles,	
	van de la humana tormenta	
	al puerto de los deleites.	
Observ.	A Judíos de Polonia	
	que por guerras insolentes	185
	vienen míseros a Holanda,	
	los de España favorecen.⁹¹	
Religión	Socorrer al Apretado	
	con limosna, es socorrerse,	
	y con mérito ensancharse	190
	en lo terreno, y celeste.	
Observ.	¡Felice Maskil el Dal	
	que al mísero acude alegre!	
Religión	Con ley, y con caridad	
	el Kahal Kados⁹² permanece,	195
	en la Ciudad de Amsterdam	
	desde aquel día solemne	
	que quité al rostro el velo.	
Aumento	¿Cómo fue?	
Religión	Dirélo en breve.	200

---

⁹⁰ Aunque Barrios no lo indica, estos cuatro versos son una cita del Salmo 41:1, que en la edición de Valera no menciona al rico: "Bienaventurado el que entiende sobre el pobre: en el dia malo lo libre Iehova."

⁹¹ Se refiere a los refugiados judíos polacos que llegaron a Amsterdam huyendo del pogromo de 1648.

⁹² Santa Congregación.

Cayó el Séptimo día del nubloso[93]
Séptimo Mes, y el Sol en la Balanza
cinco mil cuatrocientas y cincuenta
y siete veces, cuando el pueblo ansioso
en Amsterdam su fe, y su llanto aumenta.   205
El Día mengua, y crece la esperanza
de los contritos, que conformemente
buscan a Dios con Acto penitente.
Entre ellos con la Luz de la Ley brilla
Uri Leví, de Frisa maravilla,[94]   210
de los que circuncida fiel reclamo,
y Autor del Judaísmo Amstelodamo.
Jacob Tirado, noble, y generoso,
David Querido cándido y benigno,
Daniel Pereyras, de alabanzas digno   215
y otros Judíos, en el día Santo
con la Oración, con el ayuno, y llanto
buscan, y antes al Señor eterno
con Limosnas que libran al infierno,
porque si es capitana la clemencia   220
a los Argos de Sacra Penitencia;
rompiendo olas de obscuro[95] desconcierto
los guía clara del Perdonal puerto.
La Casa de Oración, tiene cerradas

---

[93] El relato que recita la Religión es la, hoy ya famosa, historia de la primera celebración en comunidad que tuvieron los sefarditas. Según Barrios, en *Triumpho*, pp. 464-465, el germen de este poema procede de otro, que se encontraba en su poder, de un Antonio Alvares Soares. El poema original decía: "Cayó el dezimo dia del maduro/ Septimo Mes y el Sol en la Balança/ cinco mil y trecientas y cincuenta/ y siete vezes, quando el pueblo puro/ en dia de Kipur, halla propicia/ la clemencia del Cielo, y la Justicia/ de la Tierra, que admite el Judaísmo/ Luz de la Ley, y espanto del abismo." La fecha que da al auto, 5457, es un error; debe ser 5357 o 1597.

[94] Uri Leví, natural de Frisia, es el primer rabino que tuvo la congregación. En honor de Jacob Tirado la primera sinagoga en Amsterdam se llamó Bet Jacob.

[95] En el original "obsoro."

las ventanas, y puertas, 225
mas las del Alma, y las del labio abiertas,
en las vidas postradas
que anhelan el perdón de sus errores,
con internos sollozos, y clamores.
Oyelos la Justicia de la Tierra, 230
y la Misericordia de los Cielos;
una, toda ministros diligentes,
asalta la mansión que los encierra,
otra, con alas dos toda consuelos,
en blancas nubes de gloriosas Mentes, 235
vuela por socorrer la Gente Electa,
que está en pura oración con Ley perfecta.
Entonces la Justicia Amstelodama,
con fueros de Calvino,
que da nombre de idólatra al Latino; 240
presume a los Hebreos que Dios ama,
(por falsa información) de los que adoran
imágenes de palo que laboran.
Asusta a los Judíos que asaltados,
unos confusos, y otros perturbados, 245
se los yela el aliento de la planta,
y a todos la oración en la garganta,
mas no en el corazón, que en los asaltos,
levantar hace el pecho con los saltos.
Inquieren las severas vigilancias, 250
de aquel albergue todas las estancias,
las caras echan a unos y a otros lados,
y de cuerpos doblados,
arrojan por los sótanos, y lechos,
los ojos, y los pechos, 255
con tentadoras manos,
en busca de los ídolos Romanos.
Uri y Aaron Leví, son los primeros
que en manos dan de los Ministros fieros
que a la cárcel les llevan maniatados, 260
los demás quedan tan sobresaltados
que les embargan con el desconsuelo

            la voz su espanto, el moto su recelo.
            No somos (dice con urbano aliento
            Jacob Tirado, al Escotete horrible)⁹⁶   265
            los que se humillan a Deidad visible,
            sino los del Mosaico Firmamento
            con la divina Ley en Sinay dada
            de perfección, y eternidad armada.
            La Nación que en su tierra nos consiente   270
            de prosperidad se Arma, y Feliz Mente,
            contra los casos duros
            que en los pasados muestran los futuros.
            Porque Labán hospeda al peregrino
            Jacob, próspero lo hace el Rey divino.   275
            Prospera a Putifar, y al Carcelero,
            por ser Joseph de su mansión Lucero,
            a las Parteras deja enriquecidas,
            porque a sus niños dejan con las vidas.
            Aparta de Amelech a los Kineos   280
            porque Laureles dan a los Hebreos;
            el Imperio dilata del Persiano
            porque libra al Jerusalemitano;⁹⁷
            y a otros Reinos, Provincias, y Ciudades
            el Señor colma de Felicidades   285
            porque a los Israelitas esparcidos,
            recogen y consienten que regidos
            de propios Juez, Libres se perciban
            y en la Mosaica Ley unidos vivan.
            Será Amsterdam feliz si nos admite,   290
            y guardar nuestros fueros nos permite;

---

⁹⁶ Según Barrios el Escotete era el "Prector que representa el Conde de Holanda." Véase el *Triumpho*, pág. 464.

⁹⁷ Se refiere a personajes bíblicos que dieron asilo al pueblo mosaico. En Génesis 29, Labán, tío de Jacob (y más tarde su suegro), le da hospedaje por un mes. En Génesis 39, José sirvió de mayordomo a Putifar, que lo trató bien. Y en Exodo I, las parteras desobedecieron al rey de Egipto y dejaron con vida a las hijos varones de los hebreos y luego fueron recompensadas por Dios mismo.

para que agradecidos y obligados
roguemos al que extingue y forma estados;
la prospere, la honore, y engrandezca,
y victoriosamente resplandezca   295
con velas no encendidas mas navales
en campañas de húmedos cristales.
Esto dijo el Hebreo esclarecido,
al Cónclave de Astrea[98] prevenido,
que hallando resplandores solamente   300
de Papística no, de Hebrea Gente,
que por Misericordia soberana
segura está de la Justicia humana,
el Judaísmo en Amsterdam permite,
porque el Dios de Israel la felicite,   305
y la libre, de Furias belicosas
en campañas floridas, y espumosas.
A Uri Levion, y a su hijo Aaron sapiente
dan libertad, y permisión clemente
de que instruyan la Ley, y circunciden,   310
y al gran Jacob Tirado, no le impiden
que erija Sinagoga. Y desde entonces
toca la Fama retorcidos bronces
del Judaísmo de Amsterdam sagrado,
en los caminos del Divino Agrado,   315
y con alas de sus Gobernadores
vuela al gozo de Sacros Preceptores.
Con Medrasim aprende la Ley Santa
con Hermandades la piedad Levanta,
con Yesibot la Religión sustenta:[99]   320
y Maskil el Dal, hoy su luz aumenta,
de lo caritativo estrella pía,
y del puro Gobierno clara guía.

---

[98] En la mitología griega, Astrea es la diosa de la justicia. Barrios llama así a las autoridades de Amsterdam.

[99] Se refiere a los diferentes tipos de asociaciones de estudios y sociales: Medrasim, hermandades y yesibot.

Cantan dentro a tres voces.

LAS 3.	1 Con Harmonía. 2 Agrado. 3 y Alegría Maskil el dal se apiada del Pobre porque della se apiade Dios que la oye.	325

Salen la Harmonía, el Agrado y la Alegría cantando.

HARMONIA	Yo soy, la dulce Harmonía,	
	de esta Yesibá, en las voces	
	de su Gobierno con lauros,	
	de sus Hermanos con dones.	330
AGRADO	Yo soy, el glorioso Agrado	
	de esta Academia en las flores	
	de su ciencia con realces,	
	de su virtud con blasones.	
ALEGRÍA	Yo de esta Hermandad, me aclamo	335
	Alegría, por la Orden	
	de su Historia con pinceles,	
	de su Piedad con colores.	
HARMONÍA	A describir su Gobierno	
	vengo del celeste Monte.	340
AGRADO	Por celebrar su luz docta	
	ando entre sus Girasoles.	
ALEGRÍA	A mí me toca esparcir	
	sus devotos resplandores.	
RELIGIÓN	La Religión os atiende,	345
	para mostrar a los Hombres	
	las flores con que Maskil	
	el Dal se apiada del Pobre.	
OBSERV.	La Observancia de Israel	
	a vuestra razón responde	350
	con silencio, porque de ella	
	se apiade Dios que la oye.	
HARMONÍA	Sus Religiosos Hermanos,	
	unánimes, y conformes	
	sustentan la caridad	355
	en la mesa de los dones.	

De ellos David Jamis Vaz
alcanza justos loores,
tan bien quisto, y tan devoto,
como primoroso, y noble. 360
El serio Abraham de Fonseca,
es entre los fundadores
de esta Yesibá, el primero
con célebres atenciones.
De David Lopez Henriques 365
lucen los claros primores,
en esfera del Gobierno,
con brillantes atenciones.
De Jacob Abenacar
Pimentel, nubes de honores 370
llueven actos ejemplares,
en judaicos horizontes.
Campea Abraham Gabay Mendes
con virtudes superiores.
y con sagrados estudios 375
Samuel Semah, alumbra al Orbe.
Es Abraham de David Bueno
de Mesquita, tan estoque
de la Ley contra los malos,
como escudo de los pobres. 380
El Ilustre Aaron Mocata
a la Devoción compone,
y el fiel David Franco Drago,
de la caridad es Norte.
En Jacob Gabay Isidro, 385
alza el primor sus pendones.
Y en el cuerdo Abraham Leví
asienta el Celo su corte.
Es del pozo del erario
Ishac Carrillo, por donde 390
sale el premio, y la Limosna,
en cubo de distinciones.
Selomoh de Rocamora
sobresale entre Doctores,

              Ishac Xamiz Vaz, y Aaron   395
              Nuñez de Acosta, en lo acorde
              y en lo atento. Y todos son
              de los Legados Autores,
              que de sus merecimientos
              se miran embajadores.   400
              De estos Legados, se forma
              El Caudal de la conforme
              Hermandad, y lo atesora
              quien de Gabay[100] tiene el nombre.
              Hay diferentes promesas   405
              Mesinas contribuciones,
              de sus Hermanos, y Hermanas,
              y todo el Gabay recoge.
              De éstas, por los que Gobiernan,
              los Salarios se componen   410
              del Preceptor, y Samas:[101]
              y cuantas distribuciones
              se hacen en los que lastima
              de la Hermandad, el azote
              de la ferina dolencia,   415
              con los rigurosos golpes
              de la Pobreza, y tal vez
              en míseros exteriores,
              que para ser socorridos
              suelen meter peticiones.   420
              Despáchalas el Gabay
              con cuatro Administradores
              de que de tres en tres meses
              uno a presidir se pone.
              En cada vuelta Anual   425
              se ofrecen las mutaciones
              de los cinco que gobiernan,
              en teatro de elecciones.

---

[100] Gabay significa tesorero en hebreo.
[101] Shamash o samas (plural shamashim), ministro, es otro título hebreo.

Salen dos de gobernar,
cuando el Padre de Faetonte   430
cae en el Signo de Libra
y sale el Año en su coche.[102]
Otros dos, y el Tesorero,
las Gobernaciones deponen
en el Sábado que tiene   435
de Grande, Hebraico renombre.[103]
En lugar de los depuestos,
entran los Merecedores
del Cargo por los más votos
que entre todos los escogen.   440
La Académica Cabeza
tiene obligaciones entonces
del predicar sobre al punto
que los sucesos proponen.
Al atendido Sermón   445
las promesas se posponen
de los rigientes Atlantes,
y del cónclave concorde,
con tan mutua permanencia,
que de su máquina móvil   450
polos la unión, y amistad,
y la Justicia Horizonte.
No la altera el Accidente,
ni la quiebra lo discorde,

---

[102] El padre de Faetonte es Apolo, o el sol, y Libra es el séptimo signo del Zodíaco y primero de los australes, que corresponde al mes de septiembre. Es también el comienzo del año según el cómputo judío.

[103] El sábado grande o Sabat ha-gadol, es el sábado que precede al festival de la pascua judía. Es decir, que cesaban dos nuevos gobernadores en Rosh-ashana, nuevo año, y otros dos y el tesorero en vísperas de la pascua. Recuérdese que aquí Barrios está describiendo la hermandad formada por un grupo de miembros que descontentos (no sabemos por qué razones) se había separado de la original hermandad y seguía manteniendo el mismo nombre: Maskil el Dal. Ya expliqué esto en el capítulo III, dedicado a las hermandades. Véase también el *Triumpho*, pp. 245 y ss.

porque la Ley es su imán, 455
y el temor de Dios, su norte.

Dentro voces de Música.

 1 ¿Quién de Maskil el Dal es Tesorero?
 2 Ishac Carrillo, de Israel Lucero.
 3 ¿Cuáles son Parnassim?[104]
 1 ¿Su Presidente? 460
  Eliahu Gaon, Abraham Leví prudente
  Samuel Semah estudioso,
  Jacob Gabay Isidro Primoroso.

MÚSICA Con esta Compañía, y Harmonía
  Maskil el Dal, se apiada del Pobre 465
  porque de ella se apiade Dios que la oye.

AGRADO Cinco mil y cuatro cientos
  y cuarenta y dos registros[105]
  hizo el Ministro Luciente
  en el Nono de los signos. 470
  Cuando Abraham de Fonseca
  Ilustre, atento, y activo
  funda de Maskil el Dal,
  el colegio esclarecido.
  Acompáñanle en la obra, 475
  otros varones, que píos
  adornan a la Academia
  de Legados, y de Libros.
  Hacen su Ros Yesibá
  a Daniel Jesurum, digno 480
  de este honorífico cargo
  por su estudioso ejercicio
  Canta con los circunstantes
  versos del Sagrado Archivo

---

[104] Parnas, plural parnasim, miembros de la junta directiva.
[105] Se corresponde con el año 1682, cuando, según Barrios, se creó el colegio Maskil el Dal. Obsérvese la compleja organización de las instituciones que se repartían las tareas sociales y de estudios de la comunidad..

en días de siesta una hora, 485
y Media hora en los Domingos.
Confórmanse los Hermanos
en dos partes divididos,
de Políticos la una,
y la otra de Eruditos. 490
En estos Selomoh Marques,
a la devoción rendido,
triunfos previene a su fama,
lauros a su Judaísmo.
Abraham Henriques Pharo, 495
docto, elegante, y jarifo,
conceptua en lo que arguye
con labios de silogismos.
Selomoh Jehuda León
Predicador[106] aplaudido 500
en la Justa literaria
se arma de agudos caprichos.
Es Samuel Jeuda, León,
que no tiene ojos dormidos,
en el sueño de la vida 505
de vigilancia vestido.
Con ellos, el Parnás Semah,
y el Leví Barrios[107] propicio
sueltan las dificultades,
del Argumento admitido. 510
Prepónenlo algunas veces
del docto Ros instruidos[108]
jóvenes dignos de aplauso
por su ingenio peregrino.
Benjamin de Abraham del Soto, 515
virtuoso, y entendido.
Ishac de Abraham de Fonseca

---

[106] En el original "Pedricador."
[107] Como es evidente, el propio Barrios era uno de los miembros eruditos de la hermandad.
[108] En el original "instrucidos."

vigilante, y discursivo.
Aaron de David Xamiz
estudioso en su escrutinio,   520
Semuel de Selomoh Marques,
en la doctrina aprehensivo.
Y es la última respuesta
del Preceptor, con escritos
de recibidos comentos,   525
y discursos conclusivos.
De Políticos Hermanos
son los doctos atendidos,
porque siempre entre lo noble,
tiene lo estudioso hospicio.   530
De los Urbanos campean,
Ishac Gaon comedido,
atento Jaim Franco Athias:
David Aboab, activo.
Prudente Ishac de Jahacob   535
Yesurun; esclarecido
Mosseh de Joseph Mocata,
David Gaon atractivo.
Abil Jacob Leví, Pinxas
Abrabanel, advertido,   540
cuerdo Ishac Bueno de Mora
Michael de Cazares pío.
Diligente Sebatay
Dias de Fonseca, finos
Barux Sarfati, y Jacob   545
de Abraham Mendes Cuitiño.
David Semah de Valencia,
primoroso; prevenido
Ishac Huziel Cardoso,
David Pinedo benigno.   550
Y fiel Mosséh Yesurum
de Olivera, tan Lucidos
todos, que alumbran al celo
la Ley luz, y ellos pabilos.

Sale el Rosxodes cantando.

ROSXODES	Vivan los Hermanos	555
	de Maskil el Dal,	
	y tengan los que han muerto	
	vida celestial.	
	Yo, me llamo Rosxodes,[109]	
	en que el Ros Yesibá,	560
	echa a David Coen	
	de Sosa, una escabá.	
	A Débora hija atenta	
	del serio Abraham Vaez,	
	y de Daniel Leví	565
	de Barrios, luz Nupcial.	
	Al Padre y a la Madre	
	del que vuelto en Mar,	
	al margen de su anhelo	
	estos gemidos da.	570

LAMENTACIÓN FÚNEBRE[110]

En la muerte de mi Padre Yahacob Leví de
Barrios, (alias Don Simón de Barrios)
que me bendijo en sueños el mismo
día en que murió.

Miguel, tu Padre falleció. ¡Oh, Aviso
infausto! Si estoy vivo: ¿no es posible?
¡Cielos! ¿Cómo me queda lo sensible,
si de mi propia vida estoy diviso?

---

[109] ¿Es Barrios el Rosxodes? Si lo fuera, ¿sería el Ros Jesibá?

[110] Este poema, que da muchos detalles de los parientes de Barrios, ha sido recientemente estudiado y editado por Esther Bartolomé-Pons, "Comentario y texto del poema Lamentación fúnebre en la muerte de mi padre, del judío español Daniel Leví de Barrios (1635-1701)," en *Actes del Simposi Internacional sobre cultura sefardita*, ed. Josep Ribera (Barcelona: Poblagràfic, 1993), págs. 197-221.

Mi Padre, oh, Ser mortal! llevó el preciso 575
golpe, y el dolor siento yo insufrible.
¿Qué su gloria me dé tormento horrible?
¿Qué venga tanto mal tan de improviso?
¡Ah Muerte! como rayo fulminada,
aún antes que sentida, ejecutada. 580
    ¿Quién fía de la Vida si es mudable?
¿Quién no espera la Muerte si es forzosa?
Aquélla, al que la cree despeña hermosa,
ésta, al que la previene encumbra afable.
Prevínola el que ya por su admirable 585
virtud, descansa en la mansión gloriosa;
yo no, y por eso me es tan espantosa,
por eso me da pena intolerable,
por eso con mi vida unirse trata,
y, porque más la sienta, no me mata. 590
    No con cerúleo brazo el mar despide
la Francesa Región de la Anglicana,
con la fuerza de Atropos tirana,[111]
de mi ser para al que en mi amor reside.
Fue cual la Noble planta que despide 595
dureza al agua en fuego; si hoy no mana
de mis ojos un mar, Luz soberana
en piedra convirtiéndome lo impide,
porque para ser puente el mal terreno,
se suele helar el más undoso seno. 600
    Si su fin, dolor tanto me previene
y desengaño tal su monumento,
¿cómo no me despierta el sentimiento?
¿cómo en la angustia el Alma se detiene?
¿Para qué el Mundo con su pompa viene 605
a querer divertirme en el tormento;
si todo el fausto se resuelve en viento

---

[111] Cloto, Láquesis y Atropos, tres deidades hermanas con figura de viejas, de las cuales la primera hilaba, la segunda devanaba y la tercera cortaba el hilo de la vida al hombre. Diccionario de la Real Academia de España.

si en la caricia la ponzoña tiene?
¡Oh, bien incierto! ¿Quién por ti se empeña?
sólo la muerte tu ficción enseña. 610
   De la Parca el Océano tranquilo,[112]
sorbe a los ríos de la vida, en donde
pierde su orgullo, y su memoria esconde
el que naciendo fuente, expira Nilo.
Para matar con halagüeño estilo 615
al pasajero que a su voz responde,
con el margen traidor se corresponde
el de la culpa astuto Cocodrilo.
No lo oyó aquel Catón, cuya doctrina
me dio la luz que a la virtud inclina. 620
   Perdió su lustre en lágrimas perplejo[113]
el Reino de las Musas elegante;
la Prudencia perdió su noble Atlante
joven en el rigor, en la edad Viejo;
perdió su luz el sólido Consejo; 625
perdió el Gobierno su timón brillante,
perdió la Ciencia su mayor amante;
la Milicia perdió su claro espejo;
perdió, ¿quién más que yo, si en cualquier modo,
todo lo siento por perderlo todo? 630
   Murió mi amado padre, ¡ay, desconsuelo¡
sola mi angustia viva quedó, en cuanto
con nube funeral todo soy llanto,
sin su ardiente calor todo soy yelo.
Tan grande en todo fue, que alcanzó al Cielo;
yo, tan pequeño, que recibo espanto
de que en mi pecho quepa dolor tanto,
no cabiendo el más mínimo consuelo.
Señales de mis penas y sus glorias,
el luto en mí, su vida en las memorias. 640
   No subiste a la Gloria, Padre mío,

---

[112] Las parcas eran las tres deidades mencionadas en la nota anterior.
[113] En el original "preplexo."

antes de bendecirme hasta en el sueño
que muda voz de tu mortal despeño,
cubierto me dejó de un sudor frío.
Entraba el Sol en Piscis,[114] cuando, impío 645
rindiéndote el rigor del mortal ceño,
con entender entonces que lo sueño,
de saberlo sentir no me desvío;
porque aun el mal soñado sale cierto
en quien a la desdicha está despierto. 650
    Hoy que en el Regio Signo el Sol parece,
oyendo de tu fin la nueva triste,
hasta mi corazón el luto viste,
hasta mi angustia con el llanto crece.
El rigor que tu vida desvanece, 655
tan tenazmente en fatigarme insiste,
que la atroz Parca más se me resiste,
cuando mi pena más la favorece;
porque le basta darte a ti la herida
para matarme con mi propia vida. 660
    La Justicia de Dios, con mano fuerte
tal vez por sus juicios ignorados,
deja la vida a los que son culpados
y a los que están sin culpas da la muerte.
Dejóme expuesto a tan severa suerte, 665
que a confesar me obliga mis pecados,
por ser con piedad tanta castigados,
que en penitentes actos los convierte,
viendo que vas al Célico sosiego,
para que Dios me absuelva por tu ruego. 670
    Si cual el Sacro Monte de Dios puro,
fieras asombra el Estafordio lago,
sea yo monte contra el fiero estrago,
sea yo lago contra el yerro duro.
Entre ondas de penas firme muro, 675
cuando más se suceden las deshago,

---

[114] Piscis es febrero.

y los incendios del horror apago,
con los arroyos que llorar procuro.
Yo monte cuando tú del Cielo lumbre,
yo lago cuando tú de Glorias cumbre. 680
    Llega sediento de seguir cansado,
curso veloz, el cazador Phebeo,
al párpado del lago Magdaleo,
de la fértil Cornubia ojo ondeado.
Templa la sed con el licor nevado, 685
y del cansancio tiene tal trofeo,
que ningún mal le sigue, ni a ti el feo
error, porque a Dios vas apresurado;[115]
que como de aguas vivas fuente es clara,
libra del daño al que en su margen para. 690
    Mi insigne Agüelo Abraham Leví Caniso,
en Marialva villa portuguesa,
hizo a tu vida su filial pavesa,
que me alumbró con doctrinal aviso.
El Rey Supremo que naciese quiso, 695
de Ishac Cohen de Sosa, la que presa
en tu lazo nupcial cayó en la huesa,
por subir a glorioso Paraíso.
Hoy todos son de Dios, yo, sin tu lumbre
marchita Clicie de Parnásea cumbre. 700
    Sara Leví, mi Madre, a Dios se ausenta[116]
a las dos de la tarde en jueves triste,
que fue a treinta de octubre, en luz que viste,
año de mil seiscientos y setenta,
tú, en la Jovial Aurora que se cuenta[117] 705
veinte y dos del siguiente enero, diste
el Alma al Prototipo que la asiste
con fulgor puro y Magestad atenta.

---

[115] E.Bartolomé, en "Comentario," pág. 205, identifica "el feo error" con el bautismo, y el "licor nevado," con la conversión al judaísmo del padre de Miguel.
[116] Una nota al margen dice: "a 16. de hesvan Año de 5430."
[117] Una nota al margen dice: "a 11.de Sebat de 5430."

Los dos, alas de Amor, voláis con glorias,
y yo siento sus flechas con memorias. 710
  Fuiste, ¡oh!, Simon, de voz y fama oída,[118]
y como Yacob tienes hoy reposo,
subiendo de la Tierra al Sol glorioso,
por la Gloriosa escala de la vida.
El descanso inmortal a ti te anida, 715
cuando yo con espíritu lloroso
y seno más que el Anglo caudaloso,
doy a la nave de tu amor cabida;
porque como es de piel cual la Angla era,
va con vela de Alma más ligera. 720
  Formaste nueve flores en la Aurora
que las tres dellas consagrando al Cielo
fue Valle en apellido para el suelo,[119]
para tu Alma Paraíso agora;
en tálamo glorioso la enamora, 725
negándome las luces del consuelo,
toda a mi noche con celeste velo,
toda a tu amor con palma vencedora.
Yo por la tierra, por los Cielos ella,
de tu luz sombra, de tu gloria estrella. 730
  Sentiste no mirar (¡ay, Dios, con cuánto
del corazón martirio lo pondero!)
tus caras prendas, cuando a ser Lucero
fuiste por medio del mortal quebranto.
A todas bendijiste (¡oh, amor santo!) 735
al tiempo (¡oh, duro mal!) que el corvo acero
del horrible Gigante (rigor fiero)
te dió.¿Qué? ¡ay triste! el golpe, y a mí el llanto.
¡Oh, triste Ser! en tal fatal tormento,
largo al vivir y corto al sentimiento. 740
  Dejaste con tu amor y sin tu gloria
por el Mundo seis hijos esparcidos,

---

[118] Una nota al margen dice: "Simon significa Oír."
[119] Una nota al margen dice: "Apellido de mi Madre."

en la correspondencia aún divididos,
y juntos solamente en la memoria.
Híadas[120] en tu célica victoria, 745
mandamos, por el aire los gemidos,
que junta a tus elogios repetidos
clarín la Fama, lámina la Historia,
en voz no obscura, en huesa sí lucida,
de tu muerte honra, losa de tu vida. 750

  Si este dulce raudal que el Alma vierte, n
puede andar por el Cielo que te embarga,
serena Polux[121] mi tormenta amarga,
para que en la bonanza logre el verte.
Quítate de atender a mi mal fuerte 755
el alto objeto que de ti se encarga;
en corta vida adquiero muerte larga,
adquieres larga vida en corta muerte.
Yo, entre Sirenas, tú, entre limpias Almas,
con riesgos grandes, con seguras palmas. 760

  Si ya el que ser me ha dado lo ha perdido,
si ya mi Sol paterno está en su Ocaso,
¿qué puedo seguir más que el mortal paso?
¿qué puedo esperar menos que su olvido?
¡Oh, inmenso Dios! atiende al afligido 765
con ojos de clemencia; frágil vaso
entre las fieras olas del fracaso,
que a mi gran Padre en polvo ha convertido.
Voz de la Fama, Campeón del celo,
su loa el Mundo, su descanso el Cielo. 770

CENOTAFIO ACRÓSTICO EN QUE HABLA MI CADÁVER

D-eshecho aquí, ejemplo doy
A-l que lucir quiere solo:

---

[120] Las "Híadas" son un grupo de estrellas en la cabeza del signo de Tauro.
[121] Polux es una de las dos estrellas principales de la constelación de Géminis.

N-ací ayer lumbre de Apolo,
Y-hoy sombra mía aun no soy:
E-n mi opaco centro estoy, 775
L-ibre hasta de mí sin cuantos
L-aureles, de Phebo encantos
E-ntregándome a su llama,
V-iví por BARRIOS de fama,
Y-hoy solo vivo en mis CANTOS. 780

¡Oh, Sacra Junta! ¡Oh, Yesibá! ¡bendita!
difunto lloro en ansias sepultado:
tú, con la escabá que echas a mi amado
Padre, en mi pensamiento estás escrita.
¡Dichoso el que te honora, y que te habita! 785
feliz mi Padre, y ¡bienaventurado!
que cada mes de ti es glorificado,
con los que tu memoria resucita.
Páguete el Sumo Rey tu Justo Celo
con luz tu Tierra, y con su gloria el Cielo. 790

PRECEPTO Pasó Barux de Acosta, de esta vida,[122]
y halla en la otra palma merecida
de su trabajo, Religión y Celo;
cayó en la Tierra, y levantólo el Cielo.
Por el Gabay entonces sorteados, 795
unos con el cadáver enlutados
llevan la caja en hombros a la barca,
otros, a donde la violenta Parca
descubre los despojos de su ira

---

[122] En los versos que siguen, 791-838, Barrios explica como se formaban los grupos de estudios de las yesibot. A la muerte de uno de los miembros, sus compañeros acompañaban el cadáver a la tumba, lo enterraban, y en los días siguientes rezaban por él. Cada sábado decían una escabá o responso, y luego, de mes en mes, se reunían en una casa diferente. Al parecer, el día que se representó el auto se habían reunido en casa del doctor Rocamora. Al incluir en estas reuniones los autos de Barrios, o la lectura de poesías escritas por otros miembros, se puede ver como la tradición de las yesibot judaicas se mezclaba con la costumbre de la reunión académica de España.

en la huesa, en la losa, y en la pira. 800
Algunos rezan la primer semana
de su muerte temprana,
donde los tiernos hijos del difunto
lloran de su carrera el mortal punto.
Y toda la Hermandad el primer Año 805
con la luz del humano desengaño
forma la Yesibá de piedad Santa,
Fragante flor de la divina planta.
Cada Sábado echa el Maestro sano
una escabá o responso al muerto hermano 810
y en sus honras pedrica (sic) últimamente
con Mosaica agua, de conceptos Fuente.
De mes en mes la Yesibá sagrada
con luz constante muda de Morada,
ya en la del fiel Gaon, donde el concierto 815
de los Hermanos tiene el primer Puerto;
ya en la del gran Xamis, del Pueblo amado,
por su virtud, por su primor, y agrado,
ya en la del magno Lopez, David nuevo,
ya en la de Abraham Leví, lumbre del evo, 820
ya en la del buen Fonseca primoroso
de la feliz Simxá, feliz esposo,
por quien todos los sábados del Año
una escabá contra el funesto daño
a su suegra Raquel se echó gloriosa, 825
del noble Aaron Querido, noble esposa.
Ya en la del cuerdo Isidro convenible,
ya en la del grato Mendez apacible,
ya de Moseh Rodriguez en la Casa,
de donde con su esposa Sara pasa 830
en breve tiempo a perdurable vida;
ya de Neptali Aser en la afligida
estancia, por Judith su muerta esposa;
y hoy la Academia brilla religiosa,
en la Febea habitación loable 835
del docto Rocamora saludable,
claro honor de la útil Medicina,

	y resplandor de la verdad Divina.	
OBSERV.	Las escabot de Maskil	
	el Dal, ¡oh, Sacro Rosxodes!	840
	Como el harpa del Salmista	
	enfrenan Furias disformes.	
	A las Animas deleitan,	
	elevan las Atenciones	
	lo pacífico organizan,	845
	y destruyen lo discorde.[123]	
	Es su Santa Caridad	
	como la maná, que al Pobre,	
	en la bendita limosna	
	da diferentes sabores.	850
	Sabe al enfermo a carnero,	
	a Gallinas, y capones,	
	y al Menesteroso, a cuantos	
	manjares quiere, o escoge.	
	Del metálico rocio	855
	que el fiel Samas Daniel Lopez	
	Arias recoge, se forman	
	sus pías reparticiones.	
AUMENTO	¡Oh, sagrada Religión!	
	a mí con tales harpones	860
	me hiere Maskil el Dal	
	que sus cadenas me pone.	
	De la Vanidad del Mundo	
	me aparto, por las razones	
	que me guía la Observancia	865
	al Puerto de tus favores.	
	Los vientos de las cautelas	
	que erizan olas feroces,	
	rompo con tablas de Ley,	
	que siguen sagrado Norte.	870
	Solo a ti Religión bella,	

---

[123] Compárese la costumbre de "echar una escabá" y la de decir Kadish por los muertos. Asumo que las escabot son una influencia de la cábala.

	me rindo, porque tus soles	
	son la Ley Mental, y Escrita[124]	
	con líneas de resplandores.	
	La Observancia tu epiciclo,	875
	el Celo tu Primer Móvil,	
	la Harmonía tu esplendor	
	el Agrado tu Horizonte.	
	Maskil el Dal tu Cenit,	
	con tan ardientes fulgores,	880
	que aun a lo distante enciende,	
	y a lo más helado rompe.	
Religión	Aumento, tu amor admito	
	porque con prósperos dones	
	Maskil el Dal tenga gozos,	885
	y la Pobreza favores.	
Música	Con Alegría, Agrado, y Harmonía	
	Maskil el Dal se apiada del Pobre,	
	porque de ella se apiade Dios que la oye.	

F I N.

---

[124] Barrios, al igual que otros contemporáneos de Amsterdam, llama a la Ley Oral, Ley Mental.

Torá Hor
Auto Mosaico
De Daniel Leví de Barrios

Personas

    La Ciencia La Ley
    El Vaticinio   Israel
    La Caridad   La Riqueza
    El Estudio   Música

Sale la Ciencia.

Ciencia   LA sagrada Mansión que hoy más se ostenta
con opulencia, y caridad se llama
en Amsterdam, Talmud Torá que aumenta
en el Bet din su fe, en la Ley su fama.
Con seis escuelas, su instrucción alienta,   5
con quince Yesibot[125] vierte su llama,
por alumbrar con su belleza al Mundo
y segar con su luz al Pueblo inmundo.
La Yesibá primera, apellidada
Keter Torá (Corona de Ley) tuvo   10
en el Jajam[126] Mortera la elevada
Cabeza, que con ciencia la mantuvo.
Torá Hor la segunda nominada
veinte y siete años ha que forma obtuvo
de sugetos magníficos ornada,   15
Aboab su fiel Ros,[127] la Ley su espada.
Virtuosos Jerusalemitanos

---

[125] Yesibá, plural yesibot, academia de estudios religiosos.
[126] Jajam, plural jajamim, autoridad rabínica o instruido en la Torá.
[127] Rosh quiere decir "cabeza" en hebreo.

la exaltaron en tiempos diferentes
Ishac Carcasoni con modos sanos
honor de doctos, palmo de prudentes.   20
Y de Toledo contra los insanos[128]
Mosseh forma con voces elocuentes
La Trompeta. Meir Rophé, se encumbra
con que los cura fiel, y sabio alumbra.
Ishac Israel, honor de Belogrado,   25
con elegancia enseña su Doctrina.
Jazan[129] de Tierra santa con agrado
trae Ishac Caregal la Ley divina,
Ieuda Anabávi, lumbre del sagrado
Pueblo, libros científicos maquina.   30
Todos de la Ciudad Sacra Embajadores,
sabios en Ley en ciencia superiores.
Abraham Pereira con virtud preclara,
el Rabí Mordejay de Castro atento,
como Ishac Gomez Neto con fe rara,   35
y Abraham Toro con pío pensamiento;
la Yesibá adornaron que hoy es clara
Estrella del sagrado Firmamento,
con los quince varones liberales,
que enseña los caminos celestiales.   40
Cada hora la luz del Sol canora
camina grados quince y cada día
media hora la Yesibá que honora
de Yah[130] el nombre en los quince de que es guía,
en Maimónides se estudia, y una hora   45
dura en cada festivo y pascual día
el responder a las Proposiciones,
que arman ciencias, y pasman atenciones.
Arbol de vidas es la Ley bendita,

---

[128] Una nota al margen del texto dice: "Mosseh de Toledo Autor del libro Trompeta de Toledo."

[129] Jazan significa cantor en hebreo.

[130] Se refiere a la obra de Maimónides *yad ha-Hazakah* o *Mishneh Torah*.

        que en sus hojas con letras de misterios 50
        da permanente luz de la infinita
        Majestad de los juntos Hemisferios.
        La Ciencia soy, que de su mano escrita,
        en Torá Hor instruye sus imperios
        con Caridad, Estudio y Vaticinio, 55
        voz de su Ley, y luz de su dominio.

Dentro ruido de Tempestad, y el Vaticinio.

  VATIC. El Mar de los Pueblos crece,
          ¡Oh, Israel! en Tierra salta.

Ahora sale con el Estudio que viene vestido de Pobre, y la Caridad vestida honestamente; y cae Israel al salir.

  ISRAEL   Caí de mi cumbre alta,
            y nadie me favorece. 60
  ESTUDIO   En las tablas de la Ley
            escapé de la Tormenta.
  CARIDAD   La Caridad que te alienta
            va en busca del sumo Rey.
  VATIC.   Dios de Israel soberano, 65
            ¿dónde hallaré tu piedad?
  ISRAEL   Dame, ¡Dios de la verdad
            en mi caída tu mano!

Sale la Riqueza

  RIQUEZA   ¿En qué oscuridad ferina
            me ofusca mi pensamiento? 70
  ESTUDIO   La luz del entendimiento
            a la verdad encamina.
            Dame la mano (Riqueza)
            y te subiré a la cumbre,
            que deshace con su lumbre 75
            las sombras de la torpeza.
  RIQUEZA   Aparta (Estudio villano)

| | que mi mano no se entrega
| | sino a quien por mi Amor ciega,
| | y no a quien me va a la mano.   80
| | En la oscuridad que estoy,
| | no quiero que tú me alumbres,
| | ni que a los cielos me encumbres.
| CIENCIA | Yo te alumbraré que soy,
| | la Ciencia.   85
| ANUNCIO | Yo el Vaticinio,[131]
| | de quien tiene vista clara
| | el que de mi luz se ampara,
| | con religioso designio.
| CARIDAD | Yo soy la fiel Caridad,   90
| | que a guardar tu vida atiende.
| ESTUDIO | Yo el estudio, que pretende
| | El Amor de la verdad.
| ISRAEL | Yo Pueblo de Dios, adquiero
| | con el Estudio a la Ciencia,   95
| | y con Vatídica Agencia
| | el Caritativo fuero.
| | Ámote.¡Oh, Riqueza clara!
| | y encendieras más mi Amor,
| | si fuera tu resplandor   100
| | la virtud, y yo tu ara.
| RIQUEZA | No debe amarse a la Ciencia
| | que el Espíritu quebranta;
| | ni el Vaticinio es la planta,
| | que me guía a la clemencia.   105
| | Pues aunque cumpla cabal
| | lo que promete, es dudoso,
| | y no se cree milagroso,
| | sino solo natural.
| | La Caridad no me inclina,   110
| | porque está en Gente mediana,

---

[131] Esta abstracción es, de acuerdo con su auto-definición, el Vaticinio. Véase también el verso 179, cuando la Riqueza lo llama Anuncio. A partir de ahora el Vaticinio es el Anuncio.

	y el Rico que se le allana,	
	siempre entre Pobres camina.	
	No atiendo al mísero labio;	
	ni al del Estudio, respecto	115
	de que no hay pobre discreto,	
	y es raro el Rico que es sabio.	
	Israel no es el imán	
	de mi Amor, porque hizo voto	
	de guardar Ley y el devoto	120
	no es bueno para galán.	
	Ni la Ambiciosa Riqueza	
	se abate a la devoción,	
	porque no tiene afición	
	sino a la pompa, y grandeza.	125
ISRAEL	La Caridad te aprovecha,	
	porque libra de la Muerte,	
	y la Ciencia, porque fuerte	
	del Temor Divino es flecha.	
	El Estudio te conviene,	130
	porque del Eterno Rey,	
	da inteligencia a la Ley,	
	y su observancia previene.	
	La Profecia, o Anuncio,	
	alumbra al puro desvelo,	135
	en los caminos del Cielo,	
	que enseña el sagrado Nuncio.	
	Mi Amor te hiciera Divina,	
	si amaras a Dios conmigo,	
	porque en su piadoso abrigo	140
	no hay recelo de ruina.	
RIQUEZA	Israel, por no escucharte,	
	de ti me aparto.	

Dentro la Ley

LEY	Oye, espera.	
RIQUEZA	¿Qué escucho?	145
ISRAEL	A la Verdadera	

	Ley, con la luz que reparte[132]		
	el sabio Aboab, en donde		
	se nomina Torá Hor		
	la Yesibá, que el fulgor		150
	de su doctrina no esconde.		
Ley	No huyas de mi afecto sano,	*Dentro.*	
	por seguir a la Riqueza.		
Uno.	Amo a su rara belleza.	*Dentro.*	
Otro.	No quiero ser más hermano		155
	de Torá Hor.		
Ciencia	¡Qué crueldad!		
Estudio	¡Qué Abaricia!		
Caridad	Solamente		
	Quince de la mejor Gente		160
	quedan en esta Hermandad,		
	y por su fiel Tesorero,		
	el ilustre Aaron Curiel.		
Riqueza	Quisiera dar el laurel		
	al que es de mi amor lucero.		165

Sale la Ley

Ley	Antes de mi eternidad		
	te cegará en Torá Hor,		
	el Divino resplandor.	*Éntrase.*	
Vatic.	Esta es la Ley de verdad.		
Riqueza	Cielos mas ciega mis ojos,		170
	la luz de esta Yesibá.		
Anuncio	Esto sucede a quien sale		
	de prolija obscuridad.		

Dentro Música.

Música	La Ley de Adonay perfecta	
	los ojos sabe alumbrar	175

---

[132] Una nota al margen dice: "va aclarando el Teatro."

	del que tiene en Torá Hor	
	su Divina claridad.	
RIQUEZA	Pues ¿cómo me ciega a mí?	
	!Oh, Israel! ¡Oh, Caridad!	
	¡Oh, Anuncio! ¡Oh, Ciencia! ¡Oh, Estudio!	180
	¿Cómo esta Ley de Adonay	
	alumbra cuando me ciega?	
ISRAEL	Porque del Rey Celestial,	
	fue dada en Humo, y en Fuego,	
	sobre el Monte de Sinay;	185
	en Humo, por lo que ciega,	
	y hace a los malos llorar;	
	y en Fuego por lo que guía	
	al que la sigue leal.	
CIENCIA	En la Menfis Holandesa	190
	la enseña Ishac Aboab,	
	padre insigne del Bet din,	
	del Kahal Kados, gran Jajam,	
	del Colegio de los Pintos	
	Presidente Doctrinal,	195
	y fiel Ros de Torá Hor,	
	cuya luz es tan solar,	
	que deslumbra al que osa verla,	
	y guía en toda verdad	
	al que sigue de sus fueros	200
	el resplandor inmortal.	
ESTUDIO	La Ley alegra los ojos,	
	y a quien la intenta violar	
	como a las hijas de Loth;	
	queda con la ceguedad.	205
RIQUEZA	Ya parece que a mi vista	
	aclara la voluntad	
	de seguir a la Ley pura.	
CIENCIA	Mejor (Riqueza) verás,	
	si con ojos de la Ciencia	210
	consideras su beldad.	
ESTUDIO	Si del Estudio te vales,	
	a la Ciencia llegarás	

| | que los rostros de la Ley |
| | desemboza prespicaz.   215
| ANUNCIO | Si no crees la Profecía
| | de la Ley, la perderás
| | de vista, porque no aguarda
| | en la carrera Ideal
| | sino al que en el Vaticinio   220
| | mira su Divinidad.
| CARIDAD | Con la caridad la Ley
| | es medicina eficaz
| | que cura la mayor llaga,
| | y libra de lo mortal.   225
| ISRAEL | En Israel solamente
| | se puede al Anuncio hallar,
| | al Estudio y a la Ciencia,
| | y a la Clemente bondad.
| | Y si tú, hermosa Riqueza,   230
| | me admitieras por galán,
| | en mi hallaras los fulgores
| | de la Eterna Magestad.
| RIQUEZA | ¡Oh, Israel! si con amarte
| | dejándome acompañar   235
| | del Estudio, y de la Ciencia,
| | del Anuncio, y Caridad,
| | puedo hallar del Rey glorioso
| | el resplandor singular;
| | ya en tu Amor me engolfo tanto,   240
| | buscando a la Eternidad,
| | que el apartarme de amarte
| | hablar será de-la-mar.

Dentro Música.

| MÚSICA | El que mejor epíteto
| | diere a la Ley inmortal,   245
| | las luces del Rey Divino
| | en Israel hallará.
| ANUNCIO | Esta Música sonora

	en Torá Hor suena.	
CIENCIA	Ya	250
	imagino el Epíteto	
	que a la Ley se puede dar.	
ESTUDIO	Yo, considero el más propio.	
CARIDAD	Yo, el mejor.	
ANUNCIO	Yo, el más sin par.	255
RIQUEZA	Yo, el más misterioso, y raro.	
ISRAEL	Pues decidlo, por mirar	
	si en mí que soy Israel	
	la lumbre Divina halláis.	
ESTUDIO	El Cielo, el Mundo, el Hombre en la Alegría	
	goza la suma bienaventuranza,[133]	
	con Dios se alegra el Cielo sin mudanza,	
	el Mundo con el Sol causa del día.	
	Adam por la primera rebeldía	
	tristemente cayó de la privanza;	265
	y el hombre con la Ley, después alcanza	
	estado alegre con que al bien se guía.	
	Dios se alegra en sus obras, porque dura	
	en ellas la observancia vinculada,	
	de la Ley al principio instituida.	270
	Luego si en la Alegría se asegura	
	el bien, y ésta en la Ley se ve fundada;	
	su epíteto es mejor Alegre vida.	
	Dios solo es el Rey mayor	
	y su objecto más alegre	275
	la Ley, que el Alma, y la Vida	
	a cuantos la observan vuelve.	
	No dice en Pascua de Pessah	
	que alegría el Pueblo adquiere,	
	sino en la de Sebuot	280
	una, y en Sucot dos veces.	
	Porque en Pesah redimida	

---

[133] Una nota al margen indica: "Soneto del Doctor Abraham Michael Cardoso." Como se recordará, este personaje es el famoso sabatiano.

no tuvo la Electa Gente
la Ley, sino en Sebuoth
la luz de que la celebre.   285
Porque entonces Dios, le dice,
Te alegrarás ciertamente,
respecto de que la Ley
alegra las Almas siempre.
Así David le encomienda   290
que a Dios sirva alegremente,
por la Ley, que es la Alegría
de las vidas permanente.
Y la Pascua de Sucoth,
dos alegrías le ofrece: 295
una, en su solemnidad,
y otra, en su premio solemne.
Luego ningún atributo
a la Santa Ley conviene
como es el de Alegre vida,   300
por lo que alegra al Viviente.

CIENCIA Idólatra insolente a Dios negaba[134]
la justa adoración, el Mundo ciego,
destinando sus víctimas, y ruego
a estatuas mudas; a quien es faltaba.   305
Solo el noble Abraham, a Dios le daba
la adoración debida, con sosiego
su observancia alcanzando, que del fuego
de Caldeos saliese en que habitaba.
Si la Ley de Dios hija misteriosa   310
al que la sigue bien, del mal desvía,
y el que la Estudia inquieto al fin reposa.
Si ofrece premio igual a su porfía,
guiándole a gozar palma gloriosa,
su epíteto es mejor Perfecta guía.   315
Mosseh, nomina Perfecta
la obra del Autor fuerte,

---

[134] Una nota al margen dice: "Soneto de Abraham de Paiva."

            Perfecta a la Ley David,
            porque defecto no tiene.
            La perfección suma es Dios,   320
            y el que de él más luces vierte,
            es la obra más perfecta,
            y ésta es la Ley solamente.
            Pues si el Mundo en su orden rara,
            decanta a su Omnipotente   325
            Autor; la Ley manifiesta
            como los hizo, y mantiene.
            Los prodigios, y señales.
            que obró contra los infieles
            en Egipto, en el Mar Rojo,   330
            y el gran Páramo estéril.
            En favor de los Electos,
            de forma, que en todo ofrece
            su conocimiento a cuantos
            guía a su gracia eminente.   335
            Luego de Perfecta Guía
            el renombre le compete,
            más que otros, pues su oficio
            es guiar a toda gente.
CARIDAD   Profundo abismo de agua soberana   340
            insondable al piloto más atento,[135]
            en cuyo deleitable alto elemento
            aquel que más se pierde más se gana.
            Tesoro oculto que en su nieve cana
            toca inquiriendo humano entendimiento,   345
            donde mide sutil sin ser portento
            profundidad Divina, Ciencia humana.
            Si hay en el Mar profundidad, riqueza,
            de alcanzarse imposible en lo aparente,
            y la consigue al fin desvelo humano.   350
            Con la Ley compitiendo en la grandeza
            es el supremo Mar más propiamente

---

[135] Una nota al margen indica: "Soneto de Jacob Israel Moreno."

de la Ley epíteto soberano.
La Ley es Mar cristalino,
o espejo de cuantos Seres 355
el Primer Original
formó con poder presciente.
Y así los Sabios escriben
que cuando Dios formar quiere
al Mundo, en su Ley se mira 360
porque todo lo contiene.
Mosseh menciona el principio
de cuanto se palpa, y mueve,[136]
mas no del Agua, ni el día[137]
en que Dios dar Ley previene. 365
Tampoco el principio escribe
de las Angélicas Mentes,
porque el Angel es eterno,
y corrupción no consienten
las Aguas, que a Dios alaban, 370
sobre los Globos celestes.
Si lo escribiera, juzgaran
cuantos sus líneas leyesen,
que acabarían, por cuanto
los Filósofos entienden 375
que lo que tiene principio
está expuesto a corromperse.
Esaías, a la Ley,
cognomina Agua eminente,
por dar corriendo en el Mundo 380
vida eterna al que la bebe.
Y en Jeremías se halla
que es de Vivas aguas Fuente
el Sumo Rey, porque mana
raudales de Almas sapientes 385
en los humanos rodeos

---

[136] En el origina "mueue."
[137] Según nota al margen, "Esta explicacion es de mi hijo Simón [es decir, el hijo de Miguel de Barrios]."

            que a su Sacro centro vuelven,
            y las nubes de la gloria
            chupan sus aguas lucientes.
            El Alma que bebe el Néctar   390
            de la Santa Ley, merece
            bañarse en el mar glorioso
            que Islas de Angeles comprehende.
            Luego el más propio atributo
            que aplicarse a la Ley debe,   395
            es el de Mar prodigioso,
            porque al paso que procede
            De la Fuente de las Vidas,
            con los Hebraicos bajeles;
            da puertos de Salvación   400
            a los que a sus costas vienen.
ANUNCIO Con Ley formó el Autor incomprehensible
            Al Mundo, al Hombre, y a la Electa Gente[138]
            que lo comenzó Dios Omnipotente,
            muestra el Mundo con Ley incorruptible.   405
            El Hombre en el Jardín más apacible
            tuvo el precepto del Criador clemente,
            de Dios criado el Pueblo permanente,
            su principio en la Ley halla invencible.
            La Ciencia, ¡oh, Ley! Principio se apellida   410
            de la carrera del Señor Divino,
            antes de cuanto tiene forma y vida.
            Luego epíteto le es más peregrino,
            el de Principio, pues que da salida
            a cuanto sigue el superior camino.   415
            Dios es uno, y la Ley dos
            que de este uno desciende.
            Escrita y Mental; del Hombre
            y del Año Mapa fértil.[139]

---

[138] Una nota al margen indica: "Soneto propio," es decir de Miguel de Barrios.

[139] La correspondencia entre los 613 mandamientos de la Torá (248 mandamientos positivos y 365 negativos) y el cuerpo humano (con sus 248

Del Hombre, porque la Ley   420
goza seiscientos y trece
Preceptos Afirmativos,
y Negativos, de suerte
que los unos a los huesos
del hombre correspondientes   425
son doscientos¹⁴⁰ y cuarenta
y ocho; los otros parecen
Año que días trescientos
y sesenta cinco tiene.
Tantos son los Negativos   430
Preceptos, resplandecientes
con los rayos de Divinos
en los Israelitas fieles.
Los huesos al cuerpo humano
sirven de órganos vivientes   435
que toca el Alma en la tecla
del corazón, que latiente
despide voces de sangre
por cuanta vena celeste
dilata en sensible mina   440
a la vida que mantiene.
El cuerpo de la Ley Santa
se forma de diferentes
noticias, que de su Autor
esparce a cuantos la inquieren.   445
Sus Afirmativos Fueros,
son como los huesos fuertes
del Mundo Humano, con venas
de escritura en blancas pieles.
Representan la promesa   450
que hizo el Motor providente
a Abraham, porque Abraham¹⁴¹

---

miembros) y los 365 días en un año, es de procedencia rabínica y cabalista.
¹⁴⁰ En el original "ducientos."
¹⁴¹ Una nota al margen dice: "Monta en Hebreo 248."

el mismo número tiene.[142]
Sus Preceptos Negativos
que con los días convienen 455
del Año en los doce Tribus
figuran sus doce meses.
A los años que vivió
el hijo Sacro de Yéred[143]
corresponden, por mostrar 460
que el que guardarlos supiere
verá cual Hanoch llevado
al Huerto de los deleites
por el sumo Rey, que da
el premio al que lo merece. 465
La Ley que todo lo incluye
en Beresit[144] se contiene,
que significa en principio
de lo ignoto, y lo evidente.
Así lo explican los Sabios 470
y que monta Hebraicamente
Beresit, con Ley formó
Dios todas las formas y entes.
El Principio es manantial
Mínimo según entiende 475
Aristóteles, y grande
en cantidad. Lo que viene
de la Ley sale cual río,
con la doctrinal corriente
que de Dios llega a las plantas, 480
y sus campos reverdece.
Luego ningún epíteto
a la Ley le pertenece
como el de principio, pues

---

[142] Una nota al margen indica: "Son los Preceptos Afirmativos." Y en el verso siguiente: "Preceptos Neg."

[143] Una nota al margen indica: "Hanoch." Es decir, que Jared (Yéred) es el padre de Enoch (Hanoch).

[144] En el principio en hebreo.

	todas las cosas contiene,	485
	imagen del Prototipo	
	que las principia y comprehende	
	para gloria de los píos,	
	y pena de los infieles.	
Israel	Cuando el Autor de la Sabiduría,	490
	le dio ser a la luz perfecta, y pura,[145]	
	neutralidad confusa, niebla obscura	
	sobre aguas del abismo se esparcía.	
	Dividida la sombra, quedó el día,	
	obstentando fulgores de hermosura	495
	y si la obscuridad vencer procura	
	luce mejor en la tiniebla fría.	
	Propio epíteto de la Ley bendita	
	es la luz que las sombras no consiente,	
	y a vista luce de enemigo tanto.	500
	Gracias al que la dio tan bien escrita	
	que cuando alguno deslucirla intente,	
	su ceguedad le servirá de espanto.	
	Antes de todo Dios dijo	
	Sea luz; y fue luz desde	505
	que vio Dios buena la luz,	
	por ser madre de los bienes.	
	Y Salomón a la Ley	
	nomina Luz, porque siempre	
	da claridad a los ojos	510
	que sus misterios inquieren.	
	Y si en la Primer Palabra	
	la luz está, es evidente	
	ser el principio la luz	
	de cuanto el Mundo contiene.	515
	Medio es la luz de la vista,	
	y la Ley es luz vehemente	
	que los ojos aclarando	
	los errores obscurece.	

---

[145] Una nota al margen indica: "Soneto de Semuel Leví Rodrigues."

                    Lo que está del Sol privado   520
                    en desórdenes perece,
                    y lo que con Ley camina
                    no hay idea en que no acierte.
                    Las sombras que se le oponen
                    con claridad desvanece,   525
                    y Luna del Sol Eterno,
                    sus resplandores extiende.
                    No crece ni mengua nunca,
                    por ser perfecta, de suerte
                    que no admite añadidura,   530
                    y que nadie la cercene.
                    Candela el Alma del Hombre[146]
                    del Señor, jamás fenece,
                    y la Ley, luz, nunca acaba
                    por arder continuamente   535
                    en la Israelítica Zarza
                    sin quemarla, y sin que deje
                    de alumbrar a los que guía
                    en la noche de las Gentes.
                    Luego el mejor epíteto   540
                    le es el de luz, que no muere,
                    por ser como el Alma eterna,
                    y de Dios antorcha ardiente,
                    en el cuerpo de Israel,
                    y en la mano larga y fértil   545
                    de la observancia, rompiendo
                    las sombras que se le atreven.

Dentro Música.

                    La Ley es Alegre vida
                    Principio, Guía Perfecta.
                    Mar, Luz a la Gente Electa   550

---

[146] Se refiere a la cita de Proverbios 20:27 que en Valera dice: "Candela de Iehova es el alma del hombre que escudriña lo secreto del vientre."

	del que mide sin medida.	
RIQUEZA	Pues, ¿dónde está ya que es todo	
	la divina Ley; la lumbre	
	del que para Empírea cumbre	
	al hombre formó de lodo?	555

Dentro Música.

	En Torá Hor, pues prescribe	
	Isaías, que por fiel	
	luz será Dios a Israel,	
	en cuanto con la Ley vive.	
	1. Viva la Ley de Mosseh.	560
	2. En Torá Hor viva. 3. viva.	
CIENCIA	Por su Yesibá festiva,	
	todo este aplauso se ve.	

Córrese una Cortina, y aparecen la Ley Santa, y los Hermanos de Torá Hor, asentados a una mesa llena de libros, y Cantan dos Coros de Música.

CORO 1.	La Ley Santa resplandece	
	entre los Hermanos píos	565
	que sustentándola amantes,	
	exaltan el Sabio, acuden al Mendigo.	
CORO 2.	¿Qué Hermanos son estos?	
CORO 1.	Los de Torá Hor:	
CORO 1.	Israel los bendiga,	570
CORO 2.	Bendígalos Dios,	
	porque compasivos	
	exaltan al Sabio, acuden al Mendigo.	
CIENCIA	En Hebreo los bendice[147]	
	este Poético escrito	575
	de un estudioso Mancebo,	
	que con Acróstico estilo	

---

[147] Una nota al margen indica: "Toma un papel de la mesa."

muestra que la Ley es luz,
y el Mandamiento Divino
Candela que alumbra el Alma.¹⁴⁸ 580
ESTUDIO Oíd su Elogio bendito.

כ-שרי אמוני אלהים חביבים
י-ראים ומנוקים ככור הזהבים:
נ-הוגים בתורת דברים ברורים
ר-הבים במצות כאישים אירירים:
מ-אירים במדות כזוהר רקיעים
צ-דקות מלאים כאוצר נשיאים:
ו-תמיד בדת אל בפנים שמחים
ה-בלים מרחקים ויחר כאחים:
ו-כלם בחילם זהירים לדלים
ת-בורך מלאכתם כפירות בטלים:
ו-תהיה זכותם קבועה למול אל
ר-צונם ימלא ממלא לשואל:
ה-דר המרומים בעין ר-חמך
א-ליהם פנה עד והגדל שמותם:
ו-יהיו אחיהם חסידים במותם
ר-וחים בטובם נטועים למולך:

Q-ue buenos y fieles son¹⁴⁹
U-nicos de Dios queridos,
E-n su temor siempre puros, 600
C-omo el crisol de oro fino.
A-man rectos el Gobierno
N-oble de la Ley regidos.
D-e valor en lo que observan
E-n lo que alumbran lucidos. 605
L-lenos de virtudes claras,
A-legres con Sacros ritos,
P-ostran ciegas vanidades,
R-ompen discordias unidos.
E-xaltan al Sabio, acuden al Mendigo. 610
C-entro de frutos su obra,

---

¹⁴⁸ Proverbios 20:27.
¹⁴⁹ Una nota al margen indica que la poesía que sigue es una "traducción acróstica."

	E-xclama al Señor Bendito,	
	P-or su mérito glorioso,	
	T-emido por su juicio.	
	O-bra ¡oh, Señor de los Cielos!	625
	Y-a su vista suba el Pío,	
	L-uzca a tus ojos eterno,	
	E-ngrandece a su amor limpio.	
	Y-sus hermanos que han muerto,	
	L-ugar ocupen de vivos,	620
	V-ayan a ti sin quemarse	
	Z-arzas de tu Amor divino.	
Todos	Pues cante el Mundo sus glorias,	
	en loor del Rey Divino.	
Coro 1.	¿Qué hermanos son estos?	625
Coro 2.	Los de Torá Hor.	
Coro 1.	Israel los bendiga.	
Coro 2.	Bendígalos Dios,	
	porque compasivos	
	exaltan al Sabio, acuden al Mendigo.	630

FIN.

Meirat Henayim
Academia Sacra
De Daniel Leví de Barrios,

Represéntela:
    Moseh   El Precepto
    El Celo   La Vanidad
    La Felicidad   Israel
    {Meirat Henayim} {Música}[150]

Desciende Moseh con un Velo en el Rostro,[151] *cantando al tablado y salen por diferentes puertas el Celo, el Precepto, y la Vanidad.*

MOSEH	La de Meirat Henayim Yesibá grande
	doctrina siembra, y coge eternidades.
CELO	Esta sonora harmonía,
	me infunde placer notable.
PRECEPTO	Este embozado prodigio,
	mis alabanzas esparce. 5
VANIDAD	Este músico encubierto,
	a los oprobios me abate.
MOSEH	¿Quién sois vosotros, que andays,
	de opuestas extremidades, *Canta*
	por mi voz en influencias,

---

[150] En la lista de personajes del original no se incluye ni el nombre de la abstracción Meirat Henayim ni el de los músicos pero la primera sale a escena cantando, verso 564, y los músicos cantan a partir del verso 118. El significado del nombre, Meirat Henaym, según el propio Barrios, *Triumpho*, pág. 399, significa "Alumbra ojos," y se refiere al salmo 19:9: en Valera, "... el precepto de Iehova, puro, que alumbra los ojos."

[151] En Exodo 34:35, Moisés se tuvo que cubrir el rostro con un velo debido al resplandor que su cara destellaba después de haber hablado con Dios causando temor a los israelitas. Compárese la salida de Moisés con la de Cupido en el auto de Calderón "Cupido y Psiquis," pág. 349.

	que a unos parecen bien y a otros males?
CELO	El Celo soy, con pesar
	de que la Ley no se guarde,
	Con la pureza que siempre 15
	En Meirat Henayim renace.
FELICIDAD	Yo soy la Felicidad,
	En el placer de que alcance
	Esta Yesibá mis luces
	Con devoción admirable. 20
PRECEPTO	Yo con nombre de Precepto,
	logro que me hospede amante
	si con firmeza Israel,
	Meirat Henayim con Fe, y él, con realce.
VANIDAD	Yo me llamo Vanidad, 25
	Sintiendo que no me ame
	Este sagrado colegio,
	Por ser de la Ley amante.
MOSEH	No puede la Vanidad *Representa.*
	Entrar donde la Ley sale, 30
	En el Precepto con Celo,
	Y en lo feliz con lo estable.
	Meirat Henayim significa
	Que Ojos alumbra, y no cabe
	Desalumbramiento en cuantos 35
	son de sus lumbres clicies vigilantes.
CELO	Tu voz.
FELICIDAD	Tu disfraz.
PRECEPTO	Tu modo.
CELO	Me embarca en confusos mares. 40
FELICIDAD	Puebla mi Mente de objectos.
PRECEPTO	De mis dudas es dictamen.
LOS TRES	¿Quién eres que el rostro encubres?
MOSEH	Moseh soy, y mi Linage
	La sangre que por las venas 45
	De Leví corre incesante.
	Felices los que mi Ley *Canta*
	Guardan de suerte constantes,
	Que nunca el tiempo los muda,

	y esperan que dos veces Dios los salve.	50
	Embozándome, descubro. *Representa*	
	Que cegará el que llegare	
	a ver la gran luz, que adquiere	
	Del alto Sol, mi semblante.	
	Veránla los que tuvieren	55
	Los ojos de Imperial Ave,	
	porque Dios los suba en alas[152]	
	de sus Aguilas volantes.	
	Las sagradas Academias	
	Son índices racionales	60
	Del Pentateuco, y Talmud	
	Y del Temor divino armas brillantes.	
VANIDAD	A Moseh quitaré el velo	
	Para que a Israel abrase.[153]	

Quítale el velo, y con el resplandor que sale del rostro de Moseh, ciega a la Vanidad.

	Mas ¡ay triste!	65
MOSEH	¡Oh, atrevida!	
	Alas de cera tomaste,	
	A mis rayos.[154]	
VANIDAD	De mis ojos	
	La luz, con tu luz mataste.	70
CELO	Mi vista aclara en tu rostro.	

---

[152] Una nota al margen indica que la cita es de Deut. 32. Y en Deuteronomio 32:11, en Valera dice así: "Como el aguila despierta su nido, buela sobre sus pollos, estiende sus alas, tomalo, llevalo sobre sus espaldas." Una interpretación de la metáfora es que Dios se preocupó de Israel cuando era joven del mismo modo que lo hace el águila con sus hijuelos para alimentarlos y enseñarlos a volar. *The Torah. A Modern Commentary* (New York: Union of American Hebrew Congregations, 1981) pág. 1557.

[153] En "Psiquis y Cupido," de Calderón, la Apostasía se abraza a Cupido-Cristo y se abrasa con su pecho.

[154] Moisés identifica a la Vanidad con Ícaro, que, al acercarse demasiado al sol, se la derritieron las alas.

PRECEPTO	Mi gozo en tu lauro nace.	*A Moseh.*
MOSEH	Representando la Ley	*Canta.*
	Postro al que intenta su ultrage,	
	Alumbro al que su luz sigue,	75
	Y triunfos doy al que a su amor se abate.	
	El alegre Judaísmo	*Repres.*
	De Amsterdam a sí me atrae.	
	Con el Amor de su Causa	
	Y en su ley con lo observante.	80
	Cinco mil y cuatrocientos	
	Y tres años de Dios trae[155]	
	Sobre el cimiento del nada	
	Su fábrica imitable.	
	Cuando sube al coro excelso	85
	La voz de que los cofrades	
	De la Devoción fabrican.	
	La de Meirat Henayim Yesibá grande.	
VANIDAD	Amo al Celo, y me da celos	
	Que esta Yesibá le agrade.	90
FELIC.	Si el Celo al Precepto guarda;	
	Será en tálamo suave,	*A Moseh*
	Mi esposo con tu enseñanza.	
PRECEPTO	Con el Celo seré amable.	
CELO	Felicidad, yo te estimo.	95
VANIDAD	¿Qué escucho ardientes pesares?	
MOSEH	Huid de la Vanidad	*Canta*
	Porque a la virtud no estrague,	
	Que en el campo del estudio	
	Doctrinas siembra, y coge eternidades.	100
VANIDAD	¿Qué Prometeo en tan obscuro estado	
	Me traerá del Olimpo el farol claro?	
FELIC.	Aunque vuelas como Aguila a los cielos	
	De allá te arrojará el Señor eterno.	
PRECEPTO	En el sagrado monte de Dios puro	105
	No entrará sierpe, ni animal inmundo.	

---

[155] Corresponde al año de 1643.

Celo	Solamente la Ley de Dios bendita	
	Ojos alumbra y penas extermina.	
Moseh	La de Meirat Henayim, Yesibá grande	
	Doctrina siembra, y coge eternidades.	110
Vanidad	Cierra la puerta del labio.	
Celo	Suelta la Voz apacible.	
Vanidad	Que me aflije el escucharte.	
Celo	Que me deleita el oírte.	
Moseh	Siempre al espíritu inmundo	115
	La dulce música aflije.	
Felic.	Siempre delicia, el buen Angel	
	De lo harmónico recibe.	

Música dentro.

Música	Viva Meirat Henayim, viva en lo firme.	
	Muera la Vanidad, muera en lo triste.	120
Precepto	Esta música, en mi pecho	
	Alegre alborozo erige	
Vanidad	Iré a suspender tu voz	
	Por cobrar vista irasible.	
	De la luz Mosaica huyendo. *Vase.*	125
Moseh	Yo haré que hiera y derribe	
	A la metálica estatua[156]	
	La Ley de Dios invencible. *Vase.*	
Celo	Venid en mi alcance.	

Sale Israel y detiénelos

Israel	Oíd.	130
	Porque no será posible	
	Sin vosotros consolarme.	
Celo	Cano honor destos Países.	
Felizi.	Noble Anciano.	

---

[156] Se refiere a la estatua que apareció en el sueño del rey Nabucodonosor en Daniel 2:31-33.

PRECEPTO	Varón raro.	135
LOS TRES.	¿Quién eres que nos impides	
	El paso?	
ISRAEL	Soy Israel,	
	El sacro Pueblo que elige	
	El Rey eterno; y vosotros	140
	La Felicidad sublime	
	El Celo y Precepto santo.	
	Y sin los tres, no hay ardides	
	Que hacerme puedan feliz,	
	Ni de Dios lumbre visible.	145
	Pero mejor es callar.	
ANUNCIO	No en lances donde consiste	
	Todo tu alivio, el fiarnos	
	Tu corazón.	
ISRAEL	Pues oídme:	150
	Cuando la ambición soberbia	
	Monarca de los Gentiles,	
	En trono de vanidades	
	Me dio el cetro de sus timbres.	
	Mas ya pasó; cuando el Mundo	155
	Aspid de engañoso origen,	
	Tras las flores de los vicios	
	Los venenos apercibe;	
	Apartándome (que error)	
	De la que a par con Dios vive,	160
	De la que enseña a los torpes	
	Dando aliento a los humildes,	
	En el monte del engaño	
	Con ligereza increíble,	
	Tras un indómito bruto,	165
	Que es topo, y se Juzga lince,	
	Me perdí, donde encontrando	
	En la mentira una Esfinge,	
	Que engaña como Sirena	
	Cuando como Hiena gime;	170
	Al paso que por amarla	
	Atropellando imposible	

           A su hechizo era tan fácil,
           Como a la verdad difícil.
           Me mordió (ay Dios) la Serpiente   175
           De la culpa, y cuando quise
           Buscar cura en mi dolor,
           Hallar mi luz en mi eclipse;
           Con tal ira, con tal rabia
           Ya León, ya Lobo, ya Tigre,   180
           La que presumo Deidad
           Fiera se me vuelve horrible;
           Que si escapo del Rey bruto,
           Que si del Panal me enviste,
           Que si en mi albergue me oculto,   185
           Y aún del Aspid no estoy libre,
           Siempre con manos de Harpía,
           Siempre con ojos de Circe,
           Siguiéndome.

Dentro la Vanidad.

VANIDAD   En la montaña   190
            Se oculta, buscadle heridle.
ISRAEL   ¡Oh, infelicidad! que aquélla,
            Es la fiera que me sigue.
PRECEPTO   Alienta, que aquí no puede
            Ni enmalecerte, ni herirte.   195
            Que no entra veneno donde
            La Divinidad reside.
ISRAEL   Su vana, incredulidad
            O por dar fin a mis fines,
            O por apagar la luz   200
            Que en la obscuridad me asiste;
            Me dejó tan sin aliento
            Que si al Alma lo previne,
            Fue porque llegó aliviarme
            El deseo de afligirme.   205
            Cuando entregándome al sueño
            D'esos piélagos turquíes

	En que bajeles de Dios	
	Fluctúan los serafines;	
	Me pareció ver, ¡ay cielos!	210
	Barar un ardiente esquife,	
	Que a los del mar del deleite,	
	Echando en la tierra a pique	
	Con blanda salva de rayos,	
	(Qué asombro) de sí, despide	215
	A un peregrino brillante,	
	(No empiezo bien) a un insigne	
	Objeto (mal lo encarezco).	
	A un prodigio comprenhensible	
	De perfeción (corto anduve)	220
	a un Sol claro (es más sublime)	
	A un Paraninfo, a un Querub,	
	(Poco en su alabanza dije).	
	Que aunque a todo se parece,	
	A sí solo se compite.	225
	En un León, cuyo freno	
	(La que expuesta al sacro Alcides	
	Ya sin tres puntas) con siete,	
	Cabezas Hidra horrible.	
	Rayos todo, todo triunfos,	230
	Le apresura, le apercibe	
	Tal castigo al que le huye,	
	Tal corona al que le sigue,	
	Que yo no sé si dudoso,	
	Con ver que obrando invencible	235
	Sobre dos deshechos templos,	
	Uno para siempre firme;	
	Logro el herirle de suerte,	
	Que blandamente me dice:	
Dentro	Aunque me ofendes altivo	240
Moseh	Pretendo que a Dios obligues,	
	Porque te lleve a su gracia,	
	Y de los Pueblos te libre.	
Precepto	Moseh habla con los Hebreos,	
	Que de Israel se dividen,	245

	Por seguir la Vanidad.	
ISRAEL	Su reprehensión me constriñe[157]	
	A buscar la rectitud,	
	Para que la Ley me guíe,	
	Cuando miré una belleza	250
	Que Meirat Henayim se dice	
	De las Academias flor,	
	Con la fragancia apacible,	
	De sacras meditaciones,	
	De doctrinas convenibles.	255
	De nobles conformidades,	
	Y de enseñanzas felices.	
	En un jardín de virtudes	
	Brotó su pompa plausible.	
	La Ley árbol de las vidas,	260
	Con ramos inteligibles.	
	Que florece el alto Sol,	
	de la luz incomprehensible.	
	Que hojas le da de escrituras,	
	Y de eternidad raíces.	265
	A su peregrina sombra	
	Siete sabios dan luz firme	
	De Maravillas del mundo	
	Enlazando Hebraicas vides.	
	Los tres en glorioso sueño	270
	Con el Rey divino viven.	
	Y los cuatro, abren los ojos	
	En el estudio, que imprime	
	Temor divino al sapiente.	
	Mosaico aliento al humilde,	275
	Caridad pronta al devoto,	
	Y alegre doctrina al triste.	
	El Sabio Jacob Sasportas	
	Es la cuarta luz, que sirve	
	Como el Sol entre Planetas	280

---

[157] Constreñir significa obligar.

Al Señor que siempre vive.
Procede del celebrado
Aramban, de regia estirpe,
Que en Aragón lució clara,
Y en Orán brilló sublime.   285
Estrella su magna ciencia.
De Jacob, guió felice
En Africa sinagogas,
Con resplandores sutiles
Al Kahal kados Hamburgués,   290
Al de Londres aplacibles,
Recto al de Liorne, y docto
Al de Amsterdam que lo elige,
Por su gran Jurisprudencia,
Por sus sonoros matices,   295
Por ejemplo de virtudes,
Y Talmudístico lince.
Primer luz deste colegio,
Amaneció en Salonique,
De docto Joseph Salom,   300
Rabí Salon su hijo insigne.
Uno a la circuncisión
La diestra mano dirige.
Otro, al celo de la Ley,
Los alientos apercibe,   305
Tesoro de las Misbot,
de los Israelitas Iris,
De sus discípulos gloria,
Y de las escuelas timbre.
Tuvo este noble Colegio   310
En sus primeros Abriles,
Por blanco a Moseh Moreno
Con flechas de Hebraicas lises.
Semuel de Cáceres noble,
Jajam, del Hebreo Liber,   315
Con sapiencia y con fervor,
Teme a Dios, su Ley escribe.
Es la tercer luz que alumbra

Los adultos, y pueriles,
Por el ejemplo, y virtud,   320
Que unos loan, y otros siguen.
Con estos cuatro, el colegio
De Meirat Henayim, percibe
Copia de Kiryat-arba,
Y de Hebrón, juntas felices.   325
El quinto es como Planeta
Marte, mas en doctas lides,
Jacob Abendana el nombre,
Jajam de Londres el timbre.
Abraham Senior Coronel,   330
De sapientes Adalides,
Con el bastón de la ciencia
Emulos altivos rinde.
Sexto Caudillo se ostenta
De la Hermandad convenible   335
Que por su virtud lo estima,
Y por su Jajam lo admite
De estos humanos Planetas.
Séptimo sus loas ciñe
El heroico Ishac Sarruco.   340
Con tan sapientes raíces
Que fiel árbol de la Ciencia,
Brota en mosaicos Jardines
Discípulos de esmeraldas,
Y sentencias de Rubíes.   345
Destos siete fieles sabios,
Tienen afrentoso eclipse
Los siete sabios de Grecia,
Y los que en Teman residen.
Meirat Henayim, de su Cielo   350
Sacro Atlante, docto Alcides,
Astros contempla gloriosos
Y corta cabezas viles.
Yo, de su beldad rendido.
Pretendo que me publique   355
Su amante a los que la estiman,

	Su esposo a los que la piden.	
	Y pretendo merecerla	
	Con precepto que la anime,	
	Con felicidad que la ame,	360
	Y con celo que la afirme.	
	Si me acompañáis los tres,	
	Tendré osadía infalible,	
	De pedirla por esposa,	
	A sus hermanos, que asisten	365
	A su hermosura con honra,	
	a su modestia con timbres,	
	A sus maestros con dones,	
	Y con afecto a sus Clicies.	
Felic.	¿Cuántos sus hermanos son?	370
Israel	Catorce, mas tan insignes,	
	Que los méritos estiman,	
	Más que los faustos visibles.	

Dicen Dentro.

Moseh Uno.	Viva Meirat Henayim, Vivan Urbanos	375
	Sus dos Maestros, sus Catorce Hermanos.	
Moseh	Muera la Vanidad que licenciosa	
	Procura obscurecer su luz gloriosa.	
Vanidad	¡Ay de mí triste! *Dentro.*	
Precepto	Ya el David del Cielo,	380
	Derribó al Goliat del infiel suelo.	
Moseh	La Idolatría quede sin Cabezar.	
Celo	Ya el Pastor sacro a deshacer empieza	
	Filisteo de espíritus vendados.[158]	
Israel	Los de Meirat Henayim triunfos loados	385
	Cante la Fama.	

---

[158] El pastor David mató al gigante y filisteo Goliat con el golpe de una piedra y luego le cortó la cabeza con la misma espada del gigante en 1 Samuel 17:50-51.

Sale Moseh.

> MOSEH Yo Cantaré ahora
> De su Hermandad la perfección sonora.
> Con cincuenta y cuatro siglos
> Y tres Anales cursos,[159]   390
> En el Vellocino de oro
> Caminaba el Jasón Rubio.
> Cuando la docta Academia
> De Meirat Henayim; obtuvo
> Principio en la devoción,   395
> Y en su gobierno instituto.
> De sus cuatro fundadores,
> Los dignos aplausos fundo
> Sobre el cimiento del voto,
> En la ciudad del influjo.   400
> El Fiel Jacob Prieto Henriquez
> Tercer Artífice suyo
> Los hijos tiene en sus obras,
> Y en los méritos sus Juros.
> De sus amigos amparo,   405
> De sus parientes refugio,
> Parnas de Talmud Torá,
> Y de los sabios escudo.
> El noble Jacob de Lima,
> Es el fundador segundo,   410
> Lumbre de los entendidos.
> Gloria del Divino culto.
> Lince de la sacra Ley,
> Y hoy del celeste dibujo
> Flor con fragancia de gloria.   415
> En el árbol de los justos.
> Es Jacob Senior Henriquez,
> de este Museo facundo,

---

[159] El año 5403 corresponde al de 1643.

el Arquitecto primero,
con religiosos influjos.　　　　　　　　　　420
De diez años empezó
a ser de los Pobres muro,
de la Santa ciudad Puerta,
Tobías de los difuntos.
A las huérfanas ampara,　　　　　　　　　425
de los sapientes Arturo,
Imán de los casamientos,
abrigo de los desnudos,
De los enfermos alivio,
de buenos hijos Alumno,　　　　　　　　　430
y Gabay deste Colegio,
con gran nombre, y celo mucho.
Abraham Pereyra Cuitino,
es el Cuarto en el augusto
Palacio de la Ley Santa,　　　　　　　　　435
que da hospicio al Señor sumo.
Estrella del Firmamento
Esparce su fulgor puro,
como Abraham entre Infieles.
y como armiño entre impuro.　　　　　　440
Es mundo este fiel colegio,
los cuatro, cantos del Mundo,
por donde los Israelitas
siguen los Mosaicos rumbos.
Luce Jacob Suares Prieto　　　　　　　　445
blanco de los tiros mutuos,
por lo discreto atractivo,
y estimable por lo agudo.
Y Job de tres hijas recto,
en lo próspero, y seguro,　　　　　　　　450
sustenta a la caridad
en campañas de estatutos.
Es Moseh Vas (guiador) Pharo
en el cautiverio obscuro,
con la luz de la Ley Santa,
de navegantes expulsos.　　　　　　　　　455

Brilla Ishac su hijo obediente,
único, en el nupcial yugo,
con el fuego de la Ley,
que de fiel le da los humos.
David Nuñez de Mercado 460
es tan David contra injustos
gigantes, como amador
de la Ley, con celo puro.
En sus tratos verdadero,
y tan cuerdo, que le juzgo 465
Mercado de los primores,
y pasmo de los concursos.
Con ánimo liberal,
atropellando infortunios,
a su familia mantiene, 470
con gran honra, y fervor justo.
El noble Selomóh-Escapa,
de los males y disgustos,
por ser la Ley su defensa,
y el sacro temor su muro. 475
Es bien quisto por su trato.
activo por su discurso,
por sus hijos decoroso,
y devoto por su impulso.
Hoy Brasilay, y David, 480
son David Brasilay juntos,
haciendo un cuerpo y un Alma
en guardar el sacro culto.
Con nobles hijos y nietos,
les da doctrinales fructos, 485
el primero en la oración,
y en el celo sin segundo.
Jacob de Castro de Paz,
triunfa de errores caducos,
Joseph para sus hermanos. 490
Ishac en coger sus frutos.
Premia Dios su caridad
dándole ciento por uno,

por los campos de la Ley,
que tiene fértiles surcos. 495
Es Bisnieto de un gran Mártir,
y Hermano de otro, que obtuvo
en el fuego de Lisboa
la luz de divino Nuncio.
Con cinco hijas, y tres hijos, 500
les da Mosaicos influjos,
de Rabí Salom gran yerno,
y del pobre gran refugio.
Ishac Oeb significa
Reira amante, en los resumos 505
que amando al que ama la Ley
aborrece al Epicuro.
Tiene una hija consorte
de su buen sobrino, y viudo
con noble y casta matrona 510
tornó al nupcial estatuto.
El atento Ishac Furtado,
constante entre adversos susto,
a sus cinco Hermanas cuerdas
nupciales coyundas puso. 515
David Israel Pesoa
es con religioso orgullo
si Israel con buenos hijos,
David en cortar prepurcios.
A Pimhas Abrabanel 520
la adversidad, y el disgusto
no privan de lo devoto.
Ni apartan de lo maduro.
Josiahu Mocata cuerdo
con noble esposa, es fecundo 525
tanto en obrar siempre bien,
como en el divino culto.
Todos son catorce hermanos,
con los harmónicos ñudos
de Ley, que ven en sus puertas 530
cuando tocan sus cañutos.

Unense todos conformes,
tanto en tristes infortunios
cuanto en alegres sucesos
y en religiosos preludios, 535
por sustentar a sus sabios
con sus dones, y tributos
a la Ley con su asistencia
y al celo con su buen uso.

Música dentro.

MÚSICA La hermosa Meirat Henayim, 540
el dote tiene seguro
en sus devotos Hermanos,
que le dan continuos Juros.
Y por esposo a Israel,
en el tálamo jucundo 545
que es su quedusim[160] la cienda,
y matrimonio su culto.[161]
ISRAEL Por tan sagrado consorcio,
saldré del triste sepulcro
de la esclavitud, rompiendo 550
la losa de los disgustos.

Dentro Harmónicos instrumentos.

Mas ¿qué sonoros acentos
resuenan en los reclusos
cóncabos de esos peñascos?
MOSEH De los celestiales cursos 555

---

[160] El tratado talmúdico que da leyes matrimoniales se llama "Quiddussin."

[161] Barrios explica la metáfora del matrimonio místico entre Dios e Israel en la introducción a Meirat Henayim, *Triumpho*, pág. 408, "...el Eterno esposo lo hizo su eterna esposa, siendo de ella nupcial eternidad carta de dota e la Sacra Ley, quedussim la Santa circumsicion, talamo el feliz Monte de Sinay...."

Salen por una belleza
que tiene atónito y mudo
con su voz al Horizonte,
y con su luz al diurno
Farol del día. 560

Descúbrese un vistoso tálamo,[162] *y sobre una nube Meirat Henayim ricamente vestida con guirnalda, y cetro de flores.*

CELO   Esta, es
         Meirat Henayim que al cerúleo
         Reino, con buen aire ondea.
FELIC.   Con admiración la escucho
MEIRAT   ¡Oh, Rey Divino! de verdad armada   *Canta*
         Venzo tropas de cuanta pesadumbre
         quiere ser niebla a tu luciente cumbre;
         al que busca tu sombra aprieta osada.
         Escápame del Malo, que es tu espada:
         úneme con el bueno que es tu lumbre 570
         subirá el Alma a verse tu dislumbre
         por los caminos de tu Ley sagrada.
         Componénme los ínclitos Hermanos
         Que procuran tu gracia sin medida,
         prontos a las Misbot, a tu Ley llanos 575
         Socorre al que la observa, y no la olvida
         porque triunfen los píos de los vanos
         y de la Muerte con la Ley de vida.

Música dentro.

MÚSICA   Meirat Henayim, tu petición sonora
          oye el Señor que justos atesora, 580
          para que seas de Israel consorte,
          Luz de las Gentes, de las Almas norte.
          Baja al tálamo glorioso

---

[162] Barrios dice que es Sinaí.

a dar la mano a Israel
con laurel, 585
para que te logre amoroso,
y guarde la verdad fiel.

Desciende Meirat Henayim, y sube Israel al Tálamo donde se asientan dándose las manos.

MEIRAT Al sacro fuero obediente,
        al epitalamio llego,
        con sosiego 590
        que tiene el Amor ardiente
        en la inquietud de su fuego.
ISRAEL Con esposa tan discreta,
        tan virtuosa, y capaz
        tendré paz, 595
        del Arco de Amor saeta,
        y del consorcio disfraz.
        ¡Oh, Meirat Henayim Hermosa!
        siempre enlazó tu beldad
        mi libertad; 600
        y hoy por orden prodigiosa
        somos una voluntad.
MÚSICA Celebre el común consuelo
        que asisten al nupcial nido
        del Pueblo unido, 605
        La Felicidad, el Celo
        y el Precepto obedecido.
FELIC. No de Meirat Henayim cesen las glorias,
        en las meditaciones, y Memorias.
CELO De su Hermandad resuena la harmonía 610
        en ecos de enseñanza, y de alegría.
PRECEPTO Siempre de su concordia arda la llama
        ramos de virtud y buena fama.
MOSEH Su Consorcio feliz, y celebrado
        siempre loe al Artífice sagrado. 615

ISRAEL   Así bendecirá[163] su unión el cielo,
MOSEH   y así la Ley florecerá del suelo.

F I N.

---

[163] En el original "bendicira."

Ets Jaim, Arbol de las Vidas[164]
Diálogo
De Daniel Leví de Barrios

Interlocutores
    La Obligación   La Memoria
    El Gobierno   El Entendimiento
    El Estudio   La Voluntad
    Música

Descúbrense a la sombra de un grande y copado Arbol asentados a una rica mesa de diferentes Viandas la Obligación, el Estudio, y el Gobierno, y cantan los Músicos.

Música	De tres que a una Mesa comen	
	afirma Rabí Simón,	
	que con palabras de Ley	
	la hacen mesa del Criador.[165]	
	¡Oh, que grado de Amor!	5
	para alcanzar el divino favor.	
Gobierno	Delante de mi ordenaste	
	Mesa, Adonay, mi pastor,[166]	
	para que yo te bendiga	
	con vaso de salvación.	10
Música	¡Oh, que grado de Amor!	
	para alcanzar el divino favor.	

---

    [164] Se ha añadido al título "Ets Jaim." para mantener consistencia con los títulos de los otros autos.
    [165] Cita del *Pirkei Abot* 3:4.
    [166] Se refiere a la cita de Ezequiel 41:22, "Esta es la mesa que está delante de Yahveh," incluida en el pasaje del *Pirkei*.

OBLIGAC.	Pintaré el Arbol sagrado	
	que hasta ahora sustentó	
	con sus doctrinales frutos	15
	al estudioso fervor.	
MÚSICA	¡Oh, que grado de Amor!	
	para alcanzar el divino favor.	
OBLIGAC.	Ets Jaim Arbol de vidas	
	en el Jardín de la escuela	20
	brinda licor de enseñanza,	
	con la copa de la ciencia.	
	Tan grandes son sus raíces,	
	que ocupan toda la Tierra,	
	con renuevos diferentes	25
	que no tienen diferencias.	
	La celtitud de su pompa	
	a los mismos Cielos llega,	
	con las Almas que en sus ramos,	
	cantan de Dios las grandezas.	30
	En la Estampa del estudio,	
	sus Sabios, hombres de Letras,	
	con tal crédito las sacan,	
	que todos se las aceptan.	
	Sus Cortezas, y sus ramas,	35
	tienen las líneas supremas	
	de que se hace de la vida,	
	quien no se desase dellas.[167]	
	El que al buen árbol se arrima	
	alcanza sombra tan buena	40
	que Dios por su firme luz	
	nunca su sombra le niega.	
	Sus famosos Plantadores,	
	a las plantas de Dios llegan,	
	por ser plantas de sus flores,	45
	y plantos del que lo niegan.	

---

[167] Proverbios 3:18, en Valera: "Esta [Ley] es el arbol de vida a los que asen deella." Esta cita se encuentra incluida en *Pirkei* 6:7.

En la casa de Jacob[168]
lo plantó el magno Mortera,
y el docto Rohél Yesurum,
Jajam uno, otro, Poeta.   50
Su instituto a desvalidos
que en tablas de Ley navegan,
es dar ayudas de costas,
en el Mar de la asistencia.
Con salarios diferentes   55
los que al estudio se entregan,
a la sombra de este Arbol,
dan luz de su inteligencia.
Cada mes gozan sus premios
procedidos de la renta   60
de Ets Jaim, Casa de estudios,
con más de trece mil piezas.
La ansiosa Necesidad,
dice a la arbórea opulencia
Es-tu-Dios de tus estudios,   65
En Medrás que tiene medras.
Mortera, Pardo, Aboab,
Menasseh, y Aguilar, llegan
a dar sus primeras Flores,
por verse sus Primaveras.   70
Con discípulos famosos
cada uno, los entrega
por su virtud a la fama,
al loor por sus sentencias.
En lo que más se enaltecen,   75
es humillarse a la excelsa
orden, que en remos de líneas
hace sombra a su obediencia.
Los seis Atlas de este Arbol,
guardan las frutas Hesperias   80
que en el sacro Firmamento,

---

[168] Casa de Jacob es el nombre de la primera sinagoga de la comunidad.

	resplandecen como estrellas.	
	Por Sebuot[169] los eligen	
	siete Jueces, que se ostentan	
	Septentrión del Gobierno	85
	con norte de providencias.	
	Los Seis, Parnasim se nombran	
	de Talmud Torá, o escuelas	
	de Ets Jaim, Arbol divino	
	que a su sombra, luz enseña.	90
	Uno de ellos, cada día	
	con cuidado y asistencia,	
	es Argos de los estudios,	
	y de la Ley centinela.	
	Quien madruga a su observancia,	95
	por la vida venidera,	
	en el mismo día de hoy	
	el de mañana grangea.	
	Todo es ciencia, todo amor,	
	y todo con Ley eterna	100
	bendice al Supremo Autor,	
	porque lo rige, y sustenta.	
OBLIGAC.	Bendigamos de Ets Jaim,	
	al que su Mesa nos dio.[170]	
GOBIERNO Y ESTUDIO.	Bendito el que nos sustenta	105
	y nos da vida, y temor.	
MÚSICA	¡Oh, que grado de Amor!	
	para alcanzar el divino favor.	
OBLIGAC.	Bendito sea el que harta a los hambrientos;	
	de doctrinas, de ciencias, y alimentos.	110
	Bendito él, su nombre, y su memoria	
	por toda eternidad, y toda gloria.	

---

[169] Shavuot o Pentecostés, una de las tres fiestas de peregrinación. Se celebra en el verano.

[170] Aunque el texto original dice que estos dos versos (101-102) los dice la Obligación, es posible que los debería cantar la Música, ya que los previos versos (19-102) los dice Obligación.

ESTUDIO Bendito seas, Adonay, Dios Nuestro
del Mundo Rey, que a todo el Mundo alumbras
con gracia, con merced, y con piedades.   115
Pan a toda criatura dar eliges,
tu favor sea por eternidades.
Tu gran bien nos fue siempre continuado,
y nunca faltará que nos sustente,
porque de siglo, en siglo providente,   120
sustenta y guía a todo lo que ha obrado.
¡Bendito tú, Adonay! que dadivoso,
Gobiernas cuanto abarcas poderoso.
David canta que abre Dios la mano.
y a todo vivo da lo que apetece.   125
Loarémoste Adonay Dios Nuestro, sobre
que a nuestros Padres heredad hiciste
la Tierra Codiciable, buena y ancha,
Firmamento, Ley, vidas, y sustento;
sobre que de entre Egipcios nos sacaste,   130
y de casa de siervos nos libraste;
sobre tu sello santo, y misterioso,
que tiene en nuestra carne papel vivo;
sobre los fueros que tu Amor activo
nos enseñó magnánimo, y piadoso,   135
sobre las vidas y el mantenimiento
que nos das sobre todo Ser, atento.
Adonay ¡nuestro Dios! a ti otorgantes
nosotros, bendecimos a tu nombre,
porque nos das manjares de Doctrina,   140
y nos sustentas en tu Ley divina.
El Vaticinio con Verdad lo canta,
Comerás de Ets Jaim divina planta
y echarás con hartura de sustento
al divino Señor, bendición santa,   145
por la alta Tierra que te dio fecunda.[171]
Bendito el Sumo Rey que todo abunda,

---

[171] Versos 143-45, en el original están en letra bastardilla.

sobre la Tierra, y el Mantenimiento,
ambiente a todo, y sobre todo atento.
Adonay Nuestro Dios, tú nos apiadas 150
sobre nosotros, y tu sacro Pueblo;
sobre Jerusalén tu Ciudad santa;
sobre el Templo magnífico y sagrado
en que tu excelso nombre fue invocado.
Páscenos nuestro Padre Poderoso, 155
mantiénenos, gobiérnanos piadoso,
susténtanos del Arbol de las vidas,
espácianos en tierras prometidas;
no nos dejes en míseras cadenas
a las manos que son de carne y sangre, 160
que es su Don poco, y su repudio mucho;
sino a tu mano llena, y generosa,
de providencia, y dávida gloriosa,
y en este mundo no mendigaremos,
ni en el otro nos avergonzaremos. 165
Vuelve a su asiento como has prometido
la Casa y Reino de David tu Ungido;
en nuestros días fragua el Santuario,
y torna al Sacerdocio el incensario.
¡Bendito, tú, Adonay! por las piedades 170
que a Jerusalén vuelves tus verdades.
Aun sea en nuestra edad, y nuestros días
la Ciudad de Sión edificada,
y de Jerusalén compuesto el culto.
Tú, Adonay Nuestro Dios, riges al Mundo, 175
Dios eterno, bendito, y sin segundo.
Nuestro Padre, Rey Nuestro, Nuestro Fuerte,
Nuestro Criador, y Redimidor nuestro,
nuestro Santo Clemente,
y Pastor de Israel maravilloso, 180
benigno Rey que a todos beneficias,
y Benefactor nuestro te publicas;
tú, siempre nos hiciste beneficios,
siempre nos los harás por tus juicios.
Nuestro Premiador, siempre nos premiaste, 185

siempre nos premiarás como pensaste,
de merced grande, y de piedad, y espacio,
de escapamiento, y de Ideal Palacio.
Sea al Piadoso que al Dragón destierra,
alabado en los Cielos y en la Tierra. 190
El Piadoso sus loas nos admita,
en todo tiempo sobre el Israelita.
El Piadoso, entre nos se glorifique,
y por su eternidad nos multiplique.
El Piadoso, con honra nos mantenga, 195
en la paz el Piadoso nos convenga.
El Piadoso, nos eche bendiciones,
y nos escape en nuestras elecciones.
El Piadoso, por modos peregrinos,
prosperidad nos dé en nuestros caminos. 200
El Piadoso, nos lleve a nuestras tierras
cautivos de su Amor, libres de guerras.
El Piadoso, nos dé con la doctrina,
de Ets Jaim, su perfecta medicina.
El Piadoso, nos guíe al bien temprano, 205
siempre con larga, y con abierta mano.
Con su nombre el Piadoso a vista de otros
bendiga a cada uno de nosotros.
Sobre nosotros el Piadoso venga,
y en la Cabaña de su paz nos tenga. 210
El Piadoso, nos ame y vivifique,
y el Tiempo del Mesías nos aplique.
La nueva formación del Santuario,
la del Ara, del Templo, y de su Erario,
los deleites del Mundo venidero, 215
el Trono, y Sacerdocio verdadero.
Tú, ¡Dios nuestro! exaltar el Reino puedes
a tu Ungido David, haces mercedes
y a su linage, eternamente atento,
a la sapiencia y al merecimiento. 220
Los que con la Riqueza se miraron,
hambrientos en lo mísero quedaron;
y cuantos al Señor que siempre es uno

	requieren, nunca falta bien alguno.	
	Lo que comimos sea por hartura,	225
	lo que bebimos por remedio y cura,	
	y lo que nos sobró por deleitable	
	bendición, con la Ley de Dios amable.	
	La Escritura lo canta incorruptible:	
	Y dio delante de ellos y comieron	230
	los que remanecieron,	
	conforme habló el Señor incomprensible.	
	Seáis benditos de Adonay Eterno,	
	que hizo el terrestre y celestial Gobierno.	
	Bendito el Varón sea que confía	235
	en Adonay; será Adonay su guía.[172]	
	Dará por su grandeza	
	Adonay, a su Pueblo fortaleza.	
	Bendecirá a su Pueblo Adonay Santo	
	con paz alegre en harmonioso canto.	240
MÚSICA	Por tal bien, digan amén,	
	los que oyen la bendición,	
	y del Arbol de las vidas	
	tienen la sombra, y favor.	
OBLIGAC.	¡Oh, que grado de Amor!	245
	para alcanzar el divino favor.	

Suenan dentro en tres diferentes puestos
sonoros instrumentos.

> *Mas ¿qué instrumentos claros, y canoros*
> *Almas atraen en tres distantes Coros?*

Salen por distintas puertas la Memoria, el Entendimiento,
y la Voluntad.

MEMORIA Los del primero, son las alabanzas[173]

---

[172] Versos 230-36, en el original están en letra bastardilla, quizás porque es una cita.

[173] M. Kayserling publicó una selección del auto a partir de este verso.

	que dan las Apolíneas confianzas	250
	a los doctos Discípulos y graves	
	del gran Mortera en músicas suaves.	
ENTEND.	Dulces elogios son los del segundo	
	que traen los Cisnes de Helicón fecundo,	
	a los que enseña Ishac Aboab sapiente,	255
	del Talmud gloria, de la Ciencia Oriente.	
VOLUNTAD	Los del Tercero aplausos se publican,	
	que las Plumas Castalidad dedican,	
	del gran Jacob Sasportas a la Escuela	
	que con su Fama por el Mundo vuela.	260
MEMORIA	Oíd a la Memoria, y dadle albricias	
	de las que os viene a presentar primicias	
	del gran Colegio de Mortera sabio.	
GOBIERNO	Ya el oído te doy.	
OBLIGAC.	Ya oigo tu Labio.	265
	Fue Saul Leví Mortera	
	de Alemania natural,	
	Venecia, su doctrinal	
	Criación, Francia su Carrera;	
	en Amsterdam reverbera	270
	de Bet Jacob Jajam fiel,	
	y en el Templo, que por él	
	Talmud Torá se apellida,	
	de la Ley lumbre su vida,	
	su Ley vida de Israel.	275
	Forma líneas superiores	
	que con espada de Ley	
	hieren por el sumo Rey,	
	a los Prevaricadores;	
	con estudios Vencedores	280
	oposiciones despeña;	
	y aun a los Sabios empeña	
	en su aprendimiento claro,	
	por ser maestro tan raro,	

Véase "Une Histoire," (1896), pág. 91 y ss.

que a la misma Ley enseña. 285
Imprimió raros Sermones,
la Divinidad probó[174]
de la Ley; desbarató
las Sinensas Objeciones,
notó las contradiciones 290
de falsos Enseñamientos.
Persiguió los fraudalentos,
y en circo de doctos grados
defendió sacros Ballados
con armas de documentos. 295
Mosseh Sacuto en su escuela
aprende la Ley divina,
que Virtudes encamina,
y atenciones encarcela;
con devota pluma vuela 300
Jajam del Kahal Mantuano,
como antes del Veneciano,
en la Ciencia y religión,
que alas da a la devoción,
y a los caídos la mano. 305
De la Hermandad superior
de los Huérfanos, muy grato
fue Benjamin Dias Pato
Jajam y Predicador.
Mas un ánimo traidor, 310
fue su tonante homicida,
sintió su mortal caída
el Pueblo, a horrores que vierte,
la Venganza de su muerte,
y la Ausencia de su vida. 315
Ishac Naar interpretado
Reyrará Río, de la Fuente,
doctrinal trae por Corriente,

---

[174] Una nota al margen dice: "Títulos de sus libros."

Las reglas del Din cortado;[175]
dos veces Doctor Sagrado   320
Cuerpos y Almas medicina;
y al Kahal kados encamina,
de que en Liorne es cabeza,
cálamo de la agudeza
y lumbre de la doctrina.   325
Raphael Moyses de Aguilar
Aguila de excelsa cumbre,
la vista entrega a su lumbre,
y a la Fama su volar.
Los ojos sabe aclarar   330
a la estudiosa esperanza
del Medrás, que antes alcanza
Menasses ben Israel,
en la cura Raphael
y Moyses en la enseñanza.   335
Primero Ilustró al Brasil
con Virtud y ciencia suma;
después hiere con la pluma,
al adversario sutil,
enfrena a lo Juvenil   340
con riendas de correpción,
y en compañas de instrucción
conceptos brota admirables,
Arbol de libros notables
con hojas de erudición.   345
Forma Veinte y dos Cuadernos,
los diez y siete Españoles,
los cinco Hebreos, crisoles
de doctrinas y Gobiernos
madura jóvenes tiernos   350
con la luz de sus lecciones;
y de otras congregaciones

---

[175] Una nota al margen dice: "Lib. Reglas de dinim." Es decir, que Isaac Naar es autor del libro titulado "Reglas de dinim."

propuestas dificultades
allana, con las verdades
que estampa en los corazones.   355
Con Selomoh de Olivera
que al magno Aguilar sucede
en la escuela se concede
la doctrina Verdadera.
Pinta a la celeste esfera   360
con pincel de Astronomía,
enseña la Geometría,[176]
allí en el Giro del Año
aquí en medias del baño
y de enramada harmonía.   365
Dos Códices hace Assylo
de útiles documentos,
en laberinto de acentos[177]
de los Gramáticos hilo.
MEDICINA uno el estilo   370
De LENGUA en horas felices;
fértil ARBOL DE LAS VIDAS
con ramas de artes floridas
y palabras de raíces.
Sierva de Amores, loada[178]   375
trae retóricas prisiones,
Poéticos eslabones
su Cadena terminada
Cada una lineada
del erudito Olivera,   380
compite con su Carrera
de Hermosura, a estudio inquieto
Lógica por Alfabeto,
por Mosaica Verdadera.
Abraham Coen Pimentel   385

---

[176] Una nota al margen dice: "Títulos de sus libros."
[177] Una nota al margen dice: "Títulos de sus libros."
[178] Una nota al margen dice: "Títulos de sus libros Retóricos y Poéticos y lógicos."

¿qué concepto hay que no brote?
Víctima es de Sacerdote[179]
el libro que da luz de él.
Con sutileza Samuel
Salom, enigmas declara.   390
Manuel Abendana, aclara
los ojos de la Agudeza,
de tres Yesibot cabeza
en hombros de la Ley clara.
En el Mosaico Horizonte   395
Sonoro Samuel Balverde,
pasa de su cumbre verde,
a ser flor del Azul monte.
David y Mosseh Belmonte.
son, uno sutil y atento   400
de las Musas, otro aliento,
de Jacob Belmonte hijos,
y de la Ley Astros Fijos,
en sagrado Firmamento.
Emanuel Abenatar   405
Melo, todo melodía
quiebra a la Melancolía
con la fuerza del cantar;
sucesor en el rezar
de Efraim Abrabanel,   410
Jazan del Templo, Emanuel,[180]
Dios con nosotros denota,
porque con su voz devota
Dios llama a su Pueblo, Fiel.
Yeosiahu Pardo, elocuente,   415
a su Padre y Suegro imita[181]
de virtudes calamita
y de enseñanzas Oriente.

---

[179] Una nota al margen dice: "Título de su libro."
[180] Jazan significa cantor en hebreo. Emanuel quiere decir "Dios con nosotros" en hebreo.
[181] Una nota al margen dice: "David Pardo Mortera."

Preceptor lució sapiente
del Templo y Yesibá rica 420
que Abraham de Pinto fábrica
por lumbre de Roterdam;
en Curasao fue Jajam,
y hoy lo es en Jamaica.
Resplandeció Joseph Pharo 425
Jazan de Talmud Torá,
Del Medrás segundo, hoy da
su hijo Josue fulgor claro;
es del Primero, reparo
firme Rabí Abrabanel, 430
Mordoxay de Castro, fiel
fue del Quinto Preceptor,[182]
del Din Torá resplandor,
y del Estudio Laurel.
Poeta, Predicador, 435
y Jajam, sirvio Samuel
de Cazares a Dios, fiel,
de la Ley Santa Escritor.
En el Templo de su Amor
empleó su esclarecida 440
Juventud, de Ley vestida,
hasta que de Azul Dosel
Oye las voces Samuel
que lo llaman a otra vida.
Doctos David de Mercado, 445
y Mosseh Gabay Henriques
fueron de la Ciencia Diques
en la fosa del cuidado.
Selomoh de Lima, amado
de lo sapiente, y lo fiel, 450
tiene en Mosaico Vergel
claveles de ejemplar celo,
y los hijos en el Cielo

---

[182] En el original "Preteptor."

que ruegan a Dios por él.
Abraham Semah, se corona 455
de Ley y Sabiduría,
Luz de la Hebraica Poesía,
y honor docto de Verona.
Mosseh Mercado, pregona
Comento conceptuoso[183] 460
del Psalterio, misterioso,
y del Sacro Eclesiastés,
si de lo Santo Moisés,
Mercado de lo estudioso.
Hizo el celebre doctor 465
Abraham Sacuto dos raras
obras, que dan voces claras
de su ciencia, y esplendor.
Una es el libro mejor
de la útil Medicina 470
otro para la doctrina
el Nuevo Mosseh Sacuto,
del Arbol de vidas fruto,
con sabor de Ley divina.
Con Joseph Abrabanel 475
lo Físico resplandece,
y lo Mosaico florece,
en el Arbol de Israel.
A la Ley copia Daniel
Coen, con pía atención, 480
como Heliahu de Leon,
que la erige en la Tebá
si Jazan de la Jebrá[184]
de la Escritura blason.
Entre otros que la sapiencia 485
traen de su Maestro agudo,
es Abraham del Soto escudo

---

[183] Una nota al margen dice: "Títulos de sus libros."
[184] Jebrá/xebrá, plural jebrot, igual que yesibá, quiere decir hermandad en hebreo.

	de la Ley y de la Ciencia.	
	No le quita la opulencia	
	mercantil, la perfección	490
	de estudiosa devoción,	
	por estimar su decoro	
	más que el más rico tesoro	
	la sacra meditación.	
MÚSICA	El Principio de la Ciencia,	495
	es el sagrado temor,[185]	
	y el Arbol de las vidas	
	da el fruto mejor;	
	con los gloriosos ramos	
	del divino Amor.	500
	¡Oh, que gloria Mortera alcanzó,	
	con la ciencia, y amor que enseñó!	
ENTEND.	El Magno Ishac Aboab,	
	en la silla de Mortera	
	Ginete de la Enseñanza,	505
	siempre al Estudio da riendas.	
	Al sagrado Pentateuco,	
	tan sano Parafrasea,	
	que no anda en buenos pasos,	
	quien no sigue sus carreras.	510
	Tornó en Hebreo de Hispano	
	la Cabalística Puerta,[186]	
	del Cielo, que labró docto	
	sin yerro el Jajam Herrera.	
	Por sus diversos Sermones	515
	di versos a impresión seria,	
	y su Legal Teología	
	no es the Teología lega.	
	En la hora de la Tarde	
	cuando en Israel empieza	520
	el día, a Orar sale Ishac	

---

[185] Salmo 111:10, en Valera, "El principio de la sabiduria es el temor de Iehova."

[186] Una nota al margen dice: "Títulos de sus libros."

al campo de las ideas.
A fin de oír su Oración
salen en Mosaica esfera,
los Hesperos de Judá 525
que son de su luz estrellas.
Las aguas de su enseñanza
devotas campañas riegan
que abrevan en sus orillas
Israelíticas ovejas. 530
Sus pastorales caudillos
tres pozos abren de ciencias,
con las manos de los dones
que la Santa Ley sustentan.
El primero es de cuestiones, 535
o literarias pendencias
que sobre puntos de Ley
obtienen los que argumentan.
Los estados de este Pozo
la profundidad demuestran 540
de su Maestro Aboab
con agudas preeminencias.
Jacob Lagarto Jaxam
en el Brasil se presenta,
al Pueblo de Tamarica 545
y en la Corte Zelandesa.
Catálogo Universal
es su Cuaderno, que Tienda
de Jacob intitulado
Aforismos empapela. 550
Los primeros que hasta hoy
en el Medrás perseveran
son con ojos de la Ley
de Meirat Henayim Cabezas.
El Uno es Abraham Senior 555
Coronel de las Banderas
Mosaicas, en Compañías
de Guemaristas hileras.
El otro es Ishac Saruco,

que Sarmiento se interpreta 560
en los sueños de la Ley
del buen pronóstico emblema.
Entre ellos los escolares
del científico Mortera,
con la lumbre de Aboab 565
sazonan su inteligencia.
El Jajam Josue de Silva,
en la Metrópoli Inglesa
fue Iosue de Hebreo Campo,
del Arbol de vidas Selva. 570
Samuel Pinto por andar
con Perfectos de Carrera[187]
hace doctas correrías
en campos de inteligencias.
Por beber Samuel Ramirez 575
de tres Jajamim el néctar,[188] Mortera y Aboab
prueba diferentes cosas Sasportas.
en la Rabínica Mesa.
Jacob Querido, fue guía
de la Matutina reza, 580
y en la naval Middemburg
Jajam de la Gente electa.
David Coen de Azevedo,
gran Phenix de Aaron se muestra,
con la Vara de la Ley 585
que brota de estudios almendras.
No en meditar sacras líneas
tiene Aaron Perez pereza,
sino la capacidad,
que fue capas de Academias. 590
De los religiosos Pintos,
la gran Yesibá presenta,
Sentencias de Joseph Franco

---

[187] Una nota al margen dice: "Nombre de su Yesibá." Se refiere a la hermandad "Temime Darex," o Los Perfectos de Carrera.

[188] Jajam, plural jajamim, hombres sabios o instruidos en la Torá.

en láminas de franqueza.
Al Colegio de Aboab 595
pasan de la recta escuela
de Aguilar, otros sugetos
que al estudio se sugetan.
Menasses Abrabanel
en Keter Torá, grangea[189] 600
la Corona de la Ley
que el Reino de Dios ostenta.
La Casa de los Colegios
tiene el Cuarto en que se hospeda,
hoy Ioseph Franco Serrano 605
con doctrinal presidencia.
Por golfo de líneas Santas
Daniel Belillos navega,
timón del Medrás tercero,
y de Maskil el Dal vela. 610
Llámase el segundo pozo
del Odio que el celo engendra
en el Vientre del estudio
contra la Epicúrea secta.
Tanto rebozan sus aguas, 615
que como Abram salen fuera
en la noche del destierro,
por campar con sus estrellas.
Del Pueblo de Sariñan
Samuel Nasi, Señorea 620
el corazón con los dones
y el estudio con la Ciencia.
Allí el Jajam Ishac Neto
buzo de la Ley suprema
saca doctrinales conchas, 625
por verter preciosas perlas.
No es de Lope mas de Lopez

---

[189] Una nota al margen dice: "Yesiba de que es hermano." Es decir que Menasses Abrabanel es miembro de la hermandad titulada "Keter Torá."

Ley que Eliahu Lopez enseña,
Jajam desde que mancebo
la barba en Barbadas echa.   630
Elegante Ioseph Penso,
pasmo de las Academias,
libra sus libros de Zoilos,
dando en forma sus materias.
Con fragancia de conceptos   635
flor de la elegancia seria,
en la planta de la Ley
tiene su mejor carrera.
El Doctor Mosseh Salom
sala de paz, en sí hospeda   640
saludable actividad,
y Teológica eminencia.
Esparce David de Pina
Filosóficas centellas,
Doctor de Talmud Torá   645
de Abi Yehemim Idea.
El Docto Ishac Belosinos
las sagradas líneas cela,
honor de la Medicina
y del Ateísmo afrenta.   650
Cual Iacob Alvarez, lucha
en el Alba de la Ciencia,
con Angel contradictor
que bendice su agudeza.
En Mosseh Dias la Ley   655
tan clara, y flamante reina,
que es de Dios por Mosseh,
con resplandores de nueva.
David Chillon, de las Aves
Mosaicas, Chillido suena,   660
en el Arbol de las Vidas,
que hasta el Cielo con él llega.
¡Oh, Mundo! a Salomoh Marques
en cartas de competencias,
bien es que marqués por sabio,   665

pues de Selomoh da muestras.
David Pardo, de su agüelo
el nombre y virtud ostenta,
Sonoro Angel Rezador
de la Sinagoga Inglesa. 670
Samuel de Leon parece
León, que en su boca enseña
el panal de los estudios
con la miel de la elocuencia.
Canta Abraham de David 675
Avendana, Ave Helandesa,
con el retórico pico
que al Mosaico Nido eleva.
De Seelot U-tesubot
escritor Joseph Vieira, 680
muestra en tribunal de hojas,
que es de Juicio, y sentencia.
Y Samuel de Leon Crato
Samuel nuevo en la Hamburguesa
Congregación, se dedica 685
al Templo de la sapiencia.
Brilla Abraham Capadoce
Abraham en la creencia,[190]
y capadulce del Celo
que en Tierra Santa campea. 690
El tercer Pozo de Ishac
es de aguas Vivas, que riegan
Campañas de cogniciones
por surcos de suficiencias.
Daniel Yesurum, preside 695
en la Yesibá discreta
de Hacer entender al Pobre,
para que el Rico lo entienda.
Daniel Salom en cuestiones

[190] Una nota al margen indica: "es Tesorero de Tierra Santa" y se refiere al nombre de la hermandad de la cual es tesorero.

con el silencio campea, 700
porque esto de ser callado
guarda la mejor respuesta.
Selomoh de Leon, ruge
Leon de Juda, que en vela
con pavilo de elegancia 705
da lumbre de su agudeza.
Es Samuel Serafati
Seraf de Casa tan buena,
que a la boca de los doctos
el fuego de la Ley lleva. 710
David Abenatar Melo,
pasma iras, hiere soberbias
con el harpa de su voz,
y el canto de su prudencia.
Encamina Daniel Perez 715
reza aurífera, pureza
del *Premio de las Mercedes
por las mercedes que espera.
El prespicaz David Nuñez
adquiere en docta palestra 720
*Corona de buena fama
que lo hace su cabeza.
Luce Ishac Coen de Lara
con la luz de la modestia,
del-Ara por sacerdote, 725
por Ishac, de pura ofrenda.
Guía Abraham Coen de Lara
las Oraciones más buenas
harmónico *Mirador[191]
de la mejor casa Hebrea. 730
El Cuerdo Abraham Lopez Arias,
que León de Fortaleza
denota, sirve de signo
al gran Sol de la Clemencia.

---

[191] Una nota al margen dice: "Jazan significa Mirador."

	El devoto Jacob Lopez	735
	halla en las Mosaicas sendas	
	Angeles como Jacob	
	que sus pasos enderezan.	
	Estos tres los pozos son	
	de Ishac, que pozo de Ciencia,	740
	revierte aguas doctrinales	
	a vidas de Ley sedientas.	
MÚSICA	Los propuestos, Senior, Saruco, Pinto	
	y Ramirez, también entran	
	con los del Pozo tercero	745
	del gran Jacob Sasportas en la escuela.	
	Al Señor llama Fuente de Aguas vivas,	
	Jeremías Profeta,	
	felices los que van en su corriente,	
	y hasta volver a Dios de andar no cesan.	750
VOLUNTAD	Los seis Angeles Mayores[192]	
	sirven de silla suprema	
	al Rey de que son criados	
	sobre cuanto señorean.	
	Publícalo Beresit	755
	que crio seis se interpreta	
	y en principio, porque en él	
	Dios cría, a los seis que impera.	

---

[192] Este pasaje es un buen ejemplo del tipo de lectura que se llevaba a cabo en las academias. Barrios concilia varias citas bíblicas, no literales, a modo del fluir de la conciencia o estilo de lectura rabínica: Beresit (en principio), v. 756, se refiere a Gén. 1-29, el relato de la creación en seis días. Barrios concuerda los seis ángeles con los seis días de la creación. V. 764-71, se refieren a la visión de Daniel 7:9, que vio el anciano del fin de los días, vestido de lino y con cabello blanco y sentado en un trono de fuego. Esta cita es tradicionalmente considerada mesiánica. La palabra fuego, al parecer, la asocia Barrios con el mandamiento negativo que prohíbe que los judíos enciendan fuego en el sábado, sexto día de descanso (igual que Dios descansó después de completar la creación). En los versos 788 y ss., compara los seis ángeles y seis días de la creación con los seis gobernadores (parnasim).

Angeles son de los días
en que hizo Dios su obra bella,   760
siempre una con ser de muchos,
y con ser de días nueva.
Mira Daniel que el Antiguo
de días, en él se asienta:
ellos fuego cuando él obra,   765
porque luzca su potencia.
Con estar sobre igneas llamas,
de nieve se manifiesta,
por parecer admirable
sin que a ninguno parezca.¹⁹³   770
En el día del Descanso
impide a Israel que encienda,
fuego, por cuanto la llama
continuamente está inquieta.
La luz de los seis Mayores   775
Angeles, siempre está en vela
en el corazón empíreo,
sobre el cielo de la Tierra.
Vela el corazón alado,
y en la Sabática fiesta,   780
el Amor toma por sueño
el descanso sin que duerma.
Con seis Seráficas alas.
en tres raros seises vuela
por tres días de Israel,   785
y seis grados de la Esfera.
El primer seis, resplandece
con Celo, Unión, y Asistencia
de los seis Gobernadores
que a los Angeles semejan.   790
En Jacob Telles de Acosta
levanta la Ley sus velas,
por dar a costa en dos tablas,

---

¹⁹³ Se refiere al anciano de días, en Daniel 7:9.

a costa de su franqueza.
Hace Jacob Prieto Enriquez, 795
que el Sacro Arbol enriquezca
de sus virtudes, y frutos
con la flor que el celo lleva.
Abraham del Soto con ramos
de Rabínicas sentencias, 800
tal Joya tiene en la Ley,
que en su garganta la ostenta.
Jacob Belmonte, en el sueño
del Vivir, ve escala excelsa,
de LUZ, en Arbol de vidas, 805
con Angélicas ideas.
Con sus hojas Benjamin
dice de la Ley suprema
Ella es Flor, y yo Espinosa
ella es dulce; y yo Catela. 810
Abraham Telles Tesorero
de sus doradas cortesas,
las ve colmenas de Ley
con estudiosas abejas.
De Ets Jaim, Varas los seis, 815
la Vara de Aaron semejan,
que en manos de la Justicia
brotan flores de clemencia.
El segundo seis se ofrece,
en Sasportas que es seis puertas 820
del sexto Medrás Maestro,
y la Ley llave Maestra.
Tres guardias goza esta llave,
de Din Torá la primera,
la segunda del Mahamad 825
que al santo Pueblo Gobierna.
La tercera es la doctrina
que con rectitud enseña
el magno Jacob Sasportas,
que no soporta insolencias. 830
Tiene del Sabio Arambam

en Aragón su ascendencia,
en Orán su nacimiento,
y en Tremecen su Grandeza.
Lució Rab obedecido 835
de las Keilot Tremecenas,
y fue con Mensage honroso
del Santon al Rey de Hesperia.
Campeó Jajam en Londres,
y en Hamburgo, con la alteza, 840
que en Liorne del gran Soria
presidió sacra Academia.
Hoy en el Medrás sublime
de Amsterdam, la Ley enseña
que hizo mudar de un decreto, 845
a la fiel Junta Liornesa.
A Universidad Polaca,
escribe Epístola excelsa
con la lumbre del Juicio,
y de la Jurisprudencia. 850
Sus versos son admirables,
exquisitas sus sentencias.
Autor del *Exal a Codes,[194]
Ros de *Juvenil belleza:
Y resplandor del Talmud, 855
en cuya enseñanza cierta
parece a la obra del Templo,
por cuanto no hay yerro en ella.
Es el Número Senario
Perfecto, porque en la cuenta 860
de sus tres partes se cumple
una media, y dos extremas.
Y el tercer seis y sus partes
en discípulos se ostenta
seis al Medrás de Sasportas, 865
y tres a su Casa mesma.

---

[194] Una nota al margen dice: "Títulos de su libro y Yesibá."

De los seis Ishac Meatob
de Resit Xocmá, Ros queda
y David Salom Moreno,
es blanco de la sapiencia. 870
Síguele Simón Leví
de Barrios.[195] Después resuena
Mosseh Sasportas, con voces
de Mosseh en ecos de reglas.
Israel Campos con plantas 875
del Talmud sigue a la Ciencia;
y David Mendes de Silva
es de los estudios selva.
Los tres, por haber gustado
de Ets Jaim la fruta buena, 880
merecen tambien que vuele
su nombre en sonoras lenguas.
Abraham Henriques Pharo
en la Guemarista escuela
de Aboab, y de Sasportas 885
mostró aguda adolecencia.
Con Jonas Abrabanel
y Abraham Franco hoy la muestra
en la Casa de Jacob
que le da celeste puerta. 890
Por cuanto los tres aprenden
la doctrina verdadera,
y con espadas de Ley
tiran puntas de agudeza.
Estos los tres seises son 895
que tres obras representan
en el Teatro del Tiempo
con mutaciones diversas.
El primer seis, solemniza
que la Magestad Eterna 900
crio en seis días tres Mundos

---

[195] Simón Leví de Barrios es el hijo de Miguel.

porque Adam lo bendijera.
El segundo seis, denota
que Dios crio seis Profetas
con tres sagradas Coronas   905
porque Israel lo obedezca.
Muestra el seis tercero, que
Dios seis prodigios fomenta
con tres gentes prometidas,
para que el Mesías venga.   910
Las tres Gentes, con la Antigua,
la Kinisi, y la Kinea
que Isaías Salis llama;
prediciendo, que con ellas
cogerá Dios a Israel,   915
que es el polvo de la Tierra.
Dios las prometió a Abraham
y así predice Miqueas
que la Verdad a Jacob
dará, y Abraham la Clemencia.   920
Si a Jacob la Verdad digo;
Abraham, no me detenga
la Clemencia de Ets Jaim
en seis que el Arbol Gobiernan,
en seis puertas de Jacob,   925
y en seis que están en su escuela
con un terno cada seis
de fe, agrado, y providencia.

OBLIGAC. Mortera, Aboab, Sasportas,
ternos de luces bellas,   930
a tres Angeles imitan,
que a tres Mundos encadenan.
Sus tres escuelas, parecen
los tres Mundos que en perpetua
paz, se unen con la orden   935
que es Alma de tres potencias.
Tres Angeles, ve Abraham
y uno los nomina, en prueba
de que guardando a tres Mundos

se ven Una en la obediencia. 940
Las tres escuelas son Una,
y Uno la doctrina recta
de sus tres Sabios Maestros,
en lazo de Ley eterna.
En la primera el primero 945
Discípulo de Mortera
Abraham de Fonseca sabio,[196]
el mismo Abraham representa.
En la segunda es Ishac
Aboab; en la tercera 950
es Jacob Sasportas, todos
de Ets Jaim raíces buenas.
Leví, Aboab, Sasportas
abreviaturas, y empresas
de los seis Angeles Grandes, 955
en que Dios su trono ostenta.

GOBIERNO   Sus loas cante la Fama.
ESTUDIO   El Mundo sus Glorias vea.
ENTEND.   Y Dios bendiga a Ets Jaim
en los Cielos y en la Tierra. 960

FIN.

---

[196] Una nota al margen dice: "No se puso en su lugar por no haver ocurrido a la noticia y a lo que retrae al proposito." Yo interpreto esta nota como una indicación de que el auto fue representado en una reunión académica.